Ilse Gräfin von Bredow

Willst du glücklich sein im Leben

Die Küche meiner Kindheit

ALLES LIEBE!

5 JULI 2015

CECIEL

SERIE PIPER

Zu diesem Buch

Wie viele andere Frauen ist Nora zur falschen Zeit jung gewesen und wird zur falschen Zeit alt. Denn der Krieg fiel in ihre Jugend – und was sie nach ihrem Ausscheiden aus dem Berufsleben an Rente erwartet, kann ihr nicht ohne weiteres ein geruhsames Alter sichern: Wir begleiten Nora in »Willst du glücklich sein im Leben« durch die Schatten- und Sonnenseiten des Lebens … In »Die Küche meiner Kindheit« lässt Ilse Gräfin von Bredow ihre Kindheitstage auferstehen mit Geschichten aus Küche, Hof und Garten. Dagmar von Cramm verrät die Rezepte der gräflichen Köstlichkeiten. Ilse Gräfin von Bredow erzählt, wie aus einer halben Vegetarierin eine verliebte Feinschmeckerin wird, die schließlich nicht nur für die Familie brät und backt, sondern auch für Möpschen und den Dackel. Zwei Bredow-Klassiker in einem Band.

Ilse Gräfin von Bredow wurde 1922 in Teichenau/Schlesien geboren und wuchs im Forsthaus von Lochow in der märkischen Heide auf. Seit den fünfziger Jahren lebt die Journalistin und Schriftstellerin in Hamburg und hat zahlreiche erfolgreiche Bücher veröffentlicht.

Ilse Gräfin von Bredow

Willst du glücklich sein im Leben
Die Küche meiner Kindheit

Geschichten von gestern – Geschichten von heute

Mit Rezepten

Piper München Zürich

Mehr über unsere Autoren und Bücher:
www.piper.de

Die Rezepte in »Die Küche meiner Kindheit« auf den Seiten 79, 136 und 200 stammen von Dagmar von Cramm.

Von Ilse Gräfin Bredow liegen bei Piper im Taschenbuch vor:

Kartoffeln mit Stippe
Deine Keile kriegste doch
Willst du glücklich sein im Leben
Ein Fräulein von und zu
Glückskinder
Ein Bernhardiner namens Möpschen
Der Spatz in der Hand
Denn Engel wohnen nebenan
Familienbande
Ich und meine Oma und die Liebe
Die Küche meiner Kindheit
Der Glückspilz
Benjamin, ich hab nichts anzuziehn
Denn im Herbst, da fall'n de Blätter – Donnerwetter!
Adel vom Feinsten

FSC
Mix
Produktgruppe aus vorbildlich bewirtschafteten Wäldern und anderen kontrollierten Herkünften
www.fsc.org Zert.-Nr. GFA-COC-1223
© 1996 Forest Stewardship Council

Taschenbuchsonderausgabe
Piper Verlag GmbH, München
1. Auflage Juli 2007
2. Auflage Mai 2008

Umschlag / Bildredaktion: Büro Hamburg
Heike Dehning, Charlotte Wippermann,
Alke Bücking, Daniel Barthmann
Umschlagabbildung: Jade Albert Studio, Inc. / Getty Images
Autorenfoto: Francesco Spano
Papier: Munken Print von Arctic Paper Munkedals AB, Schweden
Gesamtherstellung: CPI – Clausen & Bosse, Leck
Printed in Germany ISBN 978-3-492-24982-9

Willst du glücklich sein im Leben

SERIE PIPER

Für Gertrud und Dietrich von Saldern

1

«Frau Lechow, können Sie mir vielleicht sagen, was ich damit soll?» Die Redakteurin hatte die Hand über die Telefonmuschel gelegt und schnippte Nora einen Brief quer über die Schreibtische, an denen sich die beiden Frauen gegenübersaßen. Ihre überhebliche Art brachte Nora wieder einmal in Harnisch. Was bildete sich diese Person eigentlich ein! Sie führte stundenlange Privatgespräche und überließ ihr die Arbeit. Im Augenblick schien sie wieder mal ihren Ehemann am Wickel zu haben. Der ehemalige Soziologiestudent suchte, wie er sich geschwollen ausdrückte, seine Selbstverwirklichung im familialen Bereich. Anscheinend hatte er Ärger mit der Waschmaschine. «Dann mußt du eben den Wartungsdienst anrufen, der Haushalt ist schließlich deine Sache – Liebes», hörte sie die Redakteurin ungehalten sagen.

Nora seufzte bei dem nicht enden wollenden Gespräch. Wie sollte sich da ein Mensch konzentrieren. Sie stand auf und ging zur Tür, nicht ohne auf dem Weg dorthin mit geübtem Griff das seit Stunden vor sich hindudelnde Radio abzuschalten. Noch ehe sich die Tür hinter ihr schloß, hatte die Stimme des Sängers sie wieder eingeholt.

Wirf nicht mit der Spieluhr nach mir! Nimm 'ne Vase, nimm 'nen Topf, wirf mir Goethe an den Kopf ... Was für schwachsinnige Texte!

Mißmutig wanderte Nora den grünen Veloursteppich entlang zum Waschraum – eine rundliche, mittelgroße, unauffällig angezogene Frau auf schlanken Beinen, das blonde Haar von weißen Strähnen durchzogen. Während sie sich die Hände wusch, betrachtete sie sich im Spiegel. Lachfältchen konnte man das kaum nennen. Dagegen war auch Lilos Geheimtip, eine Maske aus Kartoffelpüree, wirkungslos. Aber Wunder konnte man nicht erwarten. Im Januar wurde sie schließlich sechzig, also für Bundesbahn und Reiseveranstalter jedenfalls eine Seniorin. Verkäuferinnen, Busfahrer und Krankenschwestern scherten sich allerdings nicht um diese neumodische Bezeichnung. Für sie war man eine Oma und damit basta! Wenn der Körper so unverändert bliebe wie die Träume, dann könnte man es noch mit jedem jungen Ding aufnehmen.

Sie fuhr sich mit dem Kamm durchs Haar. Es kam ihr reichlich dünn vor. Sie hatte sich neulich bei ihrer Friseuse über ihre schlechtsitzende Frisur beklagt. «Das kommt so mit dem Alter», war die nüchterne Antwort gewesen. «Das Haar verliert halt an Spannkraft.»

Zwei Jahre war es nun schon wieder her, seitdem die Werbeagentur sie als Sekretärin für das Kundenblättchen einer Möbelfirma angestellt hatte. Wenige Monate später wurde der Rotstift angesetzt, und die Redaktion schrumpfte auf einen schlaksigen jungen Mann und sie zusammen. Der Redakteur war frisch geschieden und versuchte, mit Hilfe eines Psychotherapeuten herauszufinden, woran seine Ehe gescheitert sein könnte. Dazu war es nötig, noch einmal die frühkindliche Phase zu durchleben, wie er Nora ernsthaft auseinandersetzte. «Ich habe mir sogar ein Kinderbett angeschafft», sagte er etwas verlegen.

«Ein Kinderbett?» staunte Nora.

Der junge Mann gab zu, daß es nicht sehr bequem sei, aber was zähle, sei schließlich der Erfolg. Nora enthielt sich jeden Kommentars. Ihrer Generation war eine so herrliche Nabelschau nie vergönnt gewesen. Die Medizin, die sie schlucken mußten, hieß: «Reiß dich zusammen!»

Bald danach verließ der junge Mann die Redaktion, und ein älterer Redakteur trat an seine Stelle. Er war in allem das Gegenteil seines Vorgängers. Ein jovialer Herr mit Falstaff-Stimme und einem prächtigen Bauch, der es liebte, seine immer noch makellosen Zähne verstohlen in einem Taschenspiegelchen zu betrachten. Er sprach gern, wenn auch etwas verschlüsselt, von jenen großen Zeiten, da deutsche Frauen auf deutschen Straßen und im deutschen Heim nicht fürchten mußten, von Ausländern und ähnlichen kriminellen Elementen belästigt zu werden. Aber eines hatten beide Männer doch gemeinsam: Sie hielten sich möglichst wenig im Büro auf. Nora war's nur recht. Die Arbeit machte ihr Spaß, und ihre Selbständigkeit hatte sie auch. Fachkenntnisse waren nicht erforderlich. Ihre

Aufgaben hatte man ihr schnell beigebracht. Sie mußte nur Text und Bildunterschriften mit dem Grafiker abstimmen und mit dem Anzeigenvertreter verhandeln.

Und nun war ihr diese herrschsüchtige Frau mit den riesigen Ohrringen und dem schwarzen Stichelhaar vor die Nase gesetzt worden. Wahrscheinlich hätte die Redakteurin lieber jemand Gleichaltriges als Sekretärin zum Quatschen gehabt und nicht so ein «Grufti», wie ihre Altersklasse gern von den jungen Leuten bezeichnet wurde, das weder Interesse an Rockmusik noch an der Zubereitung einer indischen Reistafel zeigte.

Als Nora ins Büro zurückkehrte, war die Redakteurin gerade im Aufbruch. «Falls jemand nach mir fragen sollte, ich hab einen Termin.» Gib doch nicht so an, dachte Nora. Diese Termine kannte man – ein Essen von irgendeiner unbedeutenden Firma, die irgendein unbedeutendes Produkt neu auf den Markt gebracht hatte. Früher, als die Männer ihr diese Einladungen oft großzügig überließen, hatte sie allerdings etwas anders darüber gedacht. Immerhin, sie konnte vorzeitig Feierabend machen. Daß die Redakteurin noch einmal zurückkommen würde, war nicht anzunehmen.

Wie gewöhnlich war der Bus überfüllt. Der Fahrer, dem Aussehen und Akzent nach ein Spanier, hatte seinen südländischen Charme zu Haus gelassen und kommandierte herum wie ein preußischer Feldwebel. Trotz des Gedränges erwischte Nora einen Sitzplatz. Der Türke neben ihr war ganz euphorisch. «Ich – achtes Kind – Frau in Krankenhaus und geschriiien!» Er sah Nora von der Seite an. «Du noch arbeiten? Du noch keine Rente?»

Der ahnungslose Türke brachte Nora wieder etwas Unangenehmes in Erinnerung. Sie hatte für das nächste Jahr die Unterlagen für die Rente eingereicht, und sie wußte immer noch nicht, wie hoch sie sein würde. Schon längst hätte sie sich darum kümmern müssen, aber sie hatte das Ganze Jahr für Jahr vor sich hergeschoben, was teils ihrem Temperament entsprach, teils auch der Unlust, über das Altwerden nachzudenken. Erst in den letzten Monaten hatte sie sich um die nötigen Dokumente bemüht. Es war umständlich genug gewesen, die verlangten Bescheinigungen zusammenzukriegen. Mit jeder Zeugenaussage kam die Vergangenheit zurück. Krieg . . . Flucht . . . Nachkriegsjahre . . . die kurze Zeit mit Werner.

Anfang des Krieges, an ihrem zwanzigsten Geburtstag, hatten sie sich verlobt. Während er, wie es den Konventionen seines und ihres Elternhauses entsprach, bei ihrem Vater saß und mit der unbeholfenen Würde seiner zweiundzwanzig Jahre seine beruflichen Pläne nach dem Krieg ausbreitete, malte sie sich das Echo ihrer Freundinnen auf diesen «wichtigen Schritt im Leben einer Frau» aus und hoffte, daß ihre Mutter zwei Saphire für die Verlobungsringe herausrücken würde.

Sie betrachtete sich den Ring an ihrem Finger. Er hatte sich besser gehalten als sie.

Der Bus leerte sich allmählich. Als er die Brandmauer

mit der rätselhaften Aufschrift SOLIDARITÄT MIT MICKYMAUS passierte, drückte Nora auf den Halteknopf. Sie strebte durch die kleine Anlage dem Hochhaus zu, das wie ein hochkant aufgestellter Dominostein zwischen Reihenhäusern und Schrebergärten stand. Der späte Herbstnachmittag war milde. Alle Bänke waren besetzt. Ein ferngesteuerter Jeep kurvte um ihre Füße. Fast wäre sie darüber gestolpert.

Natürlich war schon wieder der Fahrstuhl kaputt. Nora stieg langsam die Treppe zum siebenten Stockwerk hinauf. Unterwegs begegnete sie einem jungen Mann, der in der obersten Etage wohnte.

«Da sieht man sich wenigstens mal. Fahrstühle haben so was Kommunikationsfeindliches», sagte er munter.

«Das erzählen Sie mal meinen Beinen!» Sie keuchte weiter.

Das Treppenhaus war mehr als renovierungsbedürftig. Wo sich irgend Platz bot, hatte man Kinderkarren und Fahrräder abgestellt. Im vierten Stock war eine ältere Frau gerade dabei, die Schwingtür zwischen Flur und Treppenhaus mit einer rosa Wäscheklammer festzustellen.

«Der Klammerklau war wohl mal wieder da», sagte Nora im Vorbeigehen. Früher hatte sich niemand darum gekümmert, ob diese Türen offen standen, und sie wurden eigentlich nur in sehr kalten Wintern geschlossen. Aber dann hatte das jemand von der Baupolizei beanstandet. Die Haken mußten entfernt werden, und weil das den Mietern nicht paßte, behalfen sie sich mit

Wäscheklammern, die sie unter die Türen schoben. Regelmäßig wurden die Klammern von der Hausverwaltung eingesammelt und ebenso regelmäßig wieder durch neue ersetzt.

Auf dem Flurteppich in ihrer Wohnung lagen einige Briefe, die der Briefträger durch den Türschlitz geworfen hatte. Sie hob sie auf und legte sie auf den Schreibtisch. Dann öffnete sie das Fenster, um den Essensgeruch hinauszulassen, der vom Hausflur hereingezogen war. Ihre Gedanken waren noch mit der Vergangenheit beschäftigt.

In der Verlobungszeit waren Werner und sie ganz wild aufeinander gewesen. Jede Möglichkeit hatten sie ausgenützt, um allein zu sein. Aber ihr Elternhaus, in dem er seine kurzen Fronturlaube verbringen durfte, bestand auf einmal nur noch aus knarrenden Treppenstufen und quietschenden Türen. Nachteulige Onkel und Tanten geisterten bis zum Morgengrauen durch die Korridore, tappten zum Klo und fragten beim kleinsten Geräusch: «Ist da wer?» Auch die freie Natur, auf die sie so große Hoffnungen gesetzt hatten, ließ sie im Stich. Bei jedem Besuch regnete es Blasen. So küßten sie sich im Keller zwischen Rotweinflaschen, im Pferdestall, im Holzschuppen und kuschelten sich in der Remise in das alte Coupé. Aber auch dort wurde ihnen die Stimmung verdorben. Der Kutscher riß die Tür auf. «Ich dachte, es sind die Ratten!»

«In vier Wochen werde ich auf einen Lehrgang geschickt», versprach ihr Werner. «Dann treffen wir uns in Berlin.» Sie wurde sich mit der Mutter über die Zahl der Hochzeitsgäste einig – hoffentlich war da nicht schon wieder Tanzverbot! – auch darüber, ob Tante Olga, die olle Bißgurke, eingeladen werden sollte. Aber dazu war es ja dann nicht mehr gekommen.

Fünf Jungen hatte sich Werner gewünscht, und sie hatte ihn angehimmelt und gesäuselt: «Aber *ein* Mädchen wirst du mir doch wenigstens gönnen.» Was wußten sie schon voneinander, außer daß ihre Körper sich mochten.

Nora erinnerte sich auch wieder an den Tag im Mai 44, an dem ihr Vater schwerverwundet, mit verwirrtem Geist aus Rußland zurückgekommen war. Das Arbeitsamt befreite sie von jeder Dienstverpflichtung und erlaubte, daß sie offiziell als Hausgehilfin daheim angemeldet wurde, damit die Mutter sich um den Kranken kümmern konnte. Trotzdem führte sie ein recht angenehmes Leben, was sie nur als gerecht empfand. Schließlich hatte sie für das Vaterland genug geopfert.

Dann mußten sie fliehen. Ihr Treckwagen wurde von Tieffliegern zusammengeschossen und die Pferde und die Mutter dabei getötet. Die Betäubung über das Unfaßbare war erst im Flüchtlingslager langsam von ihr gewichen. Aber für Trauer blieb keine Zeit. Sie mußte sehen, wie sie allein zurechtkam. Auf Mitleid konnte man nicht zählen. Ein Schicksal wie ihres galt damals als fast normal. Da bekam sie ganz andere Geschichten zu hören, wenn irgendwo Flüchtlinge zusammensaßen, und wenn sie es sich recht überlegte, hatte sie eigentlich noch Glück gehabt. Der Bauer, bei dem sie arbeitete, war nicht der schlechteste. Während sie Kartoffeln legte, Rüben verzog und der Bäuerin bei der großen Wäsche half, hütete der sechsjährige Bauernsohn ihren Vater. Sobald er sich von der Bank neben dem Kuhstall erhob und dem Hoftor zustrebte, führte ihn der Kleine fürsorglich zurück und befahl: «Opa, Platz!» Dann blitzte in dem verwirrten Geist manchmal so etwas wie Humor auf. Der Vater lächelte den Jungen an, machte «Wuff!» wie ein Hund und setzte sich gehorsam. «Brav, brav», lobte das Kind und verteidigte ihn gegen den Knecht, der grinsend aus dem Stall auftauchte: «Der ist bloß halb so doof wie du!»

Nora schloß das Fenster und wandte sich abrupt zum Schreibtisch, um die Post durchzusehen. Außer Drucksachen schien nichts dabeizusein. Fast hätte sie den Brief der Bundesversicherungsanstalt mit in den Papierkorb geworfen. Verdammte Computerschrift! Sie überflog die zweiseitige Erklärung und suchte nach einer Zahl mit der Angabe über die Höhe ihrer Rente. 630 Mark! Einen Augenblick saß sie ganz still. Sie hatte deutlich die Stimme der Büroputzfrau im Ohr, die 1958 aus der DDR gekommen war und zwei Jahre lang mit Mann und fünf Kindern in einer Zweizimmerwohnung hausen mußte. «Frau Lechow, ich sag's, wie's ist: Wir sind zur falschen Zeit jung gewesen und werden zur falschen Zeit alt!»

2

Der Rentenberater, dem Nora ein paar Tage darauf gegenübersaß, hörte sich ihre Klagen mit resignierter Freundlichkeit an. Seit mehr als fünfzehn Jahren versuchte er mit mäßigem Erfolg, begriffsstutzige Bürger in die Geheimnisse der Rentenberechnung einzuweihen und ihnen Begriffe wie «Bemessungsgrundlage» oder «verkürzte Halbbelegung» zu erklären.

«630? Da sind Sie doch noch gut dran. Ich hatte mal 'ne Frau, die bekam vier Mark neunzig. Damals lag der monatliche Mindestsatz noch bei fünf Mark. Den hat sie fünf Jahre lang geklebt.»

«Vier Mark neunzig?» Nora lachte und guckte ihn ungläubig an. «Was für ein Wahnsinn!»

«Sagen Sie das nicht. Dadurch hatte sie schon Anspruch auf Kuren und eine kostenlose Krankenversicherung.» Er nahm den Taschenrechner und beugte sich über Noras Berechnungsbogen.

Nora sah sich in dem schäbigen Büro um. Es war so winzig, daß man fast Platzangst bekommen konnte. Durch die dünne Trennwand drangen die Gespräche aus dem Nachbarzimmer. Die Büromöbel aus den fünfziger Jahren besaßen bereits Sammlerwert.

Der Beamte blickte auf: «Ich kann keinen Fehler finden. Durch eine Nachentrichtung hätte man zwar eine erhebliche Steigerung erzielen können, aber da hätten Sie eher kommen müssen. Die Frist dafür ist abgelaufen. Sie könnten ja bis dreiundsechzig arbeiten, aber viel bringt das auch nicht.»

«Bis dreiundsechzig? Bis ich umfalle!» sagte Nora in dramatischem Ton.

«Na, na, der Staat läßt schon keinen hungern. Wofür gibt's denn das soziale Netz?» Er erhob sich, um Nora zu verabschieden. «Mancher aus Ihrer Generation ist da schlechter dran.»

»Ich kenne aber jemand, der bekommt dreitausend Mark Rente und hat auch weiter nicht groß was geleistet», behauptete Nora.

«Tja, wenn's danach ginge . . .» Der Beamte blieb freundlich, aber sein rechtes Augenlid begann nervös zu zucken. Nora blieb ruhig sitzen.

«Ich dachte, die Rentenreform sollte mehr Gerechtigkeit bringen.»

«Gerechtigkeit?» Der Beamte lachte kurz. «Liebe Frau!» Damit endete das Gespräch.

Zu Noras Erstaunen zeigte sich die Redakteurin in der Werbeagentur von einer ganz neuen Seite. Sie hörte sich ihre Klage mitfühlend an, ließ entrüstet die Ohrringe wippen und war sofort bereit, sich beim Personalchef für Nora zu verwenden: «Die müssen Sie einfach länger behalten, Frau Lechow.»

«Sehr kameradschaftlich», sagte Nora gerührt und merkte im selben Augenblick, daß sie das falsche Wort gewählt hatte.

«Solidarität», wurde sie von der Redakteurin belehrt, «ist gerade für uns Frauen oberstes Gebot.» Aber bald danach kam diese niedergeschlagen von der Unterredung zurück.

«Stellen Sie sich vor, das Blatt wird eingestellt. Mir wird auch gekündigt.» Ein wenig tröstete sie sich über ihre eigene Misere hinweg, weil Noras Zukunftsaussichten noch unerfreulicher waren.

«630 Mark, eine Schande», entrüstete sie sich. «Das liegt ja noch unterm Bafög-Satz!»

«Na ja, ich gebe zu, daß ich meine zwanzig versicherungspflichtigen Jahre für das vorgezogene Altersruhegeld nur zusammenbekommen habe, weil schon zu Hause für mich geklebt wurde. Und in den ersten Jahren als Sekretärin habe ich nicht viel verdient.»

«Sie werden natürlich Wohngeld beantragen», sagte die Redakteurin. «Das ist das mindeste, was Ihnen zusteht. Das ist schließlich Ihr gutes Recht.»

In den folgenden Wochen waren sie ein Herz und eine Seele, und die Redakteurin vertraute Nora sogar an, daß sie es mit ihrem Karl-Heinz nicht immer leicht habe. Sie beugte sich zu Nora hinüber: «Ich glaube, wir brauchen mal wieder eine Beziehungsdebatte.» Sie sah Nora an: «An Ihrem Sechzigsten, da ist doch bestimmt der Bär los!»

Nora schüttelte den Kopf. «Wohl kaum», sagte sie

trocken. Sie mußte plötzlich an die Schwiegermutter ihrer Freundin Lilo denken, die schick und lebenslustig ihren Sechzigsten zu einem großen Familienfest gemacht hatte. Es war ein heiterer, harmonischer Tag gewesen, bis Lilos Mann auf die Idee kam, über die Zukunft seiner Mutter zu sprechen. «Mamchen, wir finden, du solltest dich langsam nach einem geeigneten Altersheim umsehen. Denk an dein Herz!»

Die Mutter war vom Kaffeetisch aufgesprungen und hatte ihn angeschrien: «Denk du lieber dran, endlich mal nicht mehr an deinen Nägeln zu pulen!» Sie setzte ihn damit so matt, daß er keinen Ton mehr herausbrachte.

Lilos Schwägerin kam ihrem Bruder zu Hilfe: «Aber Mami, er macht sich halt Gedanken.»

«Darum hat ihn niemand gebeten. Und du –» die Tochter bekam auch gleich ihr Fett weg – «solltest dir lieber die Haare vernünftig schneiden und nicht mit diesem albernen Zopf herumlaufen, als wärest du noch ein Backfisch und nicht schon dreißig!»

Lilo hatte ihr aufgeregt darüber berichtet. «Verstehst du das?»

Damals hatte Nora es nicht verstanden.

An ihrem letzten Arbeitstag gab es die übliche Abschiedsfeier. Ein Gedicht wurde vorgelesen, und die Redakteurin hielt eine rühmende Ansprache, über die Nora fast so gerührt war wie Tom Sawyer über die auf ihn gehaltene Grabrede, als man ihn in der Kirche für tot erklärte. Dann wurde ihr ein Kuvert überreicht. Hoffentlich kein Theaterabonnement! dachte Nora. Moderne Theateraufführungen mit viel nacktem Fleisch langweilten sie. Sie öffnete das Kuvert. Zum Vorschein kam ein Gutschein für einen Yoga-Kurs.

«Karl-Heinz ist auf die Idee gekommen», erklärte die Redakteurin stolz. «Er sagt, Yoga ist der einzige Weg zur Selbstbefreiung.»

Nora sah sich bereits in einen schwarzen Elastikanzug gezwängt, im Lotos-Sitz mühsam Balance haltend, auf dem Weg zum eigenen Ich. Es gelang ihr noch rechtzeitig, ihrem Auflachen den richtigen Ton von Dankbarkeit zu geben. Die Redakteurin verabschiedete sich herzlich.

«Lassen Sie sich bald mal wieder sehen», sagte sie zu Nora. «Und vergessen Sie nicht, das Wohngeld zu beantragen!»

Versuchen kann ich's ja, dachte Nora.

Eine Woche später begab sie sich zum Bezirksamt. Sie hatte ihre Brille vergessen und beäugte auf der Suche nach der Dienststelle für das Wohngeld kurzsichtig die angebrachten Türschildchen mit den Namen der Sachbearbeiter, mißtrauisch von den Wartenden beobachtet, die den tunnelartigen düsteren Flur bevölkerten. Dabei stolperte sie fast über eine deutsche Dogge. Sie lag zu Füßen eines jüngeren Mannes in ausgetretenen Lederstiefeln und schlief. «Verzeihung», sagte Nora höflich zu dem Hund.

Der Besitzer lächelte gnädig und rückte beiseite: «Kann ja mal passieren. Zu wem wollen Sie denn?»

Nora setzte sich, um noch einmal in ihrer Handtasche nach der Brille zu suchen, und erklärte es ihm.

«Da sind Sie hier falsch. Die Abteilung für das Wohngeld befindet sich am unteren Ende. Das hier ist das Sozialamt.»

«Und es geht immer der Reihe nach», mischte sich gereizt die Mutter eines Dreijährigen ein, der einen Hausschlüssel belutschte, als sei es Vanilleeis.

Der junge Mann und Nora kamen ins Gespräch, und sie verriet ihm die Höhe ihrer Rente.

«630 Mark! So sieht's in unserem Lande aus», sagte der junge Mann anklagend. «Die Verarmungstendenzen nehmen von Jahr zu Jahr zu.» Trotz dieser eher traurigen Feststellung schien ihn Noras Fall geradezu freudig zu erregen. «630 Mark», wiederholte er und zog ein kleines Heftchen aus der Tasche, «da haben Sie nicht nur Anspruch auf Wohngeld, da müßte auch auf dem Sozialamt etwas für Sie herauszuholen sein. Man muß Ihnen schließlich die Führung eines Lebens zubilligen, das der Würde eines Menschen entspricht. Paragraph I des Bundessozialhilfegesetzes.»

«Sie kennen sich ja sehr gut aus», sagte Nora. «Aber was hat meine Würde mit dem Einkommen zu tun?»

Der junge Mann sah sie an, als wollte er sagen:

Muttchen, du hast ja keine Ahnung! Dann nannte er ihr seinen Beruf. «Sozialpädagoge.»

«Dann sind Sie wohl aus beruflichen Gründen hier?» sagte Nora.

Er schüttelte den Kopf. «Ich bin seit dem Studium arbeitslos; krank war ich zwischendurch auch. Aber lassen wir das, sehen wir mal lieber, was bei Ihnen herausspringen könnte.» Er ließ sich von Nora die Höhe der Miete, das Baujahr ihres Hochhauses und die Quadratmeterzahl der Wohnung nennen und tippte die Zahlen in einen Taschenrechner. «Wußt' ich's doch!» Er blickte sie triumphierend an. «Außer dem Wohngeld haben Sie noch Anspruch auf rund 20 Mark Sozialhilfe. Dazu kommen dann noch die Hilfen in besonderen Lebenslagen, die Sie beantragen können. Für die Teilnahme am kulturellen Leben stehen Ihnen außerdem sechs Straßenbahnfahrten, ein Zeitungsabonnement und eine Kino- und Theaterkarte zur Verfügung. Ihr Konto müssen Sie natürlich vorher räumen. Mehr als 2000 DM Erspartes ist nicht drin. Es sei denn, Sie besäßen ein Haus. Das ist wiederum geschütztes Vermögen im Sinne des Sozialhilfegesetzes und somit nicht anrechenbar.» Er blätterte wieder in seiner Broschüre wie in einem Kursbuch.

«Haben Sie Zucker?»

«Nein.» Nora wunderte sich allmählich über nichts mehr. Sie bedankte sich für die Auskünfte und machte, daß sie wegkam. «Geschenke werden Ihnen auch bezahlt!» rief ihr der Sozialpädagoge nach. «3 Mark 25 im Monat!»

Nach diesem verwirrenden Gespräch fühlte sich Nora außerstande, auch noch die Wohngeldstelle aufzusuchen. In ihrer Wohnung mußte sie sich erst einmal mit einer Tasse Tee beruhigen. Sie beschloß, vorläufig auf das Wohngeld zu verzichten. Überhaupt auf jede Art staatlicher Hilfe. Eine kleine Reserve besaß sie ja noch, obwohl vom Lastenausgleich nicht viel übriggeblieben war, denn sie hatte ihn sich mit zwei Schwestern ihres Vaters teilen müssen. Lieber wollte sie sich nach einer neuen Beschäftigung umsehen. Ihre Generation war da weniger wählerisch als die Jungen.

Trotz dieser Überlegungen beklagte Nora sich bei Lilo über ihre schlechten Finanzen, als ihre Freundin sie abends besuchte.

«Fang bloß nicht wieder damit an!» Lilo wurde allmählich ärgerlich.

«Schließlich ist das mein Hauptproblem», sagte Nora gekränkt.

«Dann such dir eben eine neue Arbeit», sagte Lilo gereizt.

Nora versicherte, Stellenangebote wären ihre Lieblingslektüre. Die Freundin blickte skeptisch. «Bei deinem Phlegma?»

«Hier, bitte!» Sie kramte einen Zeitungsausschnitt aus der Handtasche und las ihn vor: «*Wo ist die Frau, die mir, Olivetti BCS 2025, drei Monate alt, das Laufen beibringt?* – Glaubst du, daß ich geeignet bin, den Herzenswunsch dieses Computers zu erfüllen?«

«Laß doch den Quatsch», sagte Lilo, «es wird sich bestimmt was Vernünftiges finden lassen.»

«Mit sechzig? Bei der Situation auf dem Arbeitsmarkt? Du hast mal wieder keine Ahnung. In deiner Lage durchaus begreiflich.»

Die wohlhabende Lilo fühlte sich angegriffen. Opferte sie sich für ihre Freunde nicht geradezu auf und sorgte dafür, daß die Kontakte nie abrissen? War es ihre Schuld, daß sie übers Geld nicht viel nachzudenken brauchte? Ihr Ehemann, der gute Fritz, hatte ihr reichlich genug davon hinterlassen. Aber auch sie als Witwe hatte ihre Sorgen. Aus einer eher lässigen Mutter war eine fanatische Großmutter geworden, vorausgesetzt, die Schwiegertöchter geruhten, ihr die Kinder zu überlassen. So hatte sie jetzt gerade ihre kleine Enkelin Melle zu Besuch.

«Man traut sich ja kaum, anständig essen zu gehen, wenn man dich so jammern hört», sagte sie zu Nora.

Sie trennten sich ein wenig verstimmt.

Nora und Lilo waren Schulfreundinnen. In der Kreisstadt hatten beide zunächst das Lyzeum besucht und anschließend eine Frauenfachschule in der Nähe von Berlin. Während sich Noras Eltern um die Garderobe ihrer Tochter wenig den Kopf zerbrachen, aus Sparsamkeitsgründen ihre Ada-Ada-Schuhe grundsätzlich eine Nummer zu groß kauften und mehrfach gestopfte Strümpfe keineswegs als Makel ansahen, gaben sich

Lilos Eltern Mühe, ihre Tochter bereits mit vierzehn hübsch herauszuputzen. Auch besaß Lilo im Gegensatz zu Nora ein richtiges Jungmädchenzimmer mit viel Tüll an den Fenstern, einer Frisierkommode und einer silbernen Toilettengarnitur mit Monogramm. Trotzdem war das Apothekerstöchterchen Lilo eines der nettesten, wenn auch ziemlich herrschsüchtigen Mädchen aus der Klasse. Sie bemutterte die etwas dösige Nora und half ihr oft bei den Schularbeiten.

Mit Lilos quakiger Mutter, die damals noch lebte, und dem unzufriedenen Vater, der daran litt, nur Apotheker und nicht Arzt geworden zu sein, wußte Nora wenig anzufangen. Lilo kam auch viel lieber zu den Lechows. Dort ging es sehr ungezwungen und gemütlich zu, und es war immer viel Betrieb. Die Freundinnen teilten alle ihre Mädchengeheimnisse, und ein runtergezogener Mundwinkel, eine abwertende Handbewegung konnten ihnen die Verehrer schneller vermiesen als jedes Gerede der Eltern. Glücklicherweise hatte Werner vor Lilos Augen Gnade gefunden. «Könnte mir auch gefallen», war ihr knapper Kommentar gewesen.

Nach dem Krieg, als Noras Vater gestorben war und sie nicht mehr in dem Dorf bleiben wollte, hatte ihr Lilo vorgeschlagen, doch in ihre Stadt zu ziehen und sich in Abendkursen zur Sekretärin ausbilden zu lassen. Die erste Zeit wohnte sie bei Lilo, bis sie ein Zimmer bei einem pensionierten Justizwachtmeister fand. Er hielt auf Sitte und Anstand und ließ sie gern an seinem reichen «Erfahrungsschatz aus den Gerichtssälen» teilhaben: «Ich weiß mehr, als in den Zeitungen gestanden hat.» Als weiterer Schritt zur «besseren Lebensqualität» folgte dann der Raum mit Notküche und eigenem WC hinter einem Sarggeschäft. In der ersten Zeit graulte sie sich, noch zu später Stunde an Särgen und Marmorengeln vorbei zu müssen. Sie gewöhnte sich jedoch schnell daran und wandelte sogar, wenn sie nicht schlafen konnte, im Nachthemd im Verkaufsraum herum, was die Passanten erschreckte.

Nora war nach ihrer Pensionierung weniger unglücklich, als sie vorgab. Sie langweilte sich kein bißchen, genoß ihren veränderten Tagesablauf und endlich ihre Wohnung. Sie gewöhnte es sich an, bis tief in den Vormittag im Bademantel herumzutrödeln, und hatte plötzlich volles Verständnis für die jungen Leute, die bis mittags in den Betten lagen. Sie stellte sich den Fernseher an und kroch wieder auf die Bettcouch zurück.

Ganz aus dem Häuschen war sie vor fünfzehn Jahren gewesen, als es endlich mit der Wohnung geklappt hatte, und das auch nur, weil Lilos Fritz über Beziehungen zu der Wohnungsgesellschaft verfügte. Die ersten eigenen vier Wände und ein richtiges Bad! Keine Verrenkungen mehr an seifennapfgroßen Waschbecken. Sie brauchte nun nicht zum Baden und Wäschewaschen zu Lilo zu gehen. Das Hochhaus besaß einen Trockenraum und eine gemeinschaftliche Waschmaschine, die aber inzwischen niemand mehr benutzte.

Nora erhob sich, um den Fernseher leiser zu stellen,

da klingelte es an der Wohnungstür. «Mach auf, ich bin's!» rief Lilo. Sie ließ die Freundin herein. «Du siehst fern, um diese Tageszeit? Bist du krank?» fragte Lilo vorwurfsvoll.

Nora schüttelte lachend den Kopf. «Ich warte auf den Rentnerschock, der soll doch unabwendbar sein, wenn man aus dem Berufsleben ausscheidet.»

Aber Lilo hörte nur halb zu. Sie sah interessiert auf den Schauspieler Michel Piccoli, der sie gerade vom Bildschirm lasterhaft anblickte. Nora streckte die Hand nach dem Fernseher aus.

«Laß doch mal!» sagte Lilo. Aber da war Piccoli schon ausgelöscht. Sie sah sich kritisch im Zimmer um. «Du brauchst unbedingt einen neuen Teppich! Diese Wellen in der Auslegware sind ja fürchterlich!»

«Du bist bestimmt nicht hergekommen, um darüber mit mir zu sprechen», sagte Nora.

«Natürlich nicht. Ich hab eine Beschäftigung für dich. Inge Ahlert, du weißt, Fritzens Kusine in München, sucht dringend jemand, der sie in ihrer Geschenkboutique für einige Wochen vertritt, solange sie in Kanada ist.»

Nora erschrak. «Wie kommst du auf die Idee, daß ich mich als Verkäuferin eigne? Ich kann doch kaum echtes Silber von plattiertem unterscheiden!»

«Verkaufen sollst du auch nicht. Dafür hat sie eine tüchtige junge Person. Nur eben ein Auge auf alles haben. Und dich um die Buchführung kümmern.»

«Das kann ich erst recht nicht», sagte Nora, die von

Lilos Plan nicht gerade begeistert war, sich aber wie üblich ihrer energischen Freundin nicht gewachsen fühlte.

«Aber dich über mein armes Kurtchen aufregen, weil er nach dem Staatsexamen nicht gleich die erste beste Stellung angenommen hat, das konntest du!»

Da hatte sie sich ja was Schönes eingebrockt! Nora rannte kopflos im Zimmer herum. «Ich laß mich nicht von dir beschwatzen. Schon als Kind . . .»

«Schon als Kind», nahm Lilo das hundertmal gegebene Stichwort auf, «hab ich dich verleitet, mit Khasana-Lippenstift kußecht im Konfirmandenunterricht den Vikar zu irritieren und auch den Dienst im BDM zu schwänzen, so daß wir vier Wochen lang ohne Halstuch und Knoten hinter den anderen herlatschen mußten –»

«Singend», unterbrach Nora.

«Singend», bestätigte Lilo. «*Und die Morgenfrühe, das ist unsere Zeit* – ein sehr passender Vers für dich, weil du damals schon zum Ärger deines Vaters nie aus dem Bett finden konntest.»

«Darauf wollte ich gar nicht hinaus», verwahrte sich Nora lachend. «Ich wollte sagen –»

«Halt es fest, was immer es war, und sag mir jetzt gleich, zu was du dich entschlossen hast. Ich muß Inge Ahlert heute abend anrufen.»

«Meinetwegen», sagte Nora, die schon halb kapituliert hatte. «Ich kann's ja versuchen.»

«Das ist die richtige Einstellung», lobte Lilo. Gleichzeitig betrachtete sie angewidert das Nachthemd ihrer Freundin. «Wo kaufst du nur so was Grauenhaftes?»

Dann ging alles sehr schnell. Frau Ahlert hatte sich hocherfreut über Noras Zusage gezeigt. Sie werde nicht auf den Pfennig sehen. Den Flug nach München übernehme sie natürlich auch, und wohnen könne Nora in ihrem Appartement, das liege fast um die Ecke.

«Ich bring dich zum Flughafen», versprach Lilo.

Als Nora mit den Koffern herunterkam, entdeckte sie auf dem Hintersitz des Autos eine kleine Gestalt.

«Es macht dir hoffentlich nichts aus, Melle mitzunehmen», sagte Lilo, ein bißchen verlegen. «Kurtchen hat vorgestern angerufen. Ich hatte gehofft, das Kind würde noch bei mir bleiben. Aber sie will unbedingt zurück zu den Eltern.»

«Und warum sagst du mir das erst jetzt?» rief Nora.

«Ich wollte dir nicht den Nachtschlaf rauben», sagte Lilo in schöner Ehrlichkeit.

«Wie rücksichtsvoll von dir!» Nora knallte wütend die Wagentür zu.

3

Es gelang Nora, für Lilos Enkelin einen Fensterplatz zu ergattern. Das Flugzeug gewann an Höhe und ließ die Wolkenbänke unter sich. Melle preßte ihre Nase gegen das Kabinenfenster. «Sind wir jetzt im Himmel? Wo sind denn nun die Toten? Und Engel gibt's hier auch keine.»

«Vielleicht sind sie gerade beim Mittagessen», murmelte Nora.

Die Kleine machte ein verächtliches Gesicht. «Depperte Krampfhenne!»

Nora sah sich geniert um. «So was sagt man nicht.»

«Wofür gibt's denn so 'ne Wörter?» Die vierjährige Melle zog eine Schippe.

Recht hat sie, dachte Nora. Sie holte ein Märchenbuch aus dem Handgepäck und begann halblaut daraus vorzulesen. Der Rest des Fluges verlief friedlich und ohne Kraftausdrücke. Das Flugzeug setzte zur Landung an. Die widerstrebende Melle hinter sich herziehend, die unbedingt noch in einen Ascher in der Flughafenhalle spucken wollte, ging Nora zum Ausgang. Melles Vater erwartete sie bereits. Das Kind lief auf ihn zu und umklammerte ihn theatralisch mit einem Seitenblick auf Nora. «Mach nicht ein so grimmiges Gesicht, Kurtchen», sagte Nora zu ihrem Patensohn. «Ich hab ihr nicht den kleinsten Klaps gegeben, obwohl sie es einmal wirklich verdient hätte.»

«Du kennst Melle nicht genug. Sie ist ein so phantasievolles kleines Geschöpf.» Er streichelte gerührt sein Wunderkind.

«Das bestreitet ja niemand», sagte Nora. «Wie wär's, wenn du mir jetzt den Koffer abnehmen würdest.»

Sie stiegen in sein Auto und fuhren los. «Sieh mal da, der Friedensengel», erklärte Kurt während der Fahrt in die Stadt. «Und nachher kommen gleich die Türme der Frauenkirche.» Er lebte erst seit einem halben Jahr in München. Aber er tat, als hätte er die Stadt miterbaut.

Für Nora war eine Großstadt wie die andere. Sie zeigte geradezu ein beleidigendes Desinteresse für lokale Sehenswürdigkeiten. Frauenkirche, Nymphenburg, Englischer Garten, Leopoldstraße – damit waren ihre Kenntnisse über die bayerische Hauptstadt fast erschöpft. Sie war auch zu müde, um aus Höflichkeit Enthusiasmus vorzutäuschen. Und außerdem hatte sie Lampenfieber.

Die «Geschenktruhe», wie das Lädchen sich nannte, lag in einer Seitenstraße, nicht weit vom Hauptbahnhof. Während Melle an ihrem «Gugu», einer jeder Hygiene spottenden schwärzlichen Windel, nuckelnd im Wagen sitzenblieb, begleitete Kurtchen Nora zu dem Laden. Die Tür öffnete sich, und ein wundersames Geschöpf kam auf sie zu. Ihr Haar war von grünen, rosa und gelben Strähnen durchzogen, und über engen schwarzen Lederhosen trug sie selbstgestrickte knallbunte Ringelstrümpfe, die bis weit zu den Knien reichten. Ihre Fingernägel hatte sie schwarz lackiert, und auf dem T-Shirt prangte ihr eigenes Konterfei. Kurtchen stand wie angewurzelt, den Koffer in der Hand. Das Geschöpf tat den Mund auf und redete Nora an. «San S' unsere Neue? Ich bin die Lisa. Kommen S' herein.»

Im Laden, einem mit Ware vollgestopften Schlauch, wurde Nora von der Besitzerin in Empfang genommen, die sie mit nervöser Herzlichkeit begrüßte.

«Schön, daß Sie gekommen sind.»

Frau Ahlert sah, wie Nora die junge Verkäuferin anstaunte, die sich gerade einem Kunden zuwandte. Sie führte sie in das kleine Hinterstübchen, das ihr als Büro und Packraum diente, und bemerkte mit halblauter Stimme: «Kann keinen Stil vom anderen unterscheiden, aber sie ist eine Verkaufskanone. Weiß genau, wie sie jeden Kunden anpacken muß. Das ist angeboren, so was kann man nicht lernen.»

Sie bot Nora einen Stuhl an. «Neulich kam da ein Herr aus Wien. Na, dacht ich, was wird schon groß sein, irgendein Souvenir wird er halt kaufen wollen. Und dann hat sie ihm doch für sage und schreibe tausend Mark Sachen aufgeschwatzt! Zum Schluß noch ein Windlicht in Grün. Er wollte eins in Rot. ‹Wir haben auch sehr entzückende in Grün›, sagte die Kleine. ‹Nein›, sagte der Mann, ‹ich möcht ein rotes.› – ‹Aber ich darf Ihnen doch wenigstens mal ein grünes zeigen?› – ‹Meinetwegen›, sagt der Kunde und lacht. Sie saust in den Keller, holt von jeder Farbe zwei und sagt: ‹Schaun S', wie hübsch des zusammen ausschaut. Rot ist der Strand, grün ist das Land, das sind die Farben von Helgoland.› – ‹Sie sind ja eine richtige Verführerin›, sagt der Mann und kauft tatsächlich zwei von den Dingern.» Frau Ahlert senkte ihre Stimme noch mehr: «Dabei könnt ich wetten, sie weiß überhaupt nicht, was Helgoland ist.»

Dann zeigte sie auf den Schreibtisch. «Wenn Sie sich ein bißchen der Buchführung annehmen würden und auch den übrigen laufenden Schreibkram mit erledigen, wäre ich Ihnen sehr dankbar. Dann wäre noch hin und wieder Ware auszupacken und auszuzeichnen, und wenn viel zu tun ist, müßten Sie Lisa auch mal im Laden helfen. So, und jetzt zeige ich Ihnen, was wir so führen.»

Es war ein ziemlicher Krimskrams, den Nora zu sehen bekam; nur hier und da stand ein geschmackvolles Stück wie verirrt dazwischen. Unter versilberten Osterhasen, Bronzelöwen, Marmoraschern, Keramikgeschirr und Messingschirmständern entdeckte Nora eine grüne Figur, die vermutlich ein Pferd darstellen sollte. Mit seinem Senkrücken und den Stummelbeinen glich es eher einem mißratenen Warzenschwein.

«Ich weiß, ich weiß», seufzte Frau Ahlert. «Ich hab mir's in Italien beim Einkaufen aufschwatzen lassen. Wer es mir verkauft, bekommt eine Sonderprämie. Ich will es endlich los sein.»

Lisas Augen leuchteten gierig auf, als sie dies hörte. Frau Ahlert sah auf die Uhr. «Kommen Sie, Frau Lechow. Ich nehm Sie jetzt mit in meine Wohnung und zeig Ihnen, wo alles steht. Dann muß ich noch Koffer packen, denn meine Maschine fliegt heute abend.»

Die erste Nacht in der fremden Umgebung fand Nora wenig Schlaf. Das Bett war zu weich, und die Gardinen verdunkelten das Zimmer nur ungenügend. Sie war und blieb nun mal ein Gewohnheitstier, das am liebsten tagtäglich in seinen alten Stall trottete. Wahrscheinlich war sie ihrem Vater nachgeraten; der war auch nie von zu Hause wegzubekommen gewesen. Nur einmal hatte er sich von ihrer Mutter breitschlagen lassen, mit ihr nach Wien zu fahren. Doch in der Nacht vor der Abreise stand das Wirtschaftsgebäude in Flammen, und ihr Vater rief fast erleichtert: «Pack aus, die Scheune brennt!» Er behauptete, alles Unglück käme nur vom Reisen. Prophetische Worte, wenn man an die Flüchtlingsströme damals und jetzt dachte. Und ausgerechnet er hatte zusammen mit seiner Tochter nach dem Krieg ein so unruhiges Leben führen müssen. Sollte Nora jetzt wieder damit beginnen?

Sie wälzte sich unruhig im Bett hin und her. Hoffentlich würde sie mit diesem fast exotischen Geschöpf zurechtkommen.

Am nächsten Tag wurde Nora von Lisa in den Umgang mit den Kunden eingeweiht. Lisa bemühte sich zwar, hochdeutsch zu sprechen, verfiel aber zwischendurch immer wieder in ihr gewohntes Bayrisch.

«Also, so um die Mittagszeit, da kommen meist junge Frauen, die sich zu Haus langweilen. Mit denen is net viel los. Die lass'n sich alles zeigen und verschwinden wieder. Freitag geht's rund, da kommen sie alle von außerhalb in die Stadt. Und sonst geht's mal so, mal so. Sagen S' immer schön gnä' Frau, auch wenn's no so a damisches Weib is, so a geschnepftes. Da is es ihr peinlich, nix zu kaufen.» Sie schnaufte verächtlich. «Erst betens einem die ganze Wohnungseinrichtung vor, und am Ende kaufens a Zahnputzglas für zwoa Mark. Wenn eine sagt, des muß sie erst mit ihrem Mann besprechen, brauchen S' net die Tür aufhalten. Die kommt net wieder.» Lisa klebte ihren Kaugummi unter den Stuhl hinter der Kasse und stöckelte auf einen etwa Dreißigjährigen zu, der sich unsicher an seiner Pfeifentasche festhielt.

«Der Herr wünschen?»

«Ich suche etwas Ausgefallenes für meinen Springbrunnen», erklärte der Kunde und starrte Lisa fasziniert an. «Meine Nachbarn haben zwei Pinguine, das sieht sehr gut aus.»

«Da hätt i was.» Lisa holte einen bronzenen Reiher aus dem Regal, einen echten Ladenhüter. «Des is was Bsonderes.»

«Ganz hübsch.» Der Kunde nahm ihr zögernd den Reiher aus der Hand. «Aber warum hält er den

Schnabel gesenkt? Das gefällt mir nicht. Das sieht irgendwie traurig aus.»

«Aber des ist doch grad das Besondere!» rief Lisa. «Wenn er den Schnabel nach oben hält, dann tät ja dem armen Tier dauernd das Wasser in die Augen bloddern!»

«Da haben Sie recht», sagte der Kunde. «Aber . . .» Er zögerte und sah Nora an. «Was meinen Sie denn?»

«Reiher sind *in*, Pinguine sind *out*.» Nora war stolz auf diesen Geistesblitz.

«Na gut», sagte der Kunde, «dann packen Sie ihn mir mal ein.»

Wenn wenig los war, setzte sich Lisa gern zu Nora, die im Hinterstübchen mit dem altertümlich ratternden Taschenrechner hantierte, und die Zwanzigjährige erzählte von ihrer Kindheit, als wäre diese bereits fernste Vergangenheit. Lisas Eltern hatten einen kleinen Einödhof in Niederbayern besessen. Wenn es in Reitdorf dunkel wurde, ging man zu Bett, im Morgengrauen stand man auf. Radio und Fernsehen gab es nicht, und zum miteinander Reden war man von der schweren Arbeit viel zu müde. Als Lisa in die Schule kam, mußte sie erst lernen, Sätze zu bilden.

«Des Landleben hat mir fei gestunkn», meinte sie. «Imma mit de mistigen Viacha umanand und koa Klo net im Haus. Oiwai zum Misthaufn, und des Nachthaferl tagsüber aufm Gartenzaun. Aber jetzat», sagte sie stolz, «jetzat hat mei Vatter ein Stockhaus daneben baut mit Bad und WC und a schönen Tür aus Glasteinen. Unsere oide Hüttn hat so a Stadtfrack für vui Geld kauft, hat die Mutter geschrieben, der wird bald einziehn.» In ihrem Eifer verfiel sie immer wieder in ihren bayrischen Dialekt, an den sie von zu Hause her gewöhnt war.

Gleich nach Abschluß der Schule war Lisa Verkäuferin geworden. Frau Ahlert hatte sie in einem Herrengeschäft in München entdeckt und die Geschicklichkeit bewundert, mit der sie einem alten Herrn eine Krawatte andrehte, die er nicht haben wollte. «Sie hat mich dann überredet, daß i zu ihr komm», sagte Lisa zufrieden. «Und jetzt bin i schon zwoa Jahr da.»

Lisas Freund Robert war Florist. In einem Jahr würde er seine Meisterprüfung ablegen, dann wollte er sich in München selbständig machen, und sie würden heiraten.

«Aber dann haben Sie dieselbe Schinderei wie früher auf dem Hof», gab Nora zu bedenken. «Jeden Morgen vor Tau und Tag auf den Markt fahren und Blumen einkaufen und nie pünktlich Feierabend.»

Lisa war da anderer Ansicht. «München ist net Niederbayern, und was Eignes is was Eignes.»

Nora begann, an ihrer Arbeit Spaß zu finden, und entwickelte den Ehrgeiz, beim Verkaufen Lisa keine Schande zu machen. Wohlwollend beobachtete das Mädchen, wie geschickt ihre Schülerin mit einer Kundin umging, die ihre Geduld auf eine harte Probe stellte. Eine Kundin war am Tag zuvor schon einmal dagewesen und hatte mit ihrer kostbaren Flurtapete angegeben.

Nun war sie wieder erschienen und wedelte mit ihrem offenen Nerz herum, so daß man um die Glastierchen bangen mußte. Sie hielt Nora einen Rest dieser einzigartigen Tapete unter die Nase.

«Dafür möchte ich Messinghaken.»

Das Tapetenmuster war einfach scheußlich. Doch Nora fuhr bewundernd mit dem Finger darüber. «Ja, gnä' Frau, dazu passen natürlich keine ordinären Haken. Da müssen wir was Feineres nehmen.» Sie kramte zwei reichverzierte Haken für vierzig Mark das Stück hervor.

«Ganz schön teuer.» Die Kundin machte ein verlegenes Gesicht. «Ehrlich gesagt, ich habe die Tapete im Sonderangebot bei Oberpollinger gekauft.»

«Aber sie sieht sehr kostbar aus. Und das Design ist einfach zauberhaft. Mal was ganz Ausgefallenes! Soll ich Ihnen die Haken einpacken?» Die Kundin nickte ergeben.

«Brav, brav!» Lisa sparte nicht mit Anerkennung. «Aus Eana wird no was!» Sie fuhr mit dem Staubtuch über das grüne Pferd. «Wenn's nur damit auch so gut klappen tät. Da will keiner anbeißen. Ich werd a mal meinen Robert fragen, der hat immer Pfundsideen.»

Kurz nach Feierabend erschien wie üblich Lisas Robert, um seine Verlobte abzuholen. Mit seinem gepflegten halblangen Haar, dem unschuldigen Babygesicht und dem sauberen Teint sah der junge Florist wie ein wohlbehütetes Kind aus; aber seinem kühl abschätzenden Blick war anzumerken, daß er sehr wohl wußte, «wo der Barthel den Most holt». Er hatte dann auch gleich eine Idee: «Ich frag meinen Chef. Vielleicht darf ich das Viech zwischen die Blumen ins Schaufenster stelln. So zwischen Orchideen und Rosen sieht's gleich vui herziger aus. Und in unserer Gegend wohnen die, wo's Geld haben.»

Aber die Hoffnungen der beiden erfüllten sich nicht. Der Vorsitzende des Reitervereins, der im Blumengeschäft einen Kranz bestellte, überlegte einen Augenblick, ob diese Figur vielleicht ein passender Grabschmuck für den verstorbenen Reiterkameraden sei, aber sonst tat sich nichts. Nach vier Wochen kehrte das Pferd wieder an seinen angestammten Platz zurück und begrüßte mit freudig gebleckten Zähnen das Sparschwein aus Glas zur Rechten und das geschnitzte Krokodil zur Linken.

Eine Woche später betrat ein Mann um die Fünfzig den Laden. Mit seinem verschlissenen Parka und dem Arafat-Tuch, den maßgeschneiderten Hosen und den italienischen Schuhen sah er halb nach «Rettet den Wald» und halb nach American Express Card aus. Sein von der Sonne gegerbtes, mageres Gesicht ließ auf ein sauerstoffreiches, aber kalorienarmes Leben schließen. Er sah sich etwas verwirrt im Laden um. «Ich suche ein Spielzeug für meinen Jungen.»

«Der Spielzeugladen –» Nora wollte gerade sagen: «ist nebenan», als Lisa ihr verstohlen ein Zeichen gab.

«Da hätten wir ganz was Feines.» Lisa holte die Keramikfigur hervor.

«Was soll denn das darstellen?» fragte der Mann.

«Ein Pferd, natürlich», sagte Lisa unschuldig.

«Aber ein Pferd sieht nun wirklich etwas anders aus!»

Lisa hörte gar nicht hin. Sie zupfte an ihren scheckigen Haaren und guckte verträumt. «Wann i a Bub wär, ganz narrisch würd i mi freun. Aufs Nachtkastl würd i mir's stelln und träumen, ich tät drauf sitzn und tät galoppiern. Hui!»

«Aber», sagte der Mann, «meine Frau kauft grundsätzlich nur Spielzeug aus Holz und . . .» Er schwieg verwirrt.

Lisa war ganz dicht an ihn herangetreten und lächelte ihn gleich doppelt an, denn sie trug wieder einmal das T-Shirt mit ihrem Konterfei. Sie hielt ihm das Pferd entgegen. «Langen S' nur hin, man könnt meinen, es hätt ein richtiges Fell.»

Durch Lisas Nähe aus dem Konzept gebracht, entblödete der Mann sich nicht, dem grünen Untier, das sie ihm geschickt in die Arme gelegt hatte, mit dem Finger über den Rücken zu streichen.

«Wie Seide, gell?» sagte Lisa aufmunternd. Sie trat wieder einen Schritt zurück. «Ich hab mir's gleich gedacht. Eana g'fallts. Is ja auch unser schönstes Stück. Hundert Mark, wenn i bitten darf.»

Der Mann machte einen schwachen Versuch, sich zu widersetzen. «Das ist viel Geld, und überhaupt, meine Frau kauft nur Markenspielzeug.»

«Aber des ist doch fast das gleiche», tröstete ihn Lisa. «Glauben S' mir, i kenn mi da aus. Ich mach Ihnen einen

Vorschlag, ich komme Ihnen entgegen und reduzier's. Sagn ma 85 Mark. Einverstanden?»

Nora sah dem Mann skeptisch nach, als er aus dem Laden stolperte. «Wenn das man gutgeht.»

«Des Viech san ma los.» Lisa lächelte durchtrieben.

Aber Nora hatte nicht umsonst geunkt. Als sie am nächsten Morgen die Ladentür aufschlossen, stand der Mann wieder vor ihnen. Diesmal hatte er seine Frau mitgebracht. Sie war nur wenig älter als Lisa, aber zwischen den beiden lagen Welten. Die junge Frau trug kein Make-up. Ihre Nase war ein wenig gerötet, das Haar hatte sie zu einem dicken Knoten aufgesteckt. Über dem langen roten, mit silbernen Sternchen übersäten Kleid trug sie etwas unförmig Schafwollenes, das einen strengen Geruch ausströmte. Am Arm hing ein Korb, aus dem das grüne Pferd heraussah. Auf ihren Holzschuhen klapperte sie auf Lisa zu. Dabei war ihr deutlich anzumerken, was sie dachte: Das könnt dir so passen, meinen Mann für dumm zu verkaufen! Doch ihre Stimme war von öliger Freundlichkeit:

«Mein Mann hat mir erzählt, daß Sie ihm mit viel Engagement dieses Geschenk für unseren Hans-Peter ausgesucht haben. Aber unser Kind soll die Natur und ihre Tiere nicht als kitschiges Abbild erleben.» Damit ihr Sohn kein degeneriertes Stadtprodukt würde, hätten sie sich jetzt ein wundervolles altes Bauernhaus gekauft, dort wollten sie Hühner und Enten in natürlicher Herdengemeinschaft halten und Gemüse anbauen. «Die früheren Besitzer», tönte die junge Frau, «haben sich nämlich so ein scheußliches modernes Haus gebaut mit kitschigen bunten Glassteinen. Es ist traurig, wie das Gefühl für das Natürliche diesen guten Leuten abhanden gekommen ist.»

Der Mann sah Lisa verlegen an. «Das interessiert nun doch wirklich nicht.»

«Was wolln S' denn jetzat?» fragte Lisa kühl.

«Wir wollen die Figur umtauschen», sagte die Frau mit fester Stimme.

Lisa zuckte bedauernd die Schultern. «Tut mir leid, zurücknehmen kann ich das Pferd fei nimmer. Steht doch extra auf dem Kassenbon: Herabgesetzte Ware ist vom Umtausch ausgeschlossen.»

«Das ist ja die Höhe!» Die junge Frau zupfte erregt an ihrem Wollcape. In den Augen des Mannes spiegelte sich so etwas wie Bewunderung. Er schien seiner Frau die Niederlage zu gönnen. Vielleicht hat sie ihn zu lange biologisch-dynamisch gedüngt, dachte Nora. Er zog seine Frau am Arm.

«Laß doch. Die Verkäuferin ist im Recht. Wir schenken's den Niedermayers zur Feier unseres Einstands in Reitdorf.» Lisa zuckte zusammen. «Die stellen sich's in ihrem Neubau sicher gern in die gute Stube. Das ist genau das Richtige für sie.» Die beiden verließen den Laden.

«Do legst di nieda», sagte Lisa ganz erschüttert. «De Niedermayers, des san ja mir!»

4

Mit Frau Ahlerts Rückkehr war Noras Gastspiel in der Boutique zu Ende gegangen. Aber unmittelbar darauf hatte sich unverhofft ein neues Angebot ergeben. Ein Gutsbesitzer, mit dem Frau Ahlert befreundet war, mußte dringend ins Krankenhaus und brauchte jemanden, der während seiner Abwesenheit nach dem Rechten sah. Seine Frau war vor kurzem gestorben, und er lebte allein. Das Schloß war vermietet, der Acker verpachtet, und auf den Koppeln grasten Pensionspferde, an die Nora sogleich ihr Herz verloren hatte.

Wie jeden Morgen vor dem Frühstück stand sie auch heute am Koppelzaun und beobachtete die Pferde. Sie streckte sich wohlig in der warmen Frühlingssonne, die ihr trotz der frühen Stunde bereits kräftig den Rücken wärmte. Eine zierliche Stute hatte sich aus der grasenden Gruppe gelöst und sah zu ihr herüber. Es war ein Pferd wie aus dem Bilderbuch, mit schmalen Fesseln, schwebendem Gang und langem Rücken. Aber sein erschrockener, auf Flucht gerichteter Blick nahm ihm einiges von seiner stolzen Haltung. Und ausgerechnet dieses edle Tier gehörte Alphons, einem zwölfjährigen Jungen, der sich überhaupt nichts aus Pferden machte und mit ihm umging, als säße er auf einem Mofa. Nora sah über die grün gewordenen Felder und freute sich, wieder einmal auf dem Lande zu sein. Je älter sie wurde, um so mehr genoß sie die Natur. In ihrer Jugend hätte sie jedes verstaubte Hinterhofkino einem strahlenden Sommertag vorgezogen.

«Frau Lechow, der Kaffee ist fertig!» Der Kopf der Haushälterin verschwand wieder vom Fenster.

Gut gelaunt schlenderte sie durch den verwilderten kleinen Park über den Schloßhof zum Seitenflügel, wo das Frühstück bereitstand. Was hatte sie sich doch vor der Zusammenarbeit mit der kessen jungen Verkäuferin gefürchtet, und was für vergnügliche Wochen waren daraus geworden. Sie war dadurch so in Schwung geraten, daß sie zu ihrem eigenen Erstaunen ohne Zögern das neue Angebot annahm.

Zuerst hatte es für Nora so ausgesehen, als ob das Ganze ein besserer Ferienaufenthalt würde. Die Pferde wurden von Gino, einem Italiener, betreut, und für den Haushalt sorgte Maria, eine Frau aus dem Dorf, deren Mann das kleine Gasthaus im Ort gehörte. Aber dann stellte sich heraus, daß die Reiter, wenn sie am Abend oder an den Wochenenden aus der Stadt kamen, um nach ihren Pferden zu sehen, eine gewisse Ansprache brauchten.

Diese Pferdenarren waren merkwürdige Wesen. Sie verspürten einen geradezu zwanghaften Drang, über ihre Lieblinge zu sprechen. Manchmal war es schon anstrengend, sich ihre endlosen Tiraden darüber anzuhören. Auch gerieten sie sich in den Ställen nicht selten in die Haare, und Nora mußte vermitteln. Sie grinste, als sie daran dachte.

Während sie den Hof überquerte, fiel ihr plötzlich auf, wie still es war. Dann erinnerte sie sich wieder. Die Rockband, die das Schloß seit kurzem gemietet hatte, war auf Tournee. Das kleine Barockschlößchen wirkte richtig glücklich darüber. Es hatte schon so manches erlebt, Belagerungen und Hexenverbrennungen, aber gegen den Krach, den die Band veranstaltete, waren die Mörser aus dem Dreißigjährigen Krieg reines Schwalbengezwitscher gewesen. Nora ging die Treppe hinauf in die Küche und setzte sich zu Maria an den Tisch. Es roch verlockend nach Kaffee und frischen Brötchen.

«Hab ich Ihnen eigentlich schon von meiner Afrikareise erzählt?» Maria, kleinwüchsig, stämmig und mit merkwürdig großen Nasenlöchern ausgestattet, sah Nora erwartungsvoll an. Sie sprach bei den gemeinsamen Mahlzeiten fast von nichts anderem als von ihrer Afrikareise, und Nora kannte sämtliche Bilder, die Maria im Dirndl zwischen den frommen Schwestern und lachenden Schwarzen zeigten. Aber auch von ihrer Lebensgeschichte bekam Nora immer wieder ein Stück serviert.

Wie Lisa war auch Maria weit ab von der nächsten Stadt auf einem kleinen Bauernhof aufgewachsen. Der Weg zur Schule war nur begehbar, wenn der Schnee nicht zu hoch lag, und das Schaffen lernte sie eher als das kleine Einmaleins. Später ging sie dann zu einem

Fabrikanten in Stellung. Sie bewunderte das Silber, die Möbel, die Teppiche. Imponieren tat es ihr nicht. Schließlich war ihr Vater genau wie der Fabrikant ein Besitzender und brauchte den Hut im Gasthaus nicht abzunehmen.

Maria gönnte sich nichts, drehte jeden Groschen um – und dann hatte sie es geschafft. Stolz führte sie dem Vater einen Bulldog, den sie für ihn gekauft hatte, vor. Der Dank blieb aus. Der Bauer war es gewohnt, mit dem Ochsen aufs Feld zu fahren, und hatte sich dem Rhythmus des Tieres angepaßt. Wenn es müde war, legte es sich hin, und der Bauer wartete, bis es sich bequemte, wieder aufzustehen. Und jetzt sollte er mit so einer Maschine rastlos über den Acker rasen?

Es dauerte lange, ehe Maria einen Mann fand. «Da hast du dankbar zu sein», sagten die Eltern. Er war ebenso klein wie sie, aufbrausend und tyrannisch: Eine Frau muß sich ducken. In seinem verrotteten Gasthaus gab es nur ein paar festgenagelte Tische, aber kein Klo, und bei den Hochzeiten mußte man befürchten, der baufällige Saal über der Gaststube könnte einstürzen. Zudem war das Gasthaus hoch verschuldet, weshalb Marias Mann noch in der Stadt auf dem Bau arbeitete. Er kommandierte die Familie herum und fand es ganz in Ordnung, daß seine Frau bereits um vier Uhr morgens die Kühe gemolken und die Schweine gefüttert hatte, ehe sie ihm und den Kindern das Frühstück machte. Neben der Feldarbeit bediente Maria abends die Gäste, und als die Kinder aus dem Gröbsten heraus waren, arbeitete sie noch zusätzlich auf dem Gut, damit von dem Geld das Gasthaus nach und nach renoviert werden konnte.

Dann bekam sie überraschend eine Einladung ihrer Stiefschwester, die Nonne in einem Missionshaus in Afrika war. «Du bleibst», befahl der Mann. Aber zum erstenmal in ihrem Leben muckte Maria auf. In ihrem besten Dirndl reiste sie ab. Ein paar Tage später ging der Mann auf das dörfliche Postamt, und unter vielen überraschten «Jessas Maria!» brachte die Postbeamtin eine Verbindung mit dem Missionshaus zustande. «Du kimmst zurück, verstandn!» brüllte er in den Hörer. Maria hatte. Beim zweiten Anruf ließ sie sich verleugnen.

Als er sie nach vier Wochen vom Bahnhof abholte, war es wie immer: Sie trug den Koffer, er ging nebenher. Doch dann traute er seinen Ohren nicht. Als sie am Acker vorbeikamen, fuhr Maria ihn an: «Wie schaut's denn da aus? Ois voller Unkraut – ja, do soi do glei –» Und zu Haus ging's in derselben Tonart weiter. «Warum is koa Essen für mi grichtet?» Mann und Kinder schwiegen wie versteinert. «Nur damit ihr's wißt», fauchte die veränderte Maria, «rumschubsen laß i mi fei nimmer, i bin jetzat emanzipiert!»

Die Nonnen in Südafrika müssen außerordentlich fortschrittlich sein, dachte Nora, daß sie es in der kurzen Zeit geschafft hatten, Maria derart umzukrempeln.

Von den Erlebnissen in Afrika und dem Wunder ihrer Emanzipation kam Maria auf das Gasthaus zu sprechen.

«In zwei Wochen haben wir a große Hochzeit, und grad dann sind beide Buben auf dem Schulausflug. Wer soll mir bloß am Nachmittag beim Bedienen helfen?»

«Fragen Sie doch Gino», schlug Nora vor. Sie mochte den jungen, lustigen Italiener, der sie gleich am ersten Tag mit dem schönsten Dorfklatsch vertraut gemacht hatte. «Er verdient sich bestimmt gern etwas nebenbei.»

«Na, na», sagte die sparsame Maria. «Des bringt nix. Mir wird schon was einfalln.»

Da es Samstag war, herrschte am Nachmittag auf dem Gutshof Hochbetrieb. Als erste erschien Frau Brunner. Die Besitzerin eines Haflingers gierte geradezu nach einem Schwätzchen. Sie war geschieden. Ihre Kinder lebten im Ausland und ließen nur noch wenig von sich hören, und so war der Haflinger das einzige Geschöpf, um das ihre Gedanken von früh bis spät kreisten. Sie sprayte ihren Liebling vorsorglich gegen Mücken ein, brachte ihm Äpfel und Mohrrüben mit und wusch ihn mehrmals von Kopf bis Fuß mit einem Spezialmittel, welches das erschreckte Pferd in eine riesige Schaumwolke hüllte. Jeden Tag erschien sie im Stall, eine frischgewaschene Satteldecke über dem Arm, und sagte: «Reni, heut reit' ma aus.» Daraufhin legte Reni sofort die Ohren an, gab ein bösartiges Schnauben von sich und hob warnend ein Hinterbein. Und jeden Tag verbesserte Frau Brunner sich hastig: «Na, na, Reni, heut net, morgen.»

Dann kam ein junger Mann zu Nora und verlangte,

daß ihm das Pferd seiner Verlobten gesattelt würde. «Das müssen Sie sich schon selbst von der Koppel holen», sagte Nora. Der Mann sah sie empört an.

«Ich soll zwischen eine Horde von wilden Pferden gehen? Ich bin ja schließlich nicht in der Prärie groß geworden.»

«Dann spielen Sie doch besser Tennis», sagte Nora gereizt.

Wenig später wurde ein Pferd zurückgebracht, das seine Besitzerin erst vor acht Tagen abgeholt hatte. Ihr «Ich geb's zu Freunden, die haben viel schönere Boxen» war Nora noch im Ohr.

«Bringen Sie uns die Tosca wieder?» fragte Nora. «Hatten Ihre Freunde keinen Platz mehr?»

Zuerst wollte die Besitzerin nicht recht mit der Sprache heraus, aber dann mußte sie doch ihren Ärger loswerden. Es stellte sich heraus, daß Tosca nicht nur die Schnitzereien an den Boxen angeknabbert, sondern auch die Farbe von den Wandgemälden geleckt hatte, mit denen der Stall von der Tochter des Hauses künstlerisch ausgestaltet worden war.

«Sie haben gesagt, die Tosca habe keinen Sinn für Kultur, und ihre proletigen Manieren würden die anderen Pferde verderben.» Nora verkniff sich ein Lachen. «Die Tosca hat eine tadellose Abstammung und einen erstklassigen Hengst zum Vater», sagte sie tröstend.

Ein Mercedes war auf den Hof gefahren, und Alphons, dem die hübsche braune Stute gehörte, wurde von seiner Mutter, die eine gutgehende Metzgerei besaß, abgesetzt. Sie hielt es nicht einmal für nötig, Nora einen Gruß zuzuwinken. Nora beobachtete den Jungen, wie er in den Stall trottete und nach einer Weile mit seinem Pferd wieder herauskam. Als die Stute beim Aufsitzen nicht stehen wollte, riß er sie grob ins Maul, und kaum saß er oben, ließ er sie forsch antraben. Nach zwei Stunden kam er zurück. Das Pferd wirkte völlig erschöpft, und sein Hals war naß vor Schweiß.

«Du kennst wohl nur eine Gangart, und das ist Galopp», sagte Nora ärgerlich. «Das ist ein Pferd und kein Rennwagen. Jetzt reib sie wenigstens trocken.»

«Wozu?» Der Junge sah sie mit seinen Fischaugen an.

Nora wollte sagen: Weil es sich für einen guten Reiter so gehört; aber dann fiel ihr etwas Besseres ein.

«Deine Mutter hat mir erzählt, daß die Stute fast 20 000 Mark gekostet hat. Das ist schließlich 'ne Menge Geld.»

Das zog. Der Junge holte sich ein Büschel Stroh und machte sich an die Arbeit. Nora betrachtete ihn ohne Sympathie. Viel Liebenswertes hatte der Bengel wirklich nicht an sich. Ein typisches Produkt der «Pommes-frites-Generation»: zu dick, zu blaß, zu gelangweilt.

«Machst dir wohl nicht viel aus Reiten? Aber warum haben dir deine Eltern dann so ein kostbares Pferd geschenkt?»

Der Junge blieb die Antwort schuldig. Er spazierte in seinem teuren Reitdreß auf den Hof, wo seine Mutter bereits auf ihn wartete. Nora bedachte die beiden mit wenig freundlichen Gedanken.

Da war ihr die verdrehte Frau Brunner lieber oder das Ehepaar, das acht Tage im Stall bei seiner Stute übernachtet hatte, um die Geburt des Fohlens mitzuerleben. Alle Augenblicke hatten sie in die Box geguckt. Schließlich waren sie erschöpft für ein paar Stunden in ihre Wohnung gefahren, und als sie wiederkamen, stand das Fohlen schon neben seiner Mutter.

Es war heiß geworden. Die Reiter ließen sich jetzt seltener blicken, und Nora konnte das schöne Wetter unter blühenden Sträuchern im Park genießen. Die Band war zurückgekehrt. Das dumpfe Wumwum der Bässe drang wieder bis ins Dorf. Maria ließ sich freigeben, um die Hochzeit vorzubereiten. «Und wie ist es jetzt mit dem Servieren?» fragte Nora.

«Guat schaut's aus.» Maria fischte zufrieden eine Fliege aus der Kaffeemilch. «Der Alphons wird mir helfen. Wenigstens am Nachmittag für zwei Stunden. Sie wissen schon, der wo sein Pferd hier hat.»

«Der Alphons? Dieses greuliche Kind?»

«Na, na, des is a ganz a liaber Bua. Er is oft bei mir druntn.»

«Der Alphons?» fragte Nora ungläubig. «Wann denn?»

Aber Maria hatte es plötzlich eilig. «Jessas, schon glei zwölf. Ich muß noch die Wäsche aufhängen.»

Am Tag nach der Hochzeit kam Maria extra noch einmal, um Nora eine Probe vom Hochzeitskuchen zu bringen. Während sie gerade von der Braut erzählte und daß beim Brautraub irgend etwas schiefgegangen war, tat sich die Tür auf, und Alphons betrat die Küche.

«Ja, der Bub!» rief Maria. «Also, Frau Lechow, der hat's Kellnern im Blut. Gell, Alphons?»

Aber der Junge achtete nicht auf ihr Lob. Er streckte ihr seinen Arm entgegen und verkündete: «Die Hand hat scho lang koa Geld mehr gsehn. Für a Vergeltsgott is nix getan.»

Mit funkelndem Blick sah Maria in seine Fischaugen. Einen Augenblick herrschte Schweigen. Dann legte sie los: «Ja, wia hammer's denn, mei Liaber? Das Essen umsonst, das Trinken umsonst, und jeden Nachmittag die Cola und überhaupt, wenn de Eltern wüßten, wos du so treibst mit dem teuren Roß.» Sie drehte sich zu Nora um. «Jeden Tag laßt er die Kinda aus der Siedlung drauf reitn, und net für ein Vergeltsgott, de müssen fei zahlen.»

In den Augen des Jungen glomm etwas auf. «Ich dacht, mir san Freunde», sagte er mit heiserer Stimme. «Des Geld, i brauch's doch!»

«A geh, so a Lackel!» Sie zeigte verächtlich auf seine Reitstiefel aus feinstem Leder. «Der hat oiwai zuviel davo.»

«Ich hab Schulden», verteidigte sich Alphons. «Für jede schlechte Note muß i meim Vatter was zahlen. Das Taschengeld für ein halbes Jahr ist schon verpfändet, und meinen Kanari hab ich auch verkaufen müssen.» Eine einsame Träne rollte über seine feiste Wange. «Wenn ich von der Schule heimkommen bin, ist er vor

Freude von einer Stange auf die andre gehupft. Bei meinem Freund hat er nur einen Tag gelebt, schon am nächsten Tag ist er tot in seinem Käfig gelegen. Vor Heimweh ist er g'storben. Was soll ich bloß machen, was soll ich denn bloß machen!» Er weinte jetzt richtig. «Wenn ich's Geld net hab, muß i in unserer Metzgerei die Schulden abarbeiten. Und da graust's mir.»

Den beiden Frauen hatte es die Sprache verschlagen. «Aber deine Eltern haben dir immerhin ein Pferd geschenkt», versuchte Nora ihn zu trösten.

Der Junge putzte sich die Nase: «Des ist wegen dem Prestige», sagte er undeutlich.

In Marias Gesicht arbeitete es. Sie holte zögernd ihr Portemonnaie heraus und legte ihm zehn Mark auf den Tisch. «Also gut, i möcht mir nix nachsagen lassen.»

Der Junge steckte den Schein hastig ein. Er sah Maria mit einem herzzerreißenden Lächeln an. «Wenn mir die Metzgerei erst gehört, dann kriagst as wieder.»

5

Anfang Juni kehrte Nora in ihre Wohnung zurück. Die Küche miefte vorwurfsvoll vor sich hin. In der Hetze des Aufbruchs vor mehr als zehn Wochen hatte sie vergessen, die Plastiktüte mit den Abfällen zu leeren. Angewidert betrachtete sie die schmutzigen Fenster und den abgeblätterten Fensterrahmen. Sie gab Lilo recht. Der Teppich war wirklich erneuerungsbedürftig, und die Wohnung mußte dringend renoviert werden. Aber woher das Geld nehmen? Urlaubsvertretungen schienen zwar ganz lukrativ zu sein, die Frage war nur, ob sich immer etwas Geeignetes finden würde. In Gedanken entwarf sie bereits eine schwungvolle Anzeige: *Ich bleibe, wenn Sie gehen*, oder so ähnlich. Sie würde sich zeitgemäß «Homesitter» nennen. Das Wort «einhüten» klang zu antiquiert.

Sie ergriff die Plastiktüte und ging zur Wohnungstür. Auf dem Weg zum Müllschlucker wurde sie von den Nachbarn freundlich begrüßt. Ach, es gab ja große Neuigkeit! Aus dem achten Stock war eine Frau gesprungen. Sie war auf die Markise im Stockwerk drunter geprallt und hatte diese im Sturz mit sich gerissen. «Und stellen Sie sich vor, Frau Lechow, die Versicherung weigert sich, den Schaden zu ersetzen!»

Zu ihrem Bedauern mußte Nora das Gespräch abbrechen, denn durch die offengelassene Wohnungstür hörte sie das Telefon läuten. Es war Lilo. Sie fragte nicht nach ihren Erlebnissen bei den Urlaubsvertretungen in München und auf dem Gutshof, sie hatte nur das bevorstehende Klassentreffen im Kopf.

Die Klasse der ehemaligen Frauenfachschule traf sich in unregelmäßigen Abständen. Das letzte Treffen lag schon drei Jahre zurück. Lilo, die unermüdlich die Organisation dieser Zusammenkünfte übernahm, arrangierte gelegentlich auch Besichtigungsreisen für die Bildungshungrigen unter den «Ehemaligen». Dann trabte eine kleine Gruppe rundlicher und mit den Jahren auch runzliger Frauen, gewissenhaft vorbereitet und mit Katalogen bewaffnet, auf müden Beinen folgsam hinter ihrem Leithammel Lilo her – durch Galerien, Museen, Kirchen und Schlösser, auf Stadtwällen entlang, die Handtaschen voller Medikamente, von denen sie hin und wieder verstohlen naschten, denn irgendein Leiden hatte sich im Lauf der Jahre jede von ihnen zugelegt. Aber trotz schmerzender Ballen und Gallendruck war der Enthusiasmus so ungebrochen wie in ihren Mädchenjahren, als Besichtigungen jeder Art immer ein «Höhepunkt» oder ein «unvergeßliches Erlebnis» gewesen waren.

«Ich hab uns einen Raum in dem französischen Lokal in meiner Straße fürs Mittagessen reservieren lassen», sagte Lilo. «Der Wirt hat mir einen recht annehmbaren Preis fürs Gedeck gemacht.» Danach wollten sie bei Lilo weiterfeiern. Sie war sehr stolz auf ihr Haus, ein Paradebeispiel gepflegter Wohnkultur, wo jeder Waschlappen zum Handtuch und jeder Kissenbezug zur Gardine paßte, und präsentierte die geschmackvoll eingerichteten Räume gern.

«Aber komm bitte nicht wieder in deinem Friedlandrock», sagte Lilo. Seit Jahren versuchte sie, ihre unauffällig angezogene Freundin Nora zu einer schickeren Garderobe zu überreden. Den «Friedlandrock» aus glokkig geschnittenem grauen Flanell trug Nora ausgesprochen gern, aber Lilo behauptete, er erinnere sie fatal an die Röcke aus Wehrmachtsdecken, die nach 45 die Uniform der Flüchtlingsfrauen in dem großen Durchgangslager gewesen waren. Nora versprach, sich etwas «Anständiges» zu kaufen. Noch am selben Tag machte sie sich auf den Weg in die Stadt.

Der Großstadtverkehr betäubte sie förmlich, und sie ertappte sich dabei, daß sie, angesteckt von der allgemeinen Hektik, zu rennen anfing, nur um noch rechtzeitig bei Grün an der Ampel zu sein. Die Brandmauer, an der sie mit dem Bus vorüberfuhr, zierte inzwischen ein weiterer Spruch:

LIEBER GOTT MACH MICH NICHT GROSS
ICH WERD JA DOCH NUR ARBEITSLOS

Diese Sorge schien der jungen Verkäuferin aus der notleidenden Textilbranche, in deren Geschäft Nora jetzt stand, fremd zu sein. Sie telefonierte jedenfalls in großer Ruhe zu Ende, ehe sie sich der wartenden Kundin zuwandte.

«Sie haben da ein Kostüm im Schaufenster», erklärte Nora in fast entschuldigendem Ton. «Das würde ich gern mal anprobieren.»

Die Verkäuferin warf einen abschätzigen Blick auf Noras Figur. «Übergrößen führen wir nicht.»

Ärgerlich über sich selbst, weil es dieser impertinenten Person gelungen war, sie einzuschüchtern, und mit dem niederschmetternden Gefühl, eine Tonne zu sein, verließ Nora das Geschäft. Marias köstliche Mehlspeisen und das bayrische Bier hatten ihre Spuren hinterlassen. Der Familienspruch *Woanders dickt's nicht* traf auf sie leider nicht zu. Dabei war sie mal ein spindeldürres kleines Mädchen gewesen. Bis sie eines Tages einer unverheirateten, kindersüchtigen Tante in die Hände fiel. Die hatte das «goldige Norachen» gleich zu sich geschleppt und sie mit allem verwöhnt, wonach deren Herz begehrte: Sahnebonbons und Zitronenküchelchen, Hoppel-Poppel und Glibberspeise mit Sahne. Den Vater hatte fast der Schlag getroffen, als sie schwerfällig das Trittbrett der Kleinbahn hinunterstieg. «Was haben sie denn mit dir gemacht?» Sogar die Pferde vor dem Kutschwagen wieherten erschrocken.

Seither mußte Nora aufpassen, ihr Gewicht einigermaßen zu halten. Sie wollte schon die Patzigkeit der Verkäuferin als Vorwand nehmen, um die ganze Unternehmung abzubrechen. Bei dem Nieselregen war es bestimmt sowieso das beste, wieder nach Haus zu fahren.

Aber Lilo würde nicht lockerlassen. Manchmal war ihre Bevormundung unerträglich. Sie würde plötzlich in der Tür stehen und so lange auf sie einreden und behaupten, daß sie gerade ein Kleid gesehen habe – «Ich sage dir, wie für dich gemacht!» – bis Nora ganz jipprig mit ihr loszog, um hinterher festzustellen, daß sie sich verkauft hatte. Da war es schon besser, sie brachte die Sache allein hinter sich.

Nora schlenderte gedankenverloren die Straße entlang. Ihr war eine Boutique mit erschwinglichen Preisen eingefallen. Sie betrachtete sich einen Augenblick in der Schaufensterscheibe eines Radiogeschäftes: Eine Frau in einem der üblichen Sommermäntel, wie sie zu Dutzenden in den Warenhäusern hingen, mit einem ebenso langweiligen Seidentuch und einer abgeschabten Handtasche, blickte ihr entgegen. Der Typ jener Frauen ihrer Generation, die von Behörden mit schlecht verhohlener Gleichgültigkeit abgefertigt wurden, während sie jungen Polizisten das Gefühl gütiger Überlegenheit gaben. Vorbei war's mit dem «goldigen Norachen», von dem Tante Olga, wenn sie gern noch eine Woche länger bei den Lechows zu Gast bleiben wollte, der Mutter vorsäuselte, sie sei eine richtige kleine Schönheit. War es wirklich schon mehr als vierzig Jahre her, daß sie mit Lilo alle Augenblicke zu Polyphoto gerannt war, um Bilder für die «Jungens» von sich machen zu lassen?

Ach, wie flüchtig, ach, wie nichtig! Oder hieß es umgekehrt?

Auf jeden Fall mußte sie zum Friseur. Sie zupfte an ihrem Haar und schnitt sich eine Grimasse. In der Schaufensterscheibe spiegelte sich ein Mann, der sie zu beobachten schien. Sie drehte sich um. Es war ein Stadtstreicher. Er saß auf einem Blumenkübel und grinste sie verständnisvoll an. «Sie sehen doch prima aus», sagte er. Dankbar für das Kompliment, schenkte sie ihm zwei Mark. Er beteuerte, sie sei eine wundervolle Dame, und schwankte eilig davon.

Bei ihrem Friseur hatte sie Glück. Eine Kundin war ausgefallen. «Sie sehen ja richtig verjüngt aus», sagte Fräulein Monika mit professioneller Freundlichkeit und fuhr ihr mit dem Kamm flüchtig durchs Haar. «Urlaub gemacht?»

«Das gerade nicht.» Nora zog sich den Umhang zurecht. «Ich . . .» Fräulein Monika hörte schon nicht mehr zu. «Der Trockner da drüben hat sich ausgestellt, sei doch nicht so tranig», zischte sie den Lehrling an. Ein Radio lief in voller Lautstärke. «Ick hatte ooch mal ne Message», teilte ein Bandleader der Reporterin mit. «Aber det ha' ick wieder jelassen, det bringt nischt.»

Nora seufzte. Vor dieser Geräuschkulisse war man nirgends mehr sicher, sogar beim Zahnarzt wurde man über den Straßenzustand oder die Wasserstände informiert. Die Kundin neben ihr legte eine Lesemappe aus der Hand: «Was da wieder für ein Quatsch drinsteht!» Die Friseuse beugte sich vertraulich zu Nora nieder.

«Dabei hat sie den Bericht *Wenn Mädchen Männer vergewaltigen* verschlungen, aber jedesmal, wenn ich vorbeikam, schnell weitergeblättert!»

Eine Stunde später betrachtete sich Nora ein wenig zweifelnd das Ergebnis ihrer Verschönerungsversuche. Anders sah sie jetzt aus. Aber besser? Als sie den Laden verlassen hatte und an dem Blumenkübel vorbeikam, war der «Berber» bereits an seinen Platz zurückgekehrt. «Nur Mut, ich mag Sie immer noch!» rief er ihr zu und warf schwungvoll einen geleerten Flachmann in den Papierkorb.

In der Boutique mit den erschwinglichen Preisen bemühte sich die Besitzerin persönlich um sie und gab Nora das Gefühl, endlich im richtigen Geschäft gelandet zu sein. Sie zog schließlich mit einem Wollkostüm von dannen, das man nachmittags und abends tragen konnte. Zu Hause mußte sie feststellen, daß der Rock doch nicht so gut saß, wie es vor dem Spiegel in der Boutique den Anschein gehabt hatte. So ging sie damit zu der alten Frau, die über ihr wohnte und ihr hin und wieder etwas änderte.

Während Frau Weiß an ihr herumsteckte, erzählte sie ihr wieder einmal, den Mund voller Stecknadeln, von den Waschtagen im Schloß, wo sie als junges Mädchen angestellt gewesen war.

«Mehr als ein Dutzend Frauen sind an diesen Tagen aus dem Dorf angerückt», nuschelte Frau Weiß, «die Bottiche alle in einer Reihe und davor, wie ein Tambourmajor, die Mamsell, den Topf mit der selbstgekochten Seife neben sich. Jedes Stück hat sie eigenhändig eingeseift, ehe es in den Waschkessel kam.»

Nora wurde es himmelangst: «Frau Weiß, Sie werden noch 'ne Nadel verschlucken!» Aber Frau Weiß hörte gar nicht hin.

«Auch zum Plätten kamen die Frauen. ‹Was habt ihr denn heute zum Mittag gehabt?› wollten sie wissen. ‹Ooch, wieder dieses olle Rehragout, und ihr?› – ‹Na, was schon, ihr feinen Gänse, Steckrüben.›»

«Wenn Sie mir hier die Taille ein bißchen weiter machen würden», sagte Nora.

«Viel ist da nicht mehr rauszuholen», Frau Weiß kehrte nur kurz zu Falten und Abnäherproblemen zurück und nahm sogleich den Faden ihrer Geschichte wieder auf. 35 Mark Gehalt im Monat und die vielen Trinkgelder und Weihnachten die Geschenke! Streifendamast für die Mamsell und die Jungfer und sie, aber für die Leuteköchin nur Buntkariertes. Doch das Schönste waren die Manöverbälle der Reichswehr gewesen. Erst bei Morgengrauen war man ins Schloß zurückgekehrt.

«Autsch!» rief Nora, die von Frau Weiß vor lauter Begeisterung kräftig gestochen worden war.

Frau Weiß ließ das ungerührt. «Wenn Sie so rumzappeln.»

Nora gehörte zu den Mietern, die vor Frau Weiß Gnade gefunden hatten, und das auch erst, nachdem es sich herausstellte, daß sie aus dem gleichen Heimatkreis im Osten stammte. Natürlich konnte sich Nora nicht im entferntesten mit dem «gnädigen Fräulein» von Frau Weiß' ehemaliger Herrschaft vergleichen, auch wenn sie in einem Gutshaus aufgewachsen war. Sie war ja nicht mal adlig. Immerhin wußte sie wenigstens, was für Wein zu Fisch und was zum Hasen getrunken wurde.

Obwohl Frau Weiß auf die Achtzig zuging, arbeitete sie noch regelmäßig in einem Modegeschäft als Änderungsschneiderin. Ihrer Enkeltochter war das nicht recht. Was sollten denn die Leute denken! Aber Frau Weiß blieb halsstarrig. Die Rente lag nur wenig über dem Sozialsatz, und man wollte ja auch mal den Enkelkindern was zustecken.

In ihrem grau-weiß gepunkteten Kleid hockte Frau Weiß wie ein schon etwas zerzaustes Perlhuhn auf einem Schlafbaum in ihrer winzigen Einzimmerwohnung und erzählte den wenigen Auserwählten, zu denen auch der Briefträger gehörte, aus jener Zeit in den zwanziger Jahren, als sie Erstes Hausmädchen auf dem Rittergut eines Industriellen gewesen war. Man staunte, wenn sie herrschaftlichen Glanz ausbreitete. Das war ja wie in der Fernsehserie *Das Haus am Eaton Place.* Nach Frau Weiß' Erzählungen mußte es in dem Schloß vor Personal nur so gewimmelt haben. Sogar ein Mädchen für die Hühner hatte es gegeben. «Geh die Hühner tasten», befahl ihr die Mamsell und kam nach einer Weile nachsehen, wo das dumme Ding geblieben war. Das stand heulend zwischen den aufgescheuchten Hennen im Stall und jammerte in einem fort: «Ich krieg's nicht raus, ich krieg das Ei nicht raus!» Zwei Autos hatten die Herrschaften gehabt, einen Packard und einen Dixi, und sogar fürs Personal wurde mit weißen Tischtüchern gedeckt. Nora hörte Frau Weiß' Geschichten gern. In ihrer etwas muffigen, sonst eher wortkargen Art erinnerte die alte Frau sie an ein Hausmädchen aus ihrer Kindheit, dem sie an öden Regentagen nicht von der Pelle wich und in das sie ihre langweiligen Geschichten ohne rechten Anfang und Ende hineindröhnte.

«Die Mamsell hat sich aus dem Schlafzimmer gebeugt.» Frau Weiß war noch immer mit ihren Erinnerungen beschäftigt. «Fehlt noch jemand? Ja, die Jungfer. Dann wartet gefälligst, bis alle da sind, eher schließe ich nicht auf.» So war die Mamsell nun mal.

Und dann hatte Frau Weiß ihren Paul kennengelernt, und ein Kind war unterwegs. Vor Angst hatte sie sich in der elterlichen Küche an der Herdstange festgekrallt, und der Vater hatte vor ihr ausgespuckt: «Pfui Deibel! Raus mit dir!» Aber die Stiefmutter ließ sie nicht im Stich, die nicht. «Schmeißt du sie vorn raus, laß ich sie zur Hintertür wieder rein.»

Frau Weiß nahm endlich die letzte Stecknadel aus dem Mund und warf einen prüfenden Blick auf die Kostümjacke: «Ich denke, so wird's gehen. Jetzt mache ich uns eine schöne Tasse Kaffee.»

Während sie Wasser in den elektrischen Topf goß, griff Nora nach dem Postkartenalbum, das auf einer kronenbestickten Damastserviette wie ein kostbares Relikt auf einer Kommode lag. Die Karten stammten noch aus der Zeit vor dem Ersten Weltkrieg und besaßen einen beträchtlichen Sammlerwert.

Nora beobachtete Frau Weiß, wie sie zwei Goldrandtassen auf den Couchtisch stellte. Die Achtzigjährige wirkte hinfälliger als sonst, und ihre Hände zitterten leicht.

«Sie sehen müde aus, sie sollten lieber das Album verkaufen, als sich so abzuplagen. Dafür gibt's bestimmt gutes Geld», sagte Nora und spürte gleichzeitig, daß sie sich diesen Rat besser verkniffen hätte. Frau Weiß ging denn auch nicht darauf ein. Sie warf Nora nur einen schrägen Blick zu, wischte vorsichtig über den roten Samtband – «Daß mir kein Fettfleck draufkommt!» – und legte ihn wieder auf die Kommode zurück. Dann griff sie sich noch einmal das Kostüm, und die Art, wie sie es verächtlich hin und her wendete, nahm Nora jede Freude daran.

«Richtig mit der heißen Nadel genäht», mäkelte Frau Weiß, «überall hängen die Fäden raus. Die Knöpfe werden wohl auch nicht lange halten, und reine Wolle ist das auch nicht.» Ihr Gesicht wurde wieder etwas freundlicher. «Aber sitzen, sitzen tut's jetzt tadellos.»

6

Das Klassentreffen begann mit den gewohnten Aufschreien – «Nein, Gudrun! Wiltrud, du auch hier?» – und stürmischen Begrüßungen. Wer sich einige Jahre nicht gesehen hatte, erschrak über die Falten und die veränderte Figur des anderen, aber die gewohnten Bewegungen und Redensarten zauberten sehr schnell wieder das vertraute Bild hervor. Die Ehefrauen sprachen jetzt kaum noch von ihren Männern, sondern nur noch von den erwachsenen Söhnen und Töchtern, und zeigten stolz die Bilder der Enkelkinder herum. In ihren Schilderungen waren alle Söhne überaus erfolgreich, hatten «führende» Positionen oder waren «gesuchte» Ärzte und Rechtsanwälte. Die Töchter tummelten sich mehr als Lehrerinnen in Sonderschulen, waren Heilpädagoginnen, Krankengymnastinnen oder Logopädinnen. Nur eine gab es unter ihnen, die war irgend etwas – die Mutter sagte es leise – bei der Post.

Mütter, deren Söhne sich mit der beruflichen Karriere nicht gerade übereilten, gerieten bei diesen Gesprächen etwas ins Hintertreffen. Sie priesen dafür um so heftiger das soziale Engagement ihrer Sorgenkinder – ganz gleich, ob es dabei um Behinderte oder um Umweltschutz ging –, das allein sie daran hindere, ihr Studium abzuschließen. Friedel Behnke, deren Sohn mittlerweile beim dritten Studium angelangt war, weinte beinahe, als Nora den Witz vom Studenten erzählte, der vom Bafög übergangslos in die Berufsunfähigkeitsrente gewechselt war. Sie tuschelte empört ihrer Nachbarin zu, Nora habe schon als Mädchen so etwas «Zersetzendes» gehabt. Nach dem Essen, als sie zu Lilos Haus gefahren waren, kam Jung-Behnke, um seiner Mutter zu eröffnen, daß er sie leider nicht nach Hause zurückbringen könne. Sein Auto sei kaputt.

«Schon wieder?» sagte Friedel gereizt.

«Na ja», erwiderte der Sohn und lächelte blauäugig in die Runde. «Du kennst doch meinen Schrotti!» Er küßte seiner Mutter galant die Hand und versprühte zehn Minuten lang mühelos Liebenswürdigkeit und Witz, ehe er im teuren Sportwagen – «Nur für ein paar Stunden geliehen, Mama!» – wieder davonbrauste.

Alles war von diesem schwarzen Schäfchen entzückt: «Wie gut er aussieht und was für ein Charme! Wirklich ein reizender Junge.» Ehe aber Friedels Mutterherz so richtig aufblühen konnte, hatte sich das allgemeine Interesse bereits Huberta zugewandt, denn sie bot die Sensation des Tages: Sie hatte sich liften lassen! Sie sah, das mußte man zugeben, tatsächlich um Jahre jünger aus. «Glück gehabt», meinte Lilo leise zu Nora. «Ich weiß von einem Fall, da war die Betreffende hinterher nicht mehr in der Lage, den Mund richtig aufzumachen. Sie konnte nur noch Flüssiges zu sich nehmen.» Trotzdem kam Nora der Verdacht, daß ihre Freundin entschlossen war, sich dieser Tortur ebenfalls zu unterziehen.

«Darf ich mir noch einen Obstsaft holen?» fragte Nora. Während sie in den musterhaft aufgeräumten Küchenschubladen nach dem Flaschenöffner suchte, sagte jemand an der Tür: «Oh, ich dachte, das wäre das Bad.»

Nora drehte sich um. «Ach du, Wiltrud. Ich kann den verdammten Öffner nicht finden.»

«Nehmen wir den solange», sagte Wiltrud und nahm ihn vom Haken, wo er neben Suppenkellen, Schaumlöffeln und Teesieben vor Noras Nase an einem Teakholzbrett hing.

«Man merkt doch gleich den geschulten Hausfrauenblick», sagte Nora.

«Reine Übungssache», erklärte Wiltrud, «ich muß mich ja dauernd in fremden Haushalten zurechtfinden.» Es stellte sich heraus, daß Wiltrud, zwei Jahre älter als Nora, bereits große Erfahrung mit der Rentenaufbesserung durch Gelegenheitsjobs besaß, während Nora gerade die ersten beiden Versuche hinter sich hatte.

«Stell dir das nicht so leicht vor», warnte sie Nora, «die Länge macht die Last. Insgeheim finden sie doch alle, daß du für deine Arbeit viel zuviel Geld bekommst.»

«Bis jetzt bin ich überall sehr großzügig behandelt worden.»

«Mag schon sein, du machst es ja auch noch nicht lange.» Wiltrud schloß einen offenstehenden Schrank. «Jedenfalls triff immer genaue Abmachungen, sonst kannst du dein blaues Wunder erleben. Mir ist schon passiert, daß die Familie verreiste, und am nächsten Morgen standen die Handwerker vor der Tür, um das Parkett abzuspänen oder die Zimmer zu renovieren. Ich war dann drei Wochen lang am Saubermachen und Einräumen.»

Nora, die gerade anfing, an ihrer neuen Tätigkeit Gefallen zu finden, wollte davon nichts hören.

«Es gibt schließlich auch sehr nette Familien, und ich kann zur Abwechslung mal in einem Geschäft arbeiten, wie neulich in München, oder Urlaubsvertretungen als Sekretärin machen. Ich laß mich schon nicht ausnützen und hab auch nicht die Absicht, mich zu Tode zu schuften. In ein paar Jahren hab ich vielleicht genug gespart, daß ich davon mit der Rente zusammen auskommen kann.»

«Lebst du auf dem Mond?» unterbrach sie Wiltrud. «Wir haben eine flotte Inflation, und der Staat ist pleite. An unsere Renten gehen sie bestimmt auch noch ran.»

«Aber das ist doch ungesetzlich!» rief Nora.

«Von uns alten Frauen gibt's mehr als genug, da hat die Natur am Bedarf vorbeiproduziert. Unsere Lebensqualität besteht höchstens aus *raboti-raboti*!» Sie kehrten zu den anderen zurück, und Wiltrud gab einige komische Geschichten zum besten, die sie beim Einhüten erlebt hatte.

«Doch schön für dich, noch eine Aufgabe zu haben», äußerte jemand unbedacht zu Wiltrud. Ihr Gesicht verzerrte sich.

«Eine Aufgabe?» rief sie schrill. «Na, ich denke, davon hatte ich überreichlich im Leben.»

Einen Augenblick herrschte betretenes Schweigen, denn es war bekannt, daß man die unverheiratete Wiltrud in ihrer großen Familie dauernd als Pflegerin ausgenutzt hatte. Zum Schluß war noch eine Tante an ihr hängengeblieben. Außer Gottes Lohn hinterließ sie ihr eine Bibel, wenn auch eine wertvolle, während irgendein Neffe, der sich höchstens am Geburtstag der Tante blicken ließ, alles andere erbte: das Häuschen, die Teppiche und die Münzsammlung.

«Und du», sagte Wiltrud zu Nora, «mußt auch bei fremden Leuten rumkrauchen, bis du umfällst.»

«Nora hat immer noch mich», meinte Lilo. «Vielleicht ziehen wir auf unsere alten Tage zusammen, nicht wahr, Nora?»

«Reiche mögen Arme um sich haben», spottete Wiltrud.

«Ich bin doch nicht reich!» Lilo war ehrlich erstaunt.

«Nun laßt doch, Kinder», sagte Friedel Behnke, und sie wechselten das Thema.

Für die meisten aus der Klasse waren «die schönsten Jahre im Leben einer Frau» kein Zuckerlecken gewesen, ganz gleich, ob sie nun verheiratet oder ledig geblieben waren. Ihre im Stolz gebeutelten, zusammengeschossenen Männer waren nicht immer leichte Partner gewesen. Die in den Nachkriegsjahren herangewachsene Brut war schwierig geblieben und ließ sich länger füttern als jede Generation davor.

Erst nach Mitternacht trennte man sich, und die Gäste fuhren, soweit sie nicht bei Lilo untergebracht waren, in ihre Hotels. Nora kehrte in ihr schweigendes Hochhaus zurück, das sie nur noch aus einem erleuchteten Fenster über dem Eingang mißtrauisch anblinzelte, als sie sich wie gewöhnlich mit dem Türschloß abplagen mußte. Sie fuhr mit dem Fahrstuhl in ihr Stockwerk und versuchte, möglichst leise den Flur entlangzugehen. Bedauernd verzichtete sie auf ein Bad. Das ablaufende Wasser würde dem Mieter unter ihr das Gefühl geben, von einer Sturmflut überrascht worden zu sein. Während sie sich auszog, kehrten ihre Gedanken zum Klassentreffen zurück, vor allem zu ihrem Gespräch mit Wiltrud. Sie ist bloß verbittert, dachte Nora, so schlimm sieht die Zukunft bestimmt nicht aus. Schläfrig zog sie sich die Bettdecke hoch. Ein lautes Poltern ließ sie noch einmal auffahren. Irgend jemand hatte wohl wieder einmal leere Flaschen in den Müllschlucker geworfen.

Am nächsten Morgen klingelte es ungewöhnlich früh bei Nora. Vor ihrer Tür stand eine junge Frau. Es war die Enkelin der alten Frau Weiß. Sie berichtete aufgeregt, ihre Großmutter habe nachts einen Schwächeanfall bekommen und sei in ein Krankenhaus gebracht worden.

«Wo laß ich jetzt bloß den Kanarienvogel!» Sie sah Nora bittend an.

«Ich nehm ihn schon.» Nora machte sich Vorwürfe, daß sie dem nächtlichen Gepolter nicht auf den Grund gegangen war.

Die Enkeltochter sah der Großmutter auf eine bläßliche, nervöse Weise ähnlich und hatte die gleiche, etwas schrille Stimme. Nora folgte ihr in die Wohnung der Großmutter, wo eine Sozialarbeiterin der Wohnungsgesellschaft bereits auf sie wartete. In dem vollgestopften Zimmer konnte man sich kaum bewegen, die dunkle Tapete mit den Ornamenten glänzte speckig vor Alter, und jedes freie Plätzchen war vollgestellt mit Kakteentöpfen.

Die Enkelin fuhr sich durchs Haar. «Eigentlich müßte ich hier mal alles renovieren lassen, solange Oma noch im Krankenhaus ist. Und ein richtiges Bett braucht sie auch. Diese Kippcouch ist ja lebensgefährlich.» Die Sozialarbeiterin, deren nikotingefärbte Finger bisher damit beschäftigt gewesen waren, eine Zigarette nach der anderen zu drehen, ließ vor lauter Protest fast den Tabak fallen.

«Sie können hier unmöglich etwas verändern! Die alte Frau braucht ihr vertrautes Umfeld, wenn sie aus dem Krankenhaus zurückkommt.»

«Wie Sie meinen.» Die Enkelin war nur zu gern bereit, ihren zeitraubenden, kostspieligen Plan aufzugeben. Sie sah auf die Uhr. «Schon so spät? Ich muß mich beeilen. Meine Kinder kommen bald aus der Schule, und ich hab nichts fürs Mittagessen eingekauft.»

Nora versprach, sich auch um die Kakteen zu kümmern, sie zu gießen und die Wohnung zu lüften. Dann zog sie mit dem Kanarienvogel ab. Sie überlegte, wo sie den Käfig hinstellen sollte, und entschloß sich für den Teewagen. Der Vogel machte einen etwas verstaubten Eindruck und verlor bei jeder Bewegung einen Haufen Federn. Ihr fiel der Metzgersohn Alphons aus Bayern ein, dessen Kanari vor Heimweh gestorben war. Sie versuchte, das Tierchen ein wenig aufzumuntern, indem sie ihm etwas vorpfiff, mußte aber feststellen, daß sie diese Kunst nicht mehr so recht beherrschte. Jedenfalls flatterte er wild im Käfig herum und fiel in den Wassernapf. Auch das prächtige Salatblatt, das sie ihm zwischen die Gitterstäbe steckte, und der Gesang der «Abbas» im Radio stimmten ihn nicht fröhlicher. Stumpf hockte er wieder auf der Stange und gab keinen Pieps von sich.

Die mitleidige Nora raffte sich am Sonntag vormittag auf und fuhr ins Krankenhaus. Frau Weiß lag in einem Dreibettzimmer und hörte sich im Radio den Internationalen Frühschoppen an. Sie legte den Zeigefinger an die Lippen.

«Pst! Es is gerade 'ne Dame dran. Damen sind viel vernünftiger als Herren. Die sollten mal 'ne Dame zum Bundeskanzler machen, dann ging's uns besser!» Sie sah sich beifallheischend um, aber eine Patientin schlief fest, und die andere hatte das Zimmer verlassen. Dann bedankte sie sich für Noras Usambaraveilchen, sagte aber, Blumentöpfe wären verboten. Und überhaupt sei jetzt keine Besuchszeit. Es gäbe gleich Mittagessen, und was Schwester Ingrid dazu sagen würde, wenn sie Nora dasitzen sähe, das wisse sie wirklich nicht. Sie runzelte die Stirn. «An Ihrer Jacke fehlt ein Knopf!» Nora fühlte sich überflüssig. Sie erhob sich und verabschiedete sich ein wenig verstimmt. Man erwartete ja keinen Dank, aber nach ihrem Kanarienvogel hätte sich Frau Weiß wenigstens erkundigen können.

Am Nachmittag kam Lilo vorbei mit einer Flasche Campari, den Einkaufskorb voller kleiner Kuchen aus einer teuren Konditorei. Sie hechelten das Klassentreffen durch und stellten voller Befriedigung fest, wie alt doch die anderen geworden waren. Während sie so redeten, wurde Nora das Gefühl nicht los, daß Lilo irgend etwas Unangenehmes im Schilde führte. Endlich ließ ihre Freundin die Katze aus dem Sack: «Hättest du nicht Lust, mit Melle vierzehn Tage an die See zu fahren?»

«Nicht schon wieder Melle!» rief Nora abwehrend, der unvermeidlichen Niederlage bereits ergeben ins Auge blickend.

Lilo war beleidigt: «Auf dem Klassentreffen hast du große Töne gespuckt und dich bewundern lassen, wie patent du bist, und jetzt kneifst du bereits.»

«An Melle habe ich dabei nicht gedacht», sagte Nora mürrisch.

Lilo ging nicht darauf ein. «Sylt um diese Jahreszeit, lockt dich das denn gar nicht? Und eine eigene große Wohnung, direkt am Strand.»

«Und warum fährst du nicht selber?»

«Ich hab schon meinem Ältesten versprochen, auf seine beiden Mädchen aufzupassen. Er möchte einmal mit seiner Frau ohne Kinder verreisen. Für die Ehe ist das wichtig.»

«Dann muß Melle eben zu Hause bleiben.»

«Kurtchen wird im Herbst von seiner Firma nach Japan geschickt», erklärte Lilo, «da möchte er sich vorher mit Margrit in Tokio nach einem geeigneten Haus umsehen. Nächste Woche wollen sie abfliegen. Der Arzt empfiehlt dringend einen Klimawechsel für Melle. Du weißt doch, sie hat's ewig mit den Bronchien.»

«Ich weiß nur, daß wir uns dauernd nach den Wünschen der Kinder richten sollen», sagte Nora. «In unserer Jugend war's genau umgekehrt. Außerdem, wozu gibt es Kinderheime?»

«Kannst du dir Melle in einem Kinderheim vorstellen?» sagte Lilo.

Nora kam ein rettender Einfall. «Solange Frau Weiß im Krankenhaus ist, kann ich sowieso nicht weg. Wie du siehst, habe ich ihren Kanarienvogel in Pflege genommen.»

«Mußtest du mal wieder den Samariter spielen? Na gut, wir werden sehen.» Lilo war völlig überzeugt davon, daß sich alles zu ihren Gunsten regeln würde.

«Mein lieber kleiner Hansi.» Nora blickte, nachdem Lilo gegangen war, den Kanari fast zärtlich an.

«Keine Bange, ich laß dich nicht im Stich.» Sie füllte ihm neues Wasser in seinen Napf und wischte zum x-ten Mal die Federn von der Teewagenplatte. Dann ging sie nach oben in Frau Weiß' Wohnung, um dort nach dem Rechten zu schauen. Sie hob eins von Frau Weiß' Haarnetzen auf, das wie eine Wollmaus auf dem Teppich lag, und betrachtete sich dann das Bild des Schlosses über dem Sofa, in dem Frau Weiß ihre glücklichsten Jahre verbracht hatte. Denn was danach kam, war recht düster gewesen.

Sie hatte ihren nur mäßig geliebten Paul geheiratet und war mit ihm in die Großstadt gezogen, wo er auf dem Bau arbeitete. Ein Unfall machte ihn zum Frühinvaliden, der im Gasthaus herumsaß und jeden Groschen vertrank. Kurz vor dem Ausbruch des Zweiten Weltkrieges war er gestorben, und die einzige Tochter kam bei einem Bombenangriff ums Leben. Nach dem Kriege hatte Frau Weiß Steine geklopft, um für sich und die Enkelin die Lebensmittelkarte für Schwerstarbeiter zu bekommen.

Nora holte sich die kleine Gießkanne vom Fensterbrett und begann die Kakteen zu gießen. Dabei kippte ihr ein Topf um, und ein Kaktus von der Größe eines Vogeleis ging zu Bruch. Sie fegte Scherben und Erde auf und nahm sich vor, am Wochenende in einem Blumenladen einen neuen zu kaufen. Aber dazu sollte sie nicht mehr kommen. Zwei Tage später wartete sie wieder einmal endlos auf den Fahrstuhl. Schließlich kam er ächzend und knarrend heraufgefahren. Die Tür ging auf, und vor ihr stand Frau Weiß. Sie begrüßte Nora in ihrer gewohnten muffigen Art, wobei ihr Hinterteil die Tür blockierte. Von oben wurde ungeduldig an die Fahrstuhltür geklopft. «Was ist das nur wieder für ein verdammtes Gemähre!»

Wie eine drohende Vision tauchte plötzlich Melle vor Noras Augen auf. Sie seufzte und holte den Kanarienvogel, um ihn der alten Frau zurückzubringen.

Frau Weiß hatte bereits für sie die Wohnung einen Spalt aufgelassen. Als Nora hereinkam, stand sie noch in Hut und Mantel im Zimmer und starrte auf ihr Lieblingsbild über dem Sofa. Das Schloß, durch die Sonne in helles Licht getaucht, schien mit Leben erfüllt. Frau Weiß brauchte keine Zeitmaschine. Sie war längst zurückgeschlüpft in ihr schwarzes Servierkleidchen mit dem gestärkten weißen Kragen. Jetzt war sie im Saal, jetzt in dem kleinen Erker, die «Träumerei» genannt, in dem nur für zwei Personen Platz war, und reichte der Herrschaft den Mokka.

«Wirklich, ein schönes Bild», sagte Nora eine Spur zu mitleidsvoll.

Die alte Frau fuhr wie ertappt zusammen und sah sie abweisend an. Dem Kanarienvogel, der sich unter Noras Pflege sichtlich erholt hatte, gönnte sie nur einen flüchtigen Blick.

«Lebste immer noch, altes Viech?» Sie stelzte vor sich hinnörgelnd durch das Zimmer. «'n Maler hätte nich geschadet, und 'n neues Bett hatten sie mir auch versprochen.» Sie zupfte an den Kakteen herum.

«Hier stand doch immer so'n Kleiner? Wo ist denn der geblieben?»

«Er ist mir beim Gießen heruntergefallen», sagte Nora verlegen. Frau Weiß vermerkte es mit Befriedigung. Ihr Gesicht entspannte sich.

«Ich sag's ja immer, fünf linke Daumen, wie das gnädige Fräulein.»

7

Wie vorauszusehen gewesen war, hatte Lilo sich durchgesetzt. Ein paar Tage nach Frau Weiß' Rückkehr stieg Nora in den Zug nach Westerland. Während ihre Freundin mit dem Gepäck und Melle beschäftigt war, lamentierte Nora im stillen vor sich hin: Daß mir das wieder passieren muß! Dieses vorlaute Kind wird noch zum Alptraum! Allerdings war das Geld, das Lilo ihr angeboten hatte, eine recht angenehme Entschädigung. Lilo schien zu spüren, was in Nora vorging.

«Melle wird ganz artig sein, sie hat es mir fest versprochen, nicht wahr?» Statt einer Antwort drängelte sich Melle blitzschnell an einem älteren Herrn vorbei und setzte sich auf dessen belegten Fensterplatz.

«Hier sitze ich, mein Kind», sagte der Herr nicht unfreundlich, aber bestimmt.

«Schleich dich», sagte Melle. Lilo verabschiedete sich hastig. «Ich muß raus, der Zugführer gibt schon das Zeichen.» Damit eilte sie den Gang entlang und überließ es Nora, sich bei dem aufgebrachten Herrn zu entschuldigen. Wenn wir doch bloß schon da wären, dachte Nora. Sie war überzeugt davon, daß Melles Mutter, die Flugreisen sonst wenig schätzte, ihren Mann nur deshalb nach Japan begleitet hatte, um ihre ebenso anstrengende wie altkluge Tochter eine Zeitlang los zu sein.

Nora hatte zu kleineren Kindern ein geteiltes Verhältnis. Zwar bewunderte sie die Raffinesse, mit der sie ihre Mütter manchmal an den Rand der Hysterie brachten und es verstanden, sie mit scheinbarer Arglosigkeit vor Besuchern bis aufs Mark zu blamieren. Aber oft genug fühlte sie sich in ihrer Gegenwart eher unbehaglich und wußte nichts Rechtes mit ihnen anzufangen.

Sie betrachtete sich Melle, die auf ihrem Sitz herumzappelte. Das Kind war mal wieder viel zu dünn angezogen. Außerdem trug es diese ausgelatschten Tennisschuhe, durch die jeder Regentropfen drang. Kein Wunder, daß sie sofort aufs Klo mußte. Melle wirkte überanstrengt. Wahrscheinlich kam sie viel zu spät ins Bett. Kaum hatte sich der Zug in Bewegung gesetzt, schlief sie ein.

Während der ganzen Fahrt kreisten Noras Gedanken um Melles Eltern und Lilo. Die Schwiegertochter ihrer Freundin war bereits über dreißig gewesen, als Melle, die eigentlich Melanie hieß, zur Welt kam. Natürlich mußte Lilos Kurtchen bei der Geburt dabeisein. Er traute sich nicht, seiner Frau diesen Wunsch abzuschlagen, obwohl er sonst beim Anblick seines eigenen Blutes fast ohnmächtig wurde. Aber hinterher hörte er zu Lilos Befremden gar nicht mehr auf, von Nabelschnur und Nachgeburt zu reden, und genierte sich nicht, in ihrer Gegenwart am Wochenbett mit dem Arzt zu fachsimpeln. Doch der Gynäkologe, ein humorvoller, gemütlicher Typ, war da an ganz anderes gewöhnt. «Ja, ja, die jungen Väter», hatte er geseufzt. «Manchmal sind sie schon eine rechte Last. Neulich ist mir einer mit seiner Polaroidkamera bei der Geburt ständig im Weg gewesen, und die Mutter hat das Foto ihres Kindes eher zu Gesicht bekommen als das Original.»

Es machte Lilos früher so etepetetem Kurtchen auch plötzlich nichts mehr aus, die Windeln seiner Tochter zu wechseln. «Margrit hat ihn ganz schön unterm Daumen», beklagte Lilo sich bei Nora, nachdem ihr die Schwiegertochter ziemlich deutlich zu verstehen gegeben hatte, daß sie auf die Ratschläge ihrer Schwiegermutter gut verzichten konnte und allzu häufige Besuche nicht schätzte. «Auf uns junge Frauen wurde damals überhaupt keine Rücksicht genommen. Ich mußte meine Küche mit der Schwiegermutter teilen, und dann kam sie auch noch dauernd in unser Schlafzimmer gelatscht. Gar nicht zu reden von den Vorträgen über Kindererziehung, die ich mir anhören mußte.» Nora hatte sich die Bemerkung verkniffen, warum dann Lilo den gleichen Fehler mit ihrer Schwiegertochter machte.

Margrit hielt sich denn auch lieber an Fachbücher. Sie las so viele davon, daß sie eine Dissertation darüber hätte schreiben können. Hautkontakt war wichtig für das Urvertrauen; deshalb schleppte sie das Baby ständig in einem Tragetuch mit sich herum. Auch gab es da eine Theorie, nach der man möglichst selten die Windeln wechseln sollte.

«Hast du so was schon gehört?» hatte Lilo Nora gefragt.

«Nein», sagte Nora ziemlich desinteressiert.

«Die Exkremente sind das erste schöpferische Produkt», klärte Lilo sie auf. «Und nun können sich die beiden nicht einig werden, was schädlicher für Melle ist – ein wunder Po oder die Frustration, die das Kind womöglich bekommt.»

Auch über das Für und Wider eines Schnullers wurde lang und breit diskutiert. Bis Melle das Problem auf ihre Art löste. Sie riß mit zwei Jahren einem Besuchskind dieses Beruhigungsmittel aus dem Mund und weigerte sich, es wieder herauszurücken. Später rannte das Kind nur noch mit einem Teefläschchen zwischen den Zähnen herum, bis Margrit ein Zeitungsartikel in die Hände fiel, der eindringlich die verheerenden Folgen beschrieb, die dieser gesüßte Tee bei den Zähnen anrichtete. Seitdem war das «Gugu», diese scheußliche Windel, Melles Narkotikum. Davor hatte es große Aufregung gegeben, weil Melle, anstatt zu krabbeln, gleich mit dem Laufen anfing. Die Hirnströme des Kindes wurden ein dutzendmal gemessen, aber abgesehen davon, daß Melle einen der Ärzte kräftig biß, stellte sich nichts Beunruhigendes heraus.

Melle durfte einfach alles. Wände beschmieren, Bücher bekritzeln, Zunge herausstrecken. «Nur die Eltern bei ihren Vergnügungen stören darf sie nicht», sagte Lilo bissig zu Nora. «Denn auf Reisen soll natürlich nicht verzichtet werden. Sogar in Rom waren sie schon mit dem armen Kind.»

«Mit der Bildung kann man gar nicht früh genug anfangen!» sagte Nora spöttisch.

«Dein Enkelkind ist's ja nicht.» Lilo schien beleidigt zu sein.

Als Nora und Melle in Westerland ankamen, goß es in Strömen. Im Handumdrehen waren alle Taxen weg. Reichlich durchfeuchtet kamen sie schließlich vor ihrem Quartier an. Das Appartementhaus, eine der üblichen Scheußlichkeiten, lag nicht weit vom Strand entfernt; das war auch so ziemlich das einzig Gute, was man von ihm sagen konnte. Die kleine Parterrewohnung roch muffig, die Terrasse war mit Zigarettenstummeln übersät, die man von den oberen Wohnungen über die Balkonbrüstung geschnippt hatte. Melle schoß gleich ins Zimmer und kippte die Tasche mit den Spielsachen auf dem Boden aus, während Nora in der Küche nach Bechern und einem Milchtopf suchte. Die Türen der Küchenschränke waren allesamt verzogen und ließen sich nur mit lautem Knall schließen, so daß Nora jedesmal von ihrem eigenen Lärm erschrak.

Am nächsten Vormittag machte sie sich mit Melle auf den Weg zur Kurverwaltung. Sie brauchten fast zehn Minuten, um trotz der heranrasenden Autos unbeschädigt auf die andere Straßenseite zu gelangen.

«Jagdzeit!» rief neben ihnen ein Familienvater, der mit drei Kindern zum großen Sprung ansetzte.

Vor dem Kurkartenschalter reihte sich Nora in die Schlange ein und hörte mit halbem Ohr zwei Strandwärtern zu, die auf einer Bank im Vorraum des Kurhauses saßen. «Albert», sagte der eine, «das sind doch nun erwachsene Menschen, aber was soll ich dir sagen, noch nicht den Koffer ausgepackt und schon an den Strand getobt und sich 'ne Burg geschaufelt. Vor lauter Angst, daß sie keinen Platz mehr kriegen. Und dann nachts Windstärke acht, alles plattgewalzt, wie'n Tennisplatz.» Sie lachten.

Die Strandkörbe standen so dicht, daß man vor lauter Burgen das Meer kaum sah. Nora war das egal, Hauptsache, sie hatte ihre Ruhe. Schläfrig sah sie zu, wie Melle eine Burg für eine schmutzige zerzauste Stoffpuppe baute.

«Warum hast du denn dieses Scheusal mitgenommen?» fragte Nora, denn soweit sie sich erinnern konnte, hatte das Kind viele herrliche Puppen.

«Weil sie dran ist!» Die Puppe war ein Findling aus dem Sperrmüll. Jeden Tag suchte Melle eine andere Puppe zum Spielen aus, und am Tage der Abreise war diese drangewesen. Gerecht ist sie, dachte Nora, das muß man ihr lassen. Melle zog sich die Badehose hoch. «Ich geh ins Wasser.»

«Aber so, daß ich dich sehen kann», sagte Nora. Melle hüpfte davon. Der Korbwächter kam, um die Kurkarten zu kontrollieren. Ein Horn ertönte. Nora sah ihn fragend an.

«Wird wohl wieder einer zu weit rausgeschwommen

sein», erklärte er und musterte wohlwollend einen entblößten Busen im Nachbarkorb. Aber als der dazugehörige Kopf hinter der Zeitschrift zum Vorschein kam, wandte er sich abrupt wieder Nora zu.

«Nicht zu glauben, wie unvernünftig die Leute sind. Gleich am ersten Tag stürzen sie sich bei siebzehn Grad Wassertemperatur ins Wasser und wundern sich dann, wenn sie einen Kreislaufkollaps kriegen. Und gebadet wird grundsätzlich bei den Schildern ‹Achtung Buhnenreste›.» Er kam ordentlich in Rage. «Steine und Holz schleppen sie jede Menge in ihre Burgen, und wenn Hochwasser kommt und wir die Körbe bergen müssen, haut uns das ganze Zeugs ins Kreuz!» Er tippte an die Mütze – «Schönen Tag noch!» – und ging.

Melle war inzwischen zurückgekehrt. Sie war auffallend still und hatte einen fast andächtigen Ausdruck.

«Was ist?» fragte Nora.

«Der Junge da», flüsterte Melle. Nora sah einen unauffälligen, mit ziemlichen O-Beinen ausgestatteten Sieben- bis Achtjährigen in einer Nachbarburg im Sand liegen, ein Comic-Heft vor der Nase.

«Was ist mit ihm?»

«Er soll mit mir spielen», erklärte Melle.

«Was heißt, er soll?» sagte Nora tadelnd. «Vielleicht hat er keine Lust dazu.»

Melle murmelte etwas Unfreundliches und versuchte, den Jungen auf sich aufmerksam zu machen. Sie sang ziemlich falsch Teile eines Schlagers, der gerade in Mode war. Dann robbte sie sich an die Nachbarburg heran. Als der Junge sie weiterhin ignorierte, bewarf sie ihn mit Sand.

Er sah unwillig auf. «Laß das gefälligst.»

«Siehste», sagte Nora.

Der erste Tag war sehr heiß, und die Kühle im Fischladen tat Nora wohl, als sie Krabben fürs Abendbrot kaufte. Der Verkäufer beugte sich über den Ladentisch:

«Heiß? Heiß war's voriges Jahr. Da hätten Sie hier sein sollen. Dreißig Grad im Schatten und nur Ostwind. Der Sand wie in Afrika. Und ins Wasser konnte auch keiner – zu viele Quallen. Da sind die Kurgäste in meinen Laden gekommen und reihenweise umgekippt. Der Temperaturunterschied, verstehen Sie?»

Nora genoß das Strandleben. Melle hatte es durchgesetzt, daß sich der Junge aus der Nachbarburg hin und wieder mit ihr abgab. Sie war voller Geschichten über ihren neuen Freund. Er konnte auf den Händen laufen, auf den Fingern pfeifen und war ein großer Angler, der fast schon mal einen Wal gefangen hatte. Nora war Melles Freundschaft nur recht. Das Kind war beschäftigt, und sie konnte in Ruhe ihren Pullover zu Ende stricken.

An einem weiteren schönen Tag mit kräftigem Wind und starker Brandung war das Kind plötzlich weg. Nora reckte sich im Strandkorb hoch, um zu sehen, ob Melle bei ihrem Bernie war. Aber die Burg war leer. Die Familie schien bereits nach Hause gegangen zu sein. Sie fragte die Burgnachbarn rechts und links und ließ Melle schließlich vom Bademeister ausrufen. Das Kind meldete sich nicht. Nora malte sich die furchtbarsten Dinge aus: Melle war in den Dünen herumgeklettert und vom Sand verschüttet worden. Oder sie hatte zwischen den Tetrapoden gespielt und steckte nun in den Betonklötzen fest.

Ganz aufgelöst lief Nora zum Appartementhaus zurück. Auf der Treppe vor der Eingangstür kauerte eine kleine Gestalt. Es war Melle mit ihrem großen hellblauen Schutenhut auf dem Kopf, den sie sich während eines Schaufensterbummels von Nora erquengelt hatte.

«Wie konntest du weglaufen?» rief Nora aufgebracht. «Ich hab mich halb zu Tode geängstigt.»

«Ich war doch bloß bei Bernie», murmelte Melle und kratzte heftig ihren linken Handrücken. «Er hat Federball auf der Straße gespielt – mit einem fremden Mädchen.»

«Was bist du nur für ein ungezogenes Ding!» Nora kramte den Hausschlüssel aus ihrer Strandtasche.

«Er hat mich nicht mitspielen lassen. Er hat gesagt: ‹Scher dich in den Kindergarten am Strand, da gehörst du hin.›»

In Noras Erinnerungen tauchte plötzlich wieder Martha Zischke auf, der Mittelpunkt der ersten Klasse in der Volksschule. Für jedes Mädchen gab es nur ein Ziel – mit der Schuhmachertochter befreundet zu sein. Nora hatte ihre Mutter angefleht, die Schuhe für sie bei Zischke zu kaufen und nicht in der Stadt. Während des Unterrichts hatte sie Martha verstohlen darauf aufmerksam gemacht – *Zeigt her eure Füßchen, zeigt her eure Schuh!* – aber Martha sah weiter über sie hinweg, als wäre sie ein Kindergartenkind.

«Quallengesicht», murmelte Melle und kratzte sich wieder. «Seh ich wie 'ne Qualle aus?» Sie sah Nora unglücklich an.

So ganz unrecht hatte Bernie nicht. Durch die Farbe des Hutes bekam Melles trotz der Seeluft noch immer blasses Gesichtchen tatsächlich einen Stich ins Bläulich-Wäßrige.

«Ist doch nur ein dummer Junge», sagte Nora etwas hilflos.

«Is er nich!» verteidigte ihn Melle und schnüffelte.

Nora zermarterte sich ihr Gehirn nach etwas Tröstlichem. Dann kam ihr der rettende Einfall.

«Ich finde», sagte sie, «du siehst eher aus wie eins der Mädchen auf deinem Sonnenschirm.» Nora hatte die Bekanntschaft der Malerin Sarah Kay erst durch Melle gemacht. Ihre Kinderfiguren zierten Melles Handtücher, Waschlappen und T-Shirts.

Melle hörte auf, sich zu kratzen. Sie strahlte. «Wenn ich fünf bin, mach ich alles anders, ich versprech's dir», sagte sie.

Merkwürdig, was Kinder heutzutage so von sich geben, dachte Nora. Wahrscheinlich lag es daran, daß sie ständig mit Erwachsenen zusammen waren. Auch Melle wurde in jedes Lokal mitgenommen und kroch bei

Partys bis spät in die Nacht den Gästen zwischen den Beinen herum.

Es gab diesmal keine Schwierigkeit, Melle ins Bett zu kriegen. «Erzähl mir die Geschichte von den drei kleinen Bären», sagte sie schläfrig.

Nora war überrascht. Am ersten Abend hatte Melle nichts davon hören wollen, sie hatte angefangen zu gähnen und gemault, ihre Märchenplatten zu Haus wären viel schöner. Nora war beleidigt gewesen. «Es war das Lieblingsbuch deines Vaters», hatte sie gekränkt gesagt.

«Willst du wirklich die Geschichte von den drei Bären hören? Ich denk, du magst sie nicht?» fragte Nora.

«Heute mag ich sie», sagte Melle und puffte sich das Kopfkissen zurecht.

«Jochen, Puhs und Wollbäckchen», begann Nora, «waren drei allerliebste Bärenjungen. Ihr Fell war vom allerweichsten Plüsch . . .»

Nora erwachte früher als sonst. Sie ging zum Fenster und schob die Gardine beiseite. Das Wetter versprach gut zu werden. Im Nebenzimmer hörte sie Melle leise singen. Nora ging zu ihr. Melle saß im Bett und spielte mit der Puppe, die dran war. Nora betrachtete sie mit Abneigung. Solche Puppen hatte es in ihrer Kindheit nicht gegeben. Diese hatte ja schon einen richtigen Busen!

«Was hältst du von einem Spaziergang vor dem Frühstück?» fragte sie.

Melle sprang sofort aus dem Bett. Hand in Hand gingen sie zum Strand hinunter. Sie schlenderten an den leeren Burgen vorbei, die Wasserkante entlang, sammelten Muscheln und sahen den Möwen zu, wie sie auf dem ruhigen Wasser wippten. Das Meer umspielte ihre nackten Füße, leckte an weggeworfenen Konservendosen, Bierflaschen und Treibholz und löschte ihre Fußspuren in Sekundenschnelle. Die Stimmung des Kindes wirkte gedämpft. Mit ernstem Gesicht sah sie einem jugendlichen Angler am Ende einer Buhne zu. Blitzschnell balancierte sie über die Steinquader. Ehe Nora begriff und «Laß das, Melle!» kreischen konnte, war es bereits geschehen. Das Kind hatte seiner ersten Liebe einen Schubs gegeben, so daß der Junge samt seiner Angel ins Wasser flog. Flink wie ein Wiesel war Melle wieder zurück, um bei Nora Schutz zu suchen.

«Du hast versprochen, dich zu bessern», schrie Nora.

Melle blickte erschrocken. «Bin ich denn schon fünf? Hab ich heut Geburtstag?»

8

Kurz vor der geplanten Abreise, als Nora sich auf Sylt zu erholen anfing und zu ihrem eigenen Erstaunen Melle ins Herz zu schließen begann, meldete sich Wiltrud, um zu fragen, ob sie nicht bei einer Familie Schaumburg die Hausfrau vertreten könne. Wiltrud hatte zwei Angebote auf einmal bekommen und befand sich nun in Verlegenheit. Nach kurzem Zögern sagte Nora zu. Zu Hause angekommen, hatte sie gerade Zeit, ihren Koffer umzupacken; dann mußte sie erneut aufbrechen.

Das «kleine Anwesen» der Schaumburgs, in der Nähe eines großen Flusses, wie man es Nora am Telefon beschrieben hatte, entpuppte sich als stattlicher, neoklassizistischer Bau mit Säulen und einer Sandsteintreppe auf einem parkähnlichen, sanft abfallenden Grundstück voller prächtiger alter Bäume. Die Hausfrau hatte Nora in das mit dem üblichen gefälligen Gemisch aus antiken Möbeln und modernen Grafiken und Skulpturen eingerichtete Wohnzimmer gebeten und war eifrig bemüht, ihre Familie ebenso aufzupolieren, wie es mit dem Renaissanceschreibtisch geschehen war. Er glänzte und funkelte wie ein Kronleuchter und wirkte ohne seine von Jahrhunderten geprägten Risse und Narben ausdruckslos wie ein geliftetes Gesicht.

Am längsten hielt sich Frau Schaumburg im Gespräch bei ihrem ältesten Sohn auf, dem «hervorragenden Diplomaten», weilte nicht ganz so lange bei Dorothea, der «befähigten Pädagogin», beschrieb danach die «steile Karriere» ihres Mannes und vergaß auch nicht, den heftig haarenden Bobtail zu ihren Füßen als «treu und wachsam» in ihre Lobpreisungen mit einzubeziehen. Nach einer kleinen Atempause kam sie auf Hedwig und Heidi, die beiden vierzehnjährigen Mädchen, zu sprechen, für die Nora engagiert worden war. Sie waren, wie ihre Mutter unter gereiztem Auflachen bemerkte, «entzückend originell».

Während Nora voll düsterer Vorahnungen an diesem Ausdruck herumrätselte – bedeutete er etwa, daß sie besonders schwierig waren? –, hatte Frau Schaumburg das Thema gewechselt. Ihr hübsches, immer noch faltenloses Gesicht unter dem zurückgekämmten Haar bekam einen geschäftlichen Ausdruck. «Ist Ihr Tagessatz nicht ein wenig hoch, Frau Lechow?» Wiltrud, die Frau Schaumburg kannte, hatte sich verpflichtet gefühlt, Nora vorzuwarnen. «Laß dich nicht von ihr drücken. Der Preis, den ich für dich ausgemacht habe, ist völlig korrekt.» Daher nahm Nora ihre Frage gelassen auf. «Den Haushalt macht ja weitgehend Frau Römer. Eine besonders tüchtige Person übrigens. Sie sollen mehr ein Auge auf die Mädchen haben.»

«Eben», sagte Nora trocken. «Ich trage die Verantwortung.»

Die Zwillinge waren inzwischen ins Zimmer gekommen. Sie ignorierten die Aufforderung ihrer Mutter, Nora zu begrüßen, warfen nur ein lässiges «Hallo» in den Raum und ließen sich über die Armlehnen in die beiden mit teurem Gobelinstoff bezogenen Ohrensessel fallen. Als die Rede auf die bevorstehende Reise kam, schoben sie einfach die Kopfhörer ihrer Walkmen, die sie wie Stethoskope um den Hals trugen, wieder über die Ohren. Die Eltern wollten jetzt Ferien machen. Sie hatten sich in Irland ein Haus mit eigenem Fischgewässer gemietet, und Frau Schaumburg schwärmte von der grünen Insel mit ihren gastfreien und so herrlich urwüchsigen Menschen. Während sie redete, musterte Nora die Zwillinge.

Sie sahen sich kaum ähnlich, auch nicht in der Aufmachung. Hedwig kleidete sich schon damenhaft mit Cashmere-Pullover und Perlenkette. Das Haar fiel ihr lang und glatt ins Gesicht. Sie war stark geschminkt, und mit den blauen, von goldenen Pünktchen durchsetzten Lidschatten glichen ihre Augen schillernden Mistkäfern. Heidi dagegen sah mehr aus, als sei sie gerade von einem Ernteeinsatz zurückgekehrt. Ihre Latzhose war schmuddelig, und das Männerhemd, das ihr aus dem Hosenbund heraushing, mit Farbe beschmiert. Dazu trug sie trotz der Julihitze pelzgefütterte, plumpe Stiefel, die man in Noras Jugend wahrscheinlich als Knobelbecher bezeichnet hätte, und die Haare so kurz wie die Jungfrau von Orleans in einer modernen Aufführung.

Frau Schaumburg schwärmte weiter von dem satten

Grün und den tiefblauen Seen und Flüssen Irlands, und Nora blickte aus dem Fenster, sah durch die alten Bäume den Fluß in der Sonne glitzern und dahinter ein goldgelbes Gerstenfeld.

«Und denken Sie nur», rief Frau Schaumburg hingerissen, als hätte sie im Müll plötzlich die blaue Blume der Romantik entdeckt, «die Menschen dort, sie singen noch bei der Arbeit!»

Einen Tag später reiste das Ehepaar mit viel Getöse ab, und Nora bemühte sich als erstes um ein freundschaftliches Verhältnis zu Frau Römer. Putzfrauen, die schon lange in der Familie waren, fühlten sich leicht bevormundet; das mußte sie auf jeden Fall vermeiden. Doch Frau Römer schien unkompliziert, sie freute sich, jemand zum Schwatzen zu haben, und ergänzte die Schaumburgsche Familiengeschichte auf ihre Weise.

«Er macht 'ne Menge Kies. Und sie? Ich trag nichts aus dem Haus, aber . . .»

Nora erfuhr, daß Frau Schaumburg, nachdem sie erst den Sohn durchs Abitur, dann in den diplomatischen Dienst geboxt und die älteste Tochter aus den Armen eines Niggers – «Farbigen, meine ich», verbesserte sich Frau Römer – gerissen hatte, in eine Nervenkrise geraten war. Es kam zu einem vorübergehenden Verhältnis mit dem Nachhilfelehrer der Zwillinge. Jetzt beteiligte sich die Hausfrau in mittleren Jahren an einer Selbsterfahrungsgruppe, nahm Yoga-

Unterricht und ließ sich von einer Meisterin in der Kunst der Glasmalerei unterweisen.

«Die armen Zwillinge», sagte Nora.

«Ach, mit denen schaukelt sie noch genug durch die Gegend. Das sind hartgesottene kleine Biester. Haben Sie schon ihre Zimmer gesehen? So was von dreckigen Waschbecken gibt's nicht mal bei Asozialen! Aber was reg ich mich auf!» Frau Römer goß sich zur Beruhigung einen Obstler ein. «Bei meinem schwachen Herzen dürfte ich gar nicht mehr arbeiten gehen. Zuviel Blutfett, wenn Sie wissen, was ich meine. Mein Mann sagt immer, hast du das nötig, anderen Leuten den Dreck wegzumachen?»

Nein, nötig hatte es Frau Römer natürlich nicht. Sie strich sich selbstgefällig über die Schürze. Aber ein weiches Herz hatte sie, und darum brachte sie es einfach nicht fertig, die Schaumburgs sitzenzulassen.

Nora hatte mit den Zwillingen wenig auszustehen. Sie bekam sie selten zu Gesicht. Kaum waren sie aus der Schule zurück und hatten gegessen, da klingelte es schon an der Haustür, und eine abgehetzte Mutter, gekleidet nach Art des Vororts – sportlich, aber teuer –, holte die beiden ab, um sie zusammen mit ihren eigenen Kindern zum Ballett, Flötenunterricht, Tennis oder Hockey mitzunehmen. Anscheinend waren die Mütter in dieser Gegend vorwiegend damit beschäftigt, ihre Sprößlinge und deren Freunde herumzukarren. Zwar hielt der Bus ein paar Schritte vor dem Haus, aber als Fortbewegungsmittel kam er wohl ebensowenig in Frage wie ein Maultier für einen Reiter.

Hedwig, die gepflegtere und ordentlichere von den Zwillingen, machte sogar gelegentlich ihr Bett, während Heidi nur die Decke über nie gelüftete Kissen, Zeitschriften, Comics, Lockenwickler, zerknüllte Tempotaschentücher, Schokoladenpapier und Strümpfe zog. Auf Noras Vorhaltungen reagierte sie mit verständnislosem Achselzucken: «Wozu der Umstand? Abends geh ich doch wieder rein!»

Heidi war eine kräftige Esserin und manschte Kartoffeln, Fleisch und Soße gern zu einem unappetitlichen Brei zusammen, ehe sie das Ganze in sich hineinschlang. Hedwig sah ihrer Schwester dabei mit hochgezogenen Brauen zu: «Frißt mal wieder wie ein Schwein!» Sie selbst begnügte sich angeblich mit etwas Salat, denn sie probierte gerade eine der in Frauenzeitschriften angepriesenen revolutionären Diäten aus, oder füllte ihren Magen nur mit etwas Weizenkleie und stieg dreimal am Tag auf die Waage im Badezimmer.

«Aber ein kleines Steak kann doch nichts schaden», lockte Nora.

«Nun ja», Hedwig nickte gnädig. «Wo Sie sich so viel Mühe mit dem Sonntagsessen gegeben haben, kann ich ja mal eine Ausnahme machen.»

Aber die Ausnahme wurde sehr bald zur Regel. Denn im Laufe des Tages und vor allem vor dem Schlafengehen ging klapp, klapp, klapp die Tür des Kühlschranks, und sämtliche Vorräte verschwanden nach und nach auf geheimnisvolle Weise. Als Nora eines Tages feststellte, daß in dem fürs Wochenende gefüllten Kühlschrank am Freitag abend nur noch Magerquark und eine preiswerte Käsesorte zu finden waren und vom gekochten Schinken nichts mehr als der Fettrand im Einwickelpapier lag, packte sie den am Sonnabend vormittag neugekauften Aufschnitt in eine Schüssel und versteckte ihn kurzerhand unter ihrem Bett.

Eine erdbebenartige Erschütterung ließ sie am Nachmittag erschreckt in ihr Zimmer rennen. Der Bobtail hatte die Beute erschnuppert, war unter das Bett gekrochen und dabei mit dem Halsband an einer Bettfeder hängengeblieben. Die Mädchen mußten ihr helfen, das Bettgestell hochzuwuchten, damit sie den Hund aus seiner mißlichen Lage befreien konnten.

«Nun sieh dir diese Lechow an», hörte sie die Zwillinge miteinander flüstern. «Die denkt wohl auch, selber essen macht fett.»

Im übrigen schenkten sie ihr kaum Beachtung. Sie waren ausschließlich mit sich selbst beschäftigt. In Noras Gegenwart unterhielten sie sich nur in Stummelsprache.

«Peter?» fragte Hedwig.

«Unheimlich ätzend», antwortete Heidi.

Nora nahm es hin, daß ihre Ohren von Rockmusik aus Stereoboxen strapaziert wurden. Auch daß die Mädchen ungeniert in den Schränken ihrer Mutter herumwühlten und sich mit allem bedienten, was sie gerade brauchten. Einen Teufel würde sie tun, fremder

Leute Kinder zu erziehen! Man machte sich damit nur das Leben zur Hölle, und die Eltern würden dann ganz erstaunt tun: So kennen wir unsere Kinder gar nicht! Daher beschränkte sie ihre Aufsichtspflicht auf die Schularbeiten und sorgte dafür, daß beide rechtzeitig schlafen gingen. Glücklicherweise gab es damit keine Schwierigkeiten, denn die Mädchen honorierten in gewisser Weise, daß sie über vieles hinwegsah. Auch mit dem Fernsehprogramm kam man sich nicht in die Quere, da es zwei Apparate im Haus gab.

Einmal, während Nora sich voller Rührung einen alten Ufa-Film mit Zarah Leander ansah, kamen die Zwillinge ins Zimmer, setzten sich neben sie und fragten, ob sie auch für den alten Adolf geschwärmt habe.

«Wie kommt ihr denn darauf?» Nora fühlte sich in ihrer sentimentalen Stimmung gestört.

«Wir dachten, so Frauen wie Sie hat der mächtig angetörnt», meinte Heidi.

«Damals war ich ein junges Mädchen», sagte Nora gemessen. «Vielleicht darf ich jetzt diesen Film zu Ende sehen?»

«Komm, wir hauen ab.» Heidi zog ihre Schwester vom Sofa hoch. «Sie hat keinen Bock drauf, darüber zu sprechen!»

An einem Nachmittag, als die Zwillinge ins Kino gegangen waren und sie in ihrem Zimmer Briefe schrieb, hörte Nora aus der Küche ein Geräusch. Sollte sich der

Hund dort herumtreiben? Doch vor dem Kühlschrank kauerte eine junge Frau. Sie stand auf und begrüßte Nora mit vollem Mund.

«Ich bin Dorothea Schaumburg.» Nora starrte entgeistert auf die Schinkenscheibe in ihrer Hand. Sie dachte an das knappe Haushaltsgeld.

«Ich nehm mir ein paar Kleinigkeiten fürs Wochenende mit», erklärte die Studienrätin und packte ein halbes Pfund Butter, drei Dosen Kompott, Marmelade, Käse und ein Glas saure Gurken in einen mitgebrachten Korb.

Nora musterte erstaunt einen großen Sack auf dem Küchenfußboden.

«Meine Wäsche», erklärte Dorothea. «Meine Waschmaschine ist kaputt.» Sie schleifte den Sack hinter sich her zur Kellertreppe und beförderte ihn mit einem Fußtritt hinunter. «Plagen Sie die Zwillinge sehr?»

«Nein, nein, aber . . .» Nora ergriff die günstige Gelegenheit: «Sie schreiben nächste Woche eine Mathematikarbeit. Könnten Sie da nicht vorher ein wenig mit ihnen üben? Ich verstehe nichts davon. Und die Arbeit ist für die Versetzung wichtig.»

«Die bleiben so oder so sitzen.» Die befähigte Pädagogin machte sich in ihrem Cabriolet wieder aus dem Staube.

Frau Römers Stirn umwölkte sich, als sie den Wäschesack entdeckte. «Ihre dreckige Unterwäsche hätte das Fräulein wenigstens selbst in die Waschmaschine tun können. Ekelhaft, so was!» Eilfertig brachte Nora den Obstler, um sie zu besänftigen.

Aber die Zeichen standen auf Sturm, und Hedwig war es vorbehalten, den Orkan zum Ausbruch zu bringen. Sie wurde nämlich von Frau Römer dabei ertappt, wie sie eine ihrer frischgebügelten Blusen nach der anderen aus dem Schrank zog, kurz daran roch, angewidert den Kopf schüttelte und sie auf den Boden warf. Frau Römer berichtete Nora empört davon.

Am nächsten Morgen wartete Nora vergeblich auf sie.

«Die berappelt sich schon wieder», trösteten die Zwillinge. «Die kriegt manchmal solche Touren.»

Aber Frau Römer ließ sich die ganze Woche nicht blicken, und Nora mußte sich um die Mahlzeiten und den Haushalt kümmern. Es war gespenstisch, wie schnell das Haus verrottete. Die Räume wirkten wie Pflanzungen, von denen der Urwald wieder Besitz ergriffen hatte. Das Silber, das überall herumstand, wurde trotz Anlaufschutz rabenschwarz, die Fenster waren nach einer stürmischen Regennacht blind vor Schmutz, über die kostbaren Gobelinstühle zog sich ein Flor von Hundehaaren, und im ganzen Haus standen gebrauchte Teller und Gläser herum. Zu allem Überfluß verkündeten ihr die Zwillinge: «Am Sonnabend geben wir 'ne Party!»

Zum erstenmal wurde Noras Stimme scharf. «Kommt nicht in Frage! Solange eure Eltern nicht da sind, wird nicht gefeiert.»

Wortlos zeigten ihr die Mädchen eine Ansichtskarte aus Irland. «Habt's recht hübsch an eurem Fest, Kinder«, hatte Frau Schaumburg geschrieben, «aber macht nicht zuviel Unordnung.»

Nora verbarg ihren Ärger: «Warum hat mir eure Mutter nichts davon gesagt?»

Die beiden grinsten. «Sie wird schon ihre Gründe dafür gehabt haben!»

«Bitte, bitte», sagte Nora steif. «Mein Haus ist es ja nicht.»

Heerscharen von jungen Leuten zogen am Freitag abend ein und belegten die Küche mit Beschlag, aus der bald penetranter Knoblauchgeruch drang. Als sie sich zum Essen in den schummrig beleuchteten Räumen im oberen Stockwerk niedergelassen hatten, warf Nora einen Blick in die Küche. Kein Topf, der nicht benutzt worden war und jetzt klebrig und angebrannt auf dem Geschirrspülbrett stand; der Fußboden glitschig wie Schmierseife. Ein plötzlich anschwellender dumpfer Ton ging ihr durch Mark und Bein. Es klang, als trompete ein verlorengegangenes Elefantenbaby nach seiner Mutter.

«Mensch, Harald!» schrie es im Chor. «Daß du deine Posaune mitgebracht hast, ist wirklich stark.» Und dann Hedwigs Stimme: «Das ist ja dieselbe wie damals in Ravenna!»

Nora riß ihren Mantel vom Haken und rannte nach draußen. Sie wanderte die Straße des Nobelviertels, in denen sich die Häuser hinter dichten Hecken versteckten, zum Fluß hinunter. Etwas besänftigt durch ihren Spaziergang, kehrte sie zurück. Im Flur roch es brenzlig. «Hedwig, Heidi, was ist passiert?» rief sie beunruhigt, als Hedwig mit dem Minimaxgerät an ihr vorbeieilte.

«Nichts! Irgendso ein Idiot hat bloß versucht, das Mobile mit der brennenden Zigarette in Schwung zu bringen.»

Und dann sah Nora die Flamme. Prächtig züngelnd schoß sie die holzgetäfelte Decke entlang.

Die Feuerwehr war rasch zur Stelle. Als sie wieder abrückte, waren die Schlafzimmer der Mädchen und der obere Flur wie in Badeschaum getaucht. Nora knöpfte sich die Mädchen vor. Von Zorn übermannt, schrie sie ihren Ärger heraus. Dann brach sie in Tränen aus und verzog sich ins Bett.

Nachdem sie sich wieder beruhigt hatte, gestand sie sich ein, daß ihr Ärger über die Zwillinge nicht frei von Neid war. Was für ein Leben führte diese Generation! Auch diese junge Studienrätin wirkte nicht gerade, als ginge sie an Überarbeitung zugrunde. Und was hatte man *ihr* geboten, als sie jung war? Rüben verziehen und hacken. Und als einzige Abwechslung diese Affäre mit dem irischen Offizier, dessen Einheit in dem trübsinnigen Dorf lag, wohin sie vom Flüchtlingslager aus mit ihrem Vater eingewiesen worden war. Lilos Mann, der gerade aus der Kriegsgefangenschaft zurückgekehrt war, zeigte sich entsetzt über diese Fraternisation mit dem Feind. «Kuck nicht so, als wolltest du ihr gleich die Haare abschneiden», sagte Lilo und klopfte sich Mehl vom Mantel. Sie war mit ihrem Fritz aus der Stadt gekommen, und ein freundlicher Müller hatte sie auf dem Weg in Noras Dorf ein Stück auf seinem Wagen mitgenommen. «Ihr seid ja in den besetzten Ländern auch nicht nur zur Messe gegangen. Leiste mal lieber Herrn Lechow Gesellschaft. Wir wollen ins Kino, Nora muß hier mal raus.» Fritz sah sie unbehaglich an. «Ich hab doch keine Ahnung von Krankenpflege.» Lilo plinkerte ihrer Freundin zu. «So seid ihr Männer. Erst schießt ihr euch gegenseitig zum Krüppel, und dann grault ihr euch vor dem, was ihr angerichtet habt.»

Der kleine irische Leutnant war eines Tages auf dem Wäscheplatz aufgetaucht und hatte ihr als zeitgemäße Liebeserklärung schweigend drei Büchsen Corned Beef zu Füßen gelegt. Und dann war man sich so nach und nach nähergekommen. Der arme Junge. Er hatte seine Eltern bei einem deutschen Bombenangriff verloren und umklammerte sein Offiziersstöckchen, von dem er sich nie trennte, wie einen Zauberstab: *Komm, wir machen eine kleine Reise in das Land der Illusion.* Das war ihnen in dem beschlagnahmten Schlafzimmer des Bürgermeisters mit den düsteren Tapeten und dem reißenden Gebirgsbach in Öl über den Betten nicht leichtgefallen. Danach kommandierte er wieder, das Stöckchen unter den Arm geklemmt, seine Soldaten herum und sie ihren Vater: «Trödle nicht so, zieh dich endlich an!» Wenn der Vater nicht gewesen wäre, säße sie jetzt vielleicht in Irland und sänge ebenfalls wie diese «herrlichen einfachen Menschen» bei der Arbeit.

Nora kam am Morgen nach der Party erst gegen elf Uhr herunter. Im Wohnzimmer lehnte ein Zettel an der großen Vase. «Wir sind zum Mittag bei Freunden, aber um drei Uhr zurück.»

Sie sah sich im Haus um. Die Mädchen hatten tatsächlich den Versuch gemacht, die Zimmer wieder in Ordnung zu bringen. Sogar das Geschirr war abgewaschen.

Nora legte sich in einen Liegestuhl auf die Terrasse. Sie war dabei, die Lage zu überdenken, als die Haustür ging. Gleichzeitig klingelte das Telefon. Ehe sie hingehen konnte, hatte Heidi bereits den Hörer abgenommen. «Nein, nein, ausgeschlossen», hörte Nora sie sagen. «Heute könnt ihr wirklich nicht kommen, die Lechow ist auf'm Egotrip, und da weiß man nie.»

Wenige Augenblicke später stülpten sich zwei Kopfhörer über Noras Ohren, und ein Taschenrecorder wurde ihr in den Schoß gelegt. «*Eine Frau wird erst schön durch die Liebe*», röhrte Zarah Leander ihr ins Ohr. Die Mädchen hatten sich vor ihr aufgebaut und sahen sie erwartungsvoll an. Nora schob den Bügel zurück.

«Alles wieder paletti?» fragten sie, ohne jede Bosheit.

«*Ganz allein nur durch die Liebe*», sang Zarah in Noras Haar.

9

Nach der strapaziösen Zeit bei den Schaumburgs fand Nora, nun habe sie eine Ruhepause verdient. Kusine Freda, ehemalige Krankenschwester und jetzt Inhaberin eines kleinen Pensionsbetriebes an der Nordseeküste, hatte sie herzlich eingeladen, sich bei ihr in der Nachsaison zu erholen. Gleichzeitig ließ sie einfließen, daß ihr ein wenig Hilfe bei den Vorbereitungen der Mahlzeiten willkommen sei – «natürlich nicht umsonst!» Noras praktischem Sinn kam diese Verbindung des Angenehmen mit dem Nützlichen sehr entgegen. Zuvor aber wollte sie die Reise nach Norden unterbrechen und ein paar Tage ihre Freundin Mechthild besuchen.

Der D-Zug war nur schwach besetzt, so daß sie ein Abteil für sich allein hatte und es sich bequem machen konnte. Mechthild und sie hatten sich seit einer halben Ewigkeit nicht mehr gesehen; aber mit Freunden aus der Kindheit wurde man schnell wieder warm, auch wenn man sich im Grunde nicht mehr allzuviel zu sagen wußte. Nora stemmte ihren Koffer aus dem Gepäcknetz. Hoffentlich hatte das Bett im Gästezimmer eine gute Matratze.

Arnold Arnold, Mechthilds Ehemann, holte sie vom

Bahnhof ab. Er war nun über siebzig und hatte sich einen respektablen Bauch zugelegt. Aber sein Haar war noch voll, und seine tiefe Stimme rollte so majestätisch daher wie eine Arie von Händel. Er versäumte es nicht, ihr nachträglich zum Geburtstag zu gratulieren.

«Ich gratuliere dir 365 Tage im Jahr, liebe Nora!» Dann öffnete er ihr galant die Wagentür.

In den ersten Tagen waren die Freundinnen ganz mit sich und ihrer Kindheit beschäftigt und fingen die Erinnerungsbälle sozusagen mit ausgebreiteten Armen auf. Sie zeigten sich alte Fotos und Briefe und überließen Arnold ganz seinen «Piepmätzen», wie Mechthild sein derzeitiges Hobby spöttisch bezeichnete. Denn Arnold hatte sich ein beträchtliches Wissen über Vögel angeeignet und sich zu einer Art hausgemachtem Ornithologen entwickelt. Der kleine Garten war mit Vogeltränken und Häuschen bepflastert, und trotz des Hochsommers hingen noch Futterringe an den Büschen. Vögel interessierten Arnold inzwischen ebensosehr wie Frauen. Er hatte ein umfangreiches Tonbandarchiv voller piepsender, trillernder, schmetternder Vogelstimmen. Aber seine besondere Bewunderung galt den Greifvögeln, den «Königen der Lüfte», wie er sie wenig originell nannte.

Mechthilds Vater war Direktor der nahen Zuckerfabrik in ihrer alten Heimat gewesen. Sie hatte den fünfzehn Jahre älteren Arnold Arnold als Achtzehnjährige kennengelernt. Eine Freundschaft, die ihrem Vater ganz und gar nicht paßte. «Meine Tocher und dieser clevere Prolet», tobte er. «Und dann noch dieser verrückte Doppelname!»

Arnold war nicht gerade das, was Väter sich für ihre Töchter erträumen. Er hatte sich bereits ziemlich glücklos in den verschiedensten Berufen versucht. Als ihm Mechthild über den Weg lief, war er gerade bemüht, sich als Kunstmaler einen Namen zu machen.

«Arnold ist ein Universalgenie», hatte Mechthild damals bewundernd behauptet, denn er verstand auch etwas von Chemie und Physik und verblüffte ihren Vater mit detaillierten Kenntnissen über die Zuckergewinnung und Verarbeitung. Er konnte tatsächlich eine ganze Menge: Malen, Tischlern, Pferde beschlagen, Hochzeitsgedichte verfassen, Strümpfe stricken, Frauen einwickeln und vor allem reden und einem das Wort im Munde verdrehen. Sein unwiderstehlicher Drang, keinen Gedanken unausgesprochen zu lassen, hatte ihm, gerade als Mechthild ihn kennenlernte, ein Ausstellungsverbot seiner harmlosen Bilder eingetragen und zehn Tage Untersuchungshaft.

Bei einem Vortrag über Farben hatte er sich zu eingehend in negativer Weise über die Farbe Braun geäußert. Aber selbst dem wildesten Nazi war dies als Grund für eine Anzeige wegen angeblicher Volksverhetzung nicht stichhaltig genug gewesen, um ihn länger einzusperren, und so hatten sie ihn wieder laufen lassen. Arnold Arnold war dadurch ganz unbeabsichtigt zum Systemgegner geworden, und das brachte Mechthilds Vater, den biederen Zuckerdirektor, dem die Nationalsozialisten ein Greuel waren, in Konflikt. Immerhin hatte dieser «kropfige Hallodri» eine Menge riskiert. Und das war denn auch der Punkt, auf dem Mechthild wieder und wieder herumritt. Ihr Vater willigte schließlich in eine Eheschließung ein, und sie zog hochbefriedigt mit ihrem «cleveren Proleten» davon.

Zwei Jahre später entdeckte Arnold Arnold eine Marktlücke im Kunstbetrieb. Er malte nach Fotografien Porträts gefallener Soldaten, sehr zur Zufriedenheit der Hinterbliebenen. Er selbst hatte Glück. Wegen eines Herzfehlers verzichtete die Wehrmacht auf ihn, und da in seinem großen Kundenkreis unterdessen auch braune Prominenz zu finden war, blieb er von lästigen Dienstverpflichtungen verschont.

Nach der Flucht landete das Ehepaar mit seinen Kindern in Niedersachsen, und dank Arnolds Talent für Schwarzmarktgeschäfte ging es ihnen recht ordentlich. Kritisch wurde es erst, als das Leben nach der Währungsreform wieder in normalen Bahnen lief. Für einen bürgerlichen Beruf war Arnold Arnold nach wie vor nicht geschaffen. Aber dann stieß ihn der Zufall auf eine weitere ausbaufähige Tätigkeit. Er wurde Redner bei Beerdigungen und hatte gewaltigen Zulauf. Auch der wohlmeinende Pastor konnte keine so tröstenden, den Toten wie einen lieben Anverwandten preisenden und dabei herzzerreißenden Grabreden halten. Man munkelte allerdings, daß er bei entsprechender Bezahlung nicht davor zurückschrecken würde, auch Hunde und

Katzen, denen ihre Frauen und Herrchen eine eigene Begräbnisstätte zugedacht hatten, mit der gleichen Wortgewalt zur letzten Ruhe zu begleiten. Aber Mechthild verteidigte ihren Mann und sagte, das sei nur Futterneid und alles Blödsinn.

Bescheidener Wohlstand zog in das Reihenhaus ein. Arnold Arnold war ein strenger Vater, der bei seinen Kindern keinen Widerspruch duldete. Um so stärker verfielen diese dem Zeitgeist, der sie von einer modischen Richtung in die andere hetzte. Nur Erich, der Älteste, blieb dagegen gefeit. Er hatte noch genügend vom Krieg, von Bomben und Hunger mitbekommen, um Sicherheit zu schätzen. Er war Finanzbeamter geworden.

Wie meist bei Müttern, endete auch das Gespräch mit Mechthild bei den Kindern. Sie sagte, daß Schmusi, der Jüngste, ihr im Augenblick die größte Sorge mache. Als Kind war er mit seinem prächtigen Lockenkopf und dem fröhlichen Temperament der Liebling des Vaters gewesen, aber als er anfing, seine Unsicherheiten hinter einem dicken Bart und wilden Sprüchen zu verstecken, war es damit vorbei. Hatte er ihn früher «Phil, mein edler Bussard» genannt, so tönte Arnold Arnold jetzt theatralisch: «Keiner meiner Freunde hat mir so viel Schmerz zugefügt wie dieses Kind, dieser Schuldenmacher beim lieben Gott!» Aber Mechthild behauptete, der inzwischen dreißigjährige Philipp, ihr Schmusi, sei nur ein Spätentwickler, und die brauchten eben auch fürs Studium ein klein wenig länger.

Eine Dreiklanghupe gellte durchs Haus. Nora fuhr zusammen.

«Was ist das denn?»

«Das», sagte Mechthild mit stoischem Gesicht, «ist Arnold. Ich höre in letzter Zeit nicht mehr so gut, und da hat er sich diese Hupe ausgedacht, wenn er etwas von mir will. Er sagt, er hat keine Lust, sich die Kehle nach mir heiser zu schreien.»

«Und das läßt du dir bieten?» Nora sah ihre Freundin ungläubig an.

«Das verstehst du nicht.» Mechthild war aufgestanden und ging zur Tür. «Du warst nie verheiratet. Wozu soll man dauernd streiten. Wenn's ihm Spaß macht», sagte sie, als sie das Zimmer verließ. Sekunden später gab es auf der Treppe Gepolter und einen Aufschrei. Nora stürzte auf den Flur. Aber Arnold war schneller gewesen.

«Das Genick hat sie sich nicht gebrochen, nur den Fuß», sagte er, während er neben Mechthild kniete.

«Gemütsmensch», murmelte Nora.

«Wir werden sie wohl hierbehalten müssen.» Der junge Arzt aus der Röntgenabteilung des Krankenhauses sah ostentativ auf seine Armbanduhr. Es war zwölf Uhr, und er hatte bereits seit einer halben Stunde dienstfrei. Arnold redete auf die Schwestern ein und schaffte es, daß Mechthild ein Einzelzimmer bekam. Während Nora ihr noch Gesellschaft leistete, fuhr er nach Haus, um das Nötigste für seine Frau zu holen. Nora bot sich sofort an, für Arnold zu sorgen.

«Du bist unser Gast», sagte Mechthild, «und nun mußt du auch noch für ihn kochen.»

«Mach dir keine Gedanken. Hauptsache, du hast keine Schmerzen mehr.»

Arnold war schnell wieder zurück, und Mechthild baute sich mit den Fotos ihrer Kinder, einem Radio und ein paar Büchern eine eigene kleine Höhle in dem unpersönlichen Krankenzimmer.

In den folgenden Tagen zeigte sich Arnold von seiner angenehmsten Seite, er half Nora sogar in der Küche, indem er ihr mit angewidertem Gesicht die gebrauchten Kochtöpfe ins Spülbecken stellte. Diese gute Tat machte er allerdings durch seine Bemerkung, er fühle sich wie ein Mercedes, den man zum Mistfahren gebrauche, wieder zunichte.

«So, so», sagte Nora. «Und wofür gebrauchst du mich?»

Er streichelte sacht ihr Haar, während sie sich über eine häßlich angebrannte Bratpfanne beugte, und sagte, Nora wasche ihm durch ihre ehrliche, unkomplizierte Art direkt das Herz und er wisse gar nicht, wie er ihr danken solle.

Das hinderte ihn jedoch nicht daran, beim Frühstück mit sicherem Griff das ungeplatzte Ei im Körbchen zu erwischen und ihr den trockenen Käse zu überlassen, während er sich den frisch angeschnittenen Emmentaler gleich ohne Brot einverleibte.

Immerhin, er gab sich Mühe. Er leerte die Aschenbecher am Abend, stellte die benützten Gläser in die

Geschirrspülmaschine und hob die Zeitungen im Schlafzimmer auf, die er beim Lesen im Bett über den Fußboden verstreut hatte. Aber allmählich wurde er mürrisch. Einmal drückte er sogar auf die Hupe, wenn auch so leise, daß Nora darüber hinweghören konnte. Er klagte über sein Alter. «Wenn mich der Tod trifft, dann bitte in einer bequemen Lage.» Er sagte, er fühle sich wie das Haus in Andersens Märchen, das so alt war, daß es nicht wußte, nach welcher Seite es kippen sollte. Kurzum, Mechthild fehlte ihm an allen Ecken und Enden.

Aber dann belebte sich das Haus plötzlich mehr, als es Nora lieb war. Ein Mädchen in einer Art Beduinenkleid stand im Hausflur und fragte: «Ist Philipp da?»

Arnold Arnold musterte sie mit Interesse. Sie war höchstens neunzehn, ein Alter, das er liebte. «Sind Sie seine Freundin?»

«Um das herauszufinden, bin ich hier», erklärte das Mädchen und brach in Tränen aus.

«Philipp ist zwar nicht zu Hause, aber kommen Sie erst einmal rein.» Nora führte sie ins Wohnzimmer und brachte ihr was Ordentliches zu essen. Danach sah die Kleine sehr viel besser aus. Sie war hübsch, wenn auch auf eine zeitgemäße, unordentliche Weise. Die Haare brauchten einen neuen Schnitt, ebenso die Fingernägel, die ihr schwärzlich aus den Fingern sprossen. Jugend kann sich das leisten, dachte Nora, die können sich in einer Pfütze suhlen und bleiben trotzdem attraktiv. Sie bemerkte ein gewisses Funkeln in Arnolds Augen und beschloß, die Kleine so schnell wie möglich wieder abzuschieben. Aber Arnold machte ihr einen Strich durch die Rechnung.

«Sie werden uns ein lieber Gast sein», sagte er mit seiner einschmeichelnden Stimme, «und wenn Sie sich ausgeschlafen haben, werden wir in Ruhe über Ihre Probleme reden.» Als Nora ihrer Freundin nachmittags im Krankenhaus davon erzählte, geriet die sonst so Tolerante ganz außer sich.

«Dieses Mädchen ist Schmusis Ruin! Dauernd ist sie hinter ihm her, und gerade jetzt, wo er mitten im Examen steckt! Ein Glück, daß er nicht zu Hause ist.»

«Aber ich kann sie doch nicht rausschmeißen», sagte Nora.

«Warum nicht?» Mechthild legte sich in ihre Kissen zurück. Nora versprach, ihr möglichstes zu tun. Doch Arnold Arnold hatte die Kleine längst in seinen Bann gezogen, so daß sie ihre eigentliche Absicht, Philipp zu besuchen, schon fast vergessen hatte. Nora hörte aus dem Arbeitszimmer den altvertrauten Schmus tönen, auf den auch sie vor vielen Jahren einmal hereingefallen war: «Sie haben etwas an sich, was Sie selbst nicht kennen!»

Unter Arnolds Einfluß milderte sich der Wohngemeinschafts- und Kneipenjargon des Mädchens. Dafür redete sie jetzt in dem Psychologenkauderwelsch, das ihr von der Universität beigebracht worden war. Sie sprach vom komplexen Hang zur Abhängigkeit, von Selbstunterdrückungsmechanismen und Autoritätsstrukturen. Für diesen Quatsch schicken wir nun unsere Jugend auf die Hochschulen, dachte Nora, der ganz schwindlig dabei wurde. Arnold schien es ähnlich zu gehen. Trotzdem verzog er schmerzlich sein Gesicht, strich zart über den Handrücken des Mädchens und raunte: «Wie gut ich Sie verstehe!»

Nora fand es angebracht, ihrer kranken Freundin einen diskreten Wink zu geben.

«Du meinst, da bahnt sich was an?» fragte Mechthild völlig gelassen. «Von mir aus, dann läßt sie wenigstens Schmusi in Ruhe.»

«Mechthild!» sagte Nora.

Dann fand alles ein viel schnelleres Ende, als Nora zu hoffen gewagt hatte. Der Vater des Mädchens, der inzwischen den Aufenthaltsort seiner Tochter herausbekommen hatte, tauchte überraschend auf und holte sie ab.

«Ihre Tochter ist schon verheiratet? Sie Glücklicher», sagte er zu Arnold, der sich hastig das Hemd, das er seit kurzem jugendlich offen trug, zugeknöpft und einen Schlips umgebunden hatte. Am Abendbrottisch wirkte Arnold wie ein betrübter kleiner Junge, dem man seinen Kaugummi weggenommen hatte.

«So ganz bist du wohl nicht auf deine Kosten gekommen», sagte Nora.

Er reckte sich würdevoll auf: «Ein Adler schlägt nicht vor dem eigenen Horst!»

Nora mußte lachen. Sie konnte plötzlich verstehen, daß ihre Freundin es trotz seiner vielen Eskapaden noch immer mit ihm aushielt. Sie suchte nach einem angemessenen Trost.

«Barbara hat angerufen. Sie hat sehr nach dir gefragt.»

Barbara und Mechthild kannten sich aus der Flüchtlingszeit. Barbara hatte damals eine Zeitlang bei den Arnolds gewohnt, ein langweiliges, reizloses Geschöpf, das Arnold anhimmelte. Arnold hatte ihr gesagt, sie besitze etwas, was es kaum noch gebe, nämlich die Gabe zu absoluter Treue. Mechthild hatte diese Gabe mehr als Klebrigkeit empfunden und wäre Barbara ganz gern wieder losgeworden, aber Arnold, dem Barbaras Anbetung schmeichelte, spielte den Großzügigen und meinte, man könne sie nicht verstoßen.

«Die gute Barbara. Wie geht's ihr denn?» fragte er mit sehr viel kräftigerer Stimme.

Nora beschloß, ihn ein wenig zu zwicken. «Der guten Barbara? Sie hat vor nicht langer Zeit einen zehn Jahre jüngeren Mann geheiratet.»

«So, so.» Arnold schob mit ablehnender Gebärde den von Nora liebevoll zubereiteten Eierkuchen zurück. «Wie Ledersohlen. Ach, meine Mechthild fehlt mir doch sehr.»

Nora ärgerte sich. «Bist du nicht heilfroh, daß der Vater hier aufgekreuzt ist und das junge Ding abgeholt hat? Ich meine, in unserem Alter braucht man doch seine Ruhe. Schmusi soll jedenfalls ganz erleichtert sein, wie mir Mechthild, die mit ihm telefoniert hat, sagte. Im Gegensatz zu dir hatte er wohl seine Freundin schon recht über.»

Zu ihrer Überraschung nickte Arnold wohlgefällig. «Mein stolzer Bussard, so leicht läßt er sich nicht fangen!»

10

Kusine Freda erwartete Nora bereits auf dem Bahnsteig und schwenkte, als der Zug einlief, eines ihrer geliebten scheußlichen Hütchen, von denen sie ein halbes Dutzend besaß. «Hu, hu, ich bin hie-hier!»

Wenn sie Freda betrachtete, fand Nora sich schlank, obwohl sie zugeben mußte, daß Freda das Füllige gut stand. Wie früher ergriff die ein paar Jahre ältere Kusine das Kommando:

«Nichts liegengelassen? Regenschirm, Mantel, Tasche – alles vorhanden?» Im Auto lag ein Kissen für Noras Rücken bereit, und der Sitz war fürsorglich zurückgeschoben, damit sie genügend Platz für die Beine hatte.

«Prima Wetter», sagte Freda gutgelaunt und nahm forsch eine Kurve. «Das Haus ist proppenvoll. Alles Stammgäste, nett, aber ziemlich pimplig. Blaß siehst du aus. Na, das wird sich schnell ändern. Aber nicht gleich ins Watt laufen, sonst wirst du mir noch krank.»

«Ich bin mehr zum Helfen hier» – Nora dachte an Fredas großzügiges Geldangebot – «als zum Faulenzen.»

«Machst aber einen recht abgehetzten Eindruck.»

«Ich hatte mir meinen Besuch bei Mechthild auch geruhsamer vorgestellt. Trotzdem war's eigentlich recht nett.» Nora schlug ihren Mantelkragen hoch, denn Freda hatte das Fenster weit heruntergekurbelt.

Sie hielten vor einem einstöckigen Strohdachhaus, das zwischen Kiefern und Föhren auf einem großen Grundstück stand. Nora atmete tief die würzige Luft ein und betrachtete mit Wohlgefallen die üppig blühenden Sonnenblumen, die einen prächtigen Kontrast zu den grüngestrichenen Fensterläden bildeten.

«Bevor wir reingehen, zeig ich dir noch, was aus dem Schafstall geworden ist.»

«Gern.» Nora folgte ihrer Kusine einen schmalen Pfad entlang. Freda hatte kurz vor ihrer Pensionierung dieses Häuschen an der Nordseeküste ganz überraschend von einer Tante geerbt. Nora war bereits in den Nachkriegsjahren einmal hiergewesen. Als ihr Vater vorübergehend ins Krankenhaus mußte, hatte die Tante sie eingeladen, sich bei ihr solange von der Pflege zu erholen. Geld war damals, in den ersten Jahren nach der Währungsreform, überall knapp gewesen, und so mußte sich Nora mit dem Schafstall als Unterkunft begnügen, um nicht einem zahlenden Gast das Bett wegzunehmen.

Die Tante war Mitglied der «Moralischen Aufrüstung» gewesen, einer Bewegung, die in jenen Jahren sehr in Mode war. An dem internationalen Tagungsort dieser Gesellschaft, einem pompösen Hotel am Genfer See, putzten Mädchen aus gutem Hause voller Eifer die Stiefel der Tagungsteilnehmer, schälten Kartoffeln und servierten das Essen.

Als Nora damals die Tante an der Nordseeküste besucht hatte, hielt sich in ihrem Haus gerade eine Gruppe Gleichgesinnter auf, und alles wetteiferte, einander vorzuführen, wie man die vier Forderungen der Moralischen Aufrüstung – absolute Ehrlichkeit, absolute Reinheit, absolute Selbstlosigkeit, absolute Liebe – überzeugend erfüllt. Ein emporstrebender Industrieller aus dem Rheinland wies mehrfach darauf hin, was für ein Vergnügen es ihm gewesen sei, eine alte Dame früh um halb sieben vom Bahnhof abzuholen und ihr so ihren größten Wunsch, die Teilnahme an einer «stillen Stunde», zu erfüllen. Allerdings seien leider die vielen Schlaglöcher auf der schlechten Straße seinem neuen Mercedes nicht gut bekommen.

Zuerst fand Nora die *quiet time*, die tägliche Besinnungsstunde, hochinteressant. Im Anschluß daran mußte man nämlich der Gruppe alles mitteilen, was einem währenddessen durch den Kopf gegangen war, und dabei kamen oft die merkwürdigsten Dinge heraus. Tief beeindruckt war sie, als die Tante mit stockender Stimme berichtete, wie der verstorbene Sohn ihr im Traum erschienen sei und sie zu Gott zurückgeführt habe. «Ich sah meinen Weg jetzt deutlich vor mir», sagte sie und schirmte dabei mit der rechten Hand ihre Augen ab, «in großer Klarheit.»

Aber nach der Abreise der dritten Gruppe kannte

Nora den Traum der Tante in- und auswendig, und als diese bei der nächsten *quiet time* wieder ihre wirkungsvolle Pause einlegen wollte, soufflierte sie ihr, ehe sie sich bremsen konnte: «. . . in großer Klarheit», was teils Gekicher, teils Empörung auslöste. Danach war die Sympathie der Tante für sie und die ihre für die Moralische Aufrüstung ein wenig abgekühlt.

Aber damals war immer etwas losgewesen. Eines Nachts kam ein weiblicher Gast in den Schafstall getappt, wo Nora es sich auf einem ausrangierten Wehrmachtbett, so gut es ging, mit einer Stallaterne und einem Kriminalroman bequem gemacht hatte. Die Dame zitterte und weinte und gestand, daß sie sich in einen verheirateten Herrn aus der Gruppe verliebt habe und in großer Sorge um ihre absolute Reinheit sei. Glücklicherweise pfiff ein ungemütlicher Wind durch das löcherige Dach, und das in seiner Nachtruhe gestörte einzige Schaf verwirrte sie so mit seinem vorwurfsvoll klingenden Blöken, daß sie rasch wieder verschwand.

Auch war ein Mann ganz aufgeregt aus dem Watt zurückgekommen und hatte gestammelt, ihm sei Gottes Sohn am Priel begegnet, so daß der Tante ihr vorwurfsvolles «Ich sehe meine Gäste gern pünktlich am Mittagstisch» fast im Halse steckenblieb. Der Mann verdrehte gefährlich die Augen, aber da wurde der Leiter der Gruppe sehr energisch und verbat sich solche Überspanntheiten. Und ein Kommunist, der ihnen gerade erst seine Bekehrung zu den wahren Werten geschildert hatte und von allen wie ein exotisches Tier angestaunt worden war, stand auf und sagte, ihm sei nun die endgültige Erleuchtung gekommen. Nämlich, daß er mit diesen Schwachsinnigen hier nichts gemein habe, und überhaupt sei er von der Moralischen Aufrüstung sehr, sehr enttäuscht. Aber da hatte er bereits als Hätschelkind der Reichen acht sorgenfreie kalorienreiche Wochen in der Schweiz hinter sich. Wie lange das alles schon her war!

«Du sagst ja gar nichts.» Freda war enttäuscht, daß Nora sich noch nicht zu der kleinen Teestube mit ihren hellen Korbmöbeln und den blau karierten Gardinen am Fenster geäußert hatte, die einst ein Stall gewesen war.

«Entschuldige», sagte Nora, «wirklich zauberhaft. Ich dachte nur gerade an unsere Tante; und an die spinnigen ‹Moralischen›, die hier waren.»

Freda sah sie verärgert an. «Die Idee, nicht militärisch, sondern geistig aufzurüsten, und die Überzeugung von der Überlegenheit der Einzelpersönlichkeit gegenüber dem Kollektiv haben mich immer sehr beeindruckt», rezitierte sie, die ihr Leben lang ein Herdentier gewesen war. «Aber du mußt immer gleich alles ins Lächerliche ziehen.»

Wie dem auch sei, dachte Nora, auf jeden Fall verdankte Freda den «Moralischen» ihr Erbe. Denn erst nachdem die Tante sich dieser Bewegung angeschlossen hatte, war ihre Kusine, die damals für wenig Geld und fast ohne Freizeit im Krankenhaus schuftete, als Erbin eingesetzt worden.

Im Haus machte Freda ihre Kusine mit den Kurgästen bekannt, überwiegend älteren, alleinstehenden Damen, die so auf sie fixiert waren, daß sie ihr jede Kleinigkeit mitteilten.

«Ich habe zwei Pfund zugenommen, Schwester Freda!»

«Wie mich das freut.»

«Mit meiner Verdauung klappt's jetzt wieder!»

«Wie schön für Sie.»

Nora übernahm die Zubereitung des Frühstücks und des Abendbrots. Sie kochte Eier nach Wunsch, deckte Tische, versah die Butter mit kunstvollen Verzierungen und den Aufschnitt mit Petersilie und räumte die vielen Medikamente der Gäste hin und her. Es war gar nicht einfach, die Plätze nicht zu verwechseln und auch die Naturprodukte wie Weizenkeime und Blütenpollen richtig zu verteilen.

Jeden Morgen beantwortete sie die unvermeidliche Frage nach dem Wetter mit dem Satz: «Solange die Schwalben so hoch fliegen . . .»

«Aber das tun sie doch gar nicht», wunderte sich eine Dame, die beim Morgenspaziergang von einer fast gestreift worden war.

«Na ja, ab und zu muß auch eine Schwalbe wieder auf die Erde», sagte Nora und kehrte die Krümel von den Tischdecken.

Tatsächlich blieb das Wetter, allen drohenden Gewitterwolken zum Trotz, schön, und auch Nora stapfte im Watt umher und wunderte sich, mit welcher Sorglosigkeit ganze Familien noch bei auflaufender Flut hinauswanderten. Wenn sie nach Hause kam, wartete Kusine Freda bereits im Garten mit Kaffee und Kuchen, umgeben von ihren «lahmen Enten», die sich um sie gelagert hatten und – wie Säuglinge nach der Mutterbrust – nach Lebenshilfe verlangten. Freda war ganz in ihrem Element. Sie saß breitbeinig in ihrem Strandkorb im Garten, der von den Gästen respektiert wurde wie ein Königsstuhl, und vergab Lob und Tadel.

«Heute haben wir ein Jubiläum», verkündete sie gerade. «Fräulein Rubens hat eine Woche lang keinen Asthma-Anfall gehabt.»

«Das habe ich nur Ihnen zu verdanken, Schwester Freda», zwitscherte das magere Fräulein beglückt. «Seitdem ich bei Ihnen richtig atmen gelernt habe, geht es mir wirklich viel besser.»

«Sie sind auch eine gelehrige und folgsame Schülerin», lobte Freda gnädig und warf ihr gleichzeitig einen Blick zu, der deutlich sagte: Untersteh dich noch einmal, mich nachts aus dem Bett zu holen!

«Herzlichen Glückwunsch», riefen die Damen und rückten zur Seite, damit Nora sich neben ihre Kusine setzen konnte.

Am Abend sah man dann gemeinsam *Was bin ich?* oder *Dalli, Dalli.* Oder Freda erzählte von ihrer Zeit als Krankenschwester: «Mit den jungen Dingern heute wird vielleicht ein Theater gemacht, aber wir konnten, auch als wir älter waren, bis zum Umfallen schuften. Da hieß es nur, solange noch Patienten zu versorgen sind, geht uns keiner von der Station, und wenn's Mitternacht wird.» Einmal sei so ein junges Ding zu ihr gekommen und habe sich bitter über einen Patienten beklagt. Nicht auszuhalten sei es mit ihm, und vor der Operation sei er so lustig und anspruchslos gewesen.

«Da habe ich gesagt» – Freda war aufgestanden und schenkte Eierlikör ein – «liebe Schwester Gisela, habe ich gesagt, wir sind nicht dazu da, nette Gesunde zu bedienen, sondern Kranke zu pflegen, und Krankheit verändert den Menschen nun mal.»

Am liebsten jedoch sprach Freda von dem Bild über dem Sofa im Fernsehzimmer. Ein Gast, der nicht als erstes bewundernd fragte: «Sind Sie das auf dem Bild, Schwester Freda?» brauchte nicht damit zu rechnen, daß sein zum Trocknen aufgehängter Bademantel rechtzeitig vor einem Regenschauer von der Leine geholt oder der Kaffee frisch aufgebrüht wurde, wenn er verschlafen hatte. Das Bild zeigte eine junge Schwester in Rot-Kreuz-Tracht, die auf einem Schlachtfeld Verwundete mit Wasser versorgt. Es war ein farbenprächtiges Gemälde mit goldgelben Weizenfeldern im Hintergrund, einem tiefblauen Himmel und einer auf der Wiese aufgepflanzten Hakenkreuzfahne, die man förmlich im Wind knattern hörte. Freda erzählte jedem Gast von dem jungen Soldaten, der bei ihr im Lazarett gelegen hatte. Er war Kunstmaler gewesen und hatte ihr dieses Bild verehrt. Die Hakenkreuzfahne allerdings, das mußte Freda zugeben, war ein Schönheitsfehler. Manche Gäste guckten daher auch etwas komisch, enthielten sich aber jeder Bemerkung, denn bei Freda wohnte man preiswert, und der Service war so vorzüglich wie der Kaffee.

Das Wetter schlug um. Der Regen klatschte gegen die Fensterscheiben, als würde das Häuschen durch eine Autowaschstraße geschoben, und der Wind frischte auf. Die Gäste reisten vorzeitig ab, und Freda sagte etwas sorgenvoll zu Nora: «Hoffentlich kann ich wenigstens das große Doppelzimmer zwischendurch vermieten, ehe der letzte Schub kommt, dann ist die Saison sowieso vorbei.»

Sie hatte den Satz kaum beendet, da hörten sie Autoreifen auf dem Kies knirschen. Ein BMW hielt vor dem Haus. Das Ehepaar, das ihm entstieg – Mittvierziger im Jogging-Dreß und mit Lederkoffern –, sah nach Geld aus. Freda betrachtete die beiden, als sie auf die Haustür zukamen, mit einiger Skepsis: «Ob die nun gerade zu uns passen?»

Sie bat sie ins Fernsehzimmer, und während sie den Schlüssel holte, hörte sie die Frau trompeten: «Nun sieh dir das an! Ein richtiger Blut-und-Boden-Schinken aus der Nazizeit. Die Person scheint nichts dazugelernt zu haben.»

Mit hochrotem Kopf trat Freda wieder ins Zimmer. Stumm führte sie das Paar nach oben. «Gut, gut», sagte die Frau mit ihrer schrillen Stimme, und dann zu ihrem Mann gewandt: «Was meinst du?»

«Für die paar Tage wird's reichen.» Er blickte gelangweilt umher.

In diesem Augenblick ließ sich eine dicke Spinne von der Decke fallen und plumpste ins Zahnputzglas. Die Eheleute sahen sich an, ergriffen wortlos die Koffer, und weg waren sie.

Zuerst lachte Freda, aber dann sagte sie, sie habe fürchterliche Kopfschmerzen, und verschwand in ihrem Zimmer.

Als Nora ihr eine Tasse Tee brachte, lag sie auf dem Bett und starrte zur Decke. «Da hat man sich ein ganzes Leben für andere Menschen geplagt, und wie wird man zum Schluß genannt? Eine unbelehrbare Nazisse.»

Es lag Nora auf der Zunge zu sagen, sie hätte das Bild längst in die Bodenkammer verbannen sollen. Aber sie konnte auch verstehen, daß Freda daran hing. Es waren so viele Erinnerungen damit verknüpft, und wer fühlte sich nicht geschmeichelt, wenn er von einem Verehrer in Öl verewigt wurde? Außer dem Hakenkreuz gab es ja auch nichts, dessen sie sich hätte schämen müssen.

«Warst du nun eigentlich in der Partei oder nicht?» fragte Nora, die früher so etwas im Familienkreis hatte munkeln hören.

Freda nickte trotzig. «Ich bin 1936 eingetreten. Damals waren wir Schwestern ja wie verrückt wegen der Olympiade, und den letzten Schubs hat mir dann einer von unseren Professoren gegeben, für den hab ich damals geschwärmt.» Später, im Krieg, als sie miterlebte, wie die hohen Diener des gepriesenen Staates ganze

Züge requirierten, um sich und ihre Beute in Sicherheit zu bringen, während das Lazarettpersonal sehen konnte, wo es mit seinen Verwundeten blieb, hatte sie sich nicht mehr getraut, ihr Parteibuch zurückzugeben.

Freda war Schwester aus Passion geworden. Selbst die lange Durststrecke mit Flurebohnern und Bettpfannenleeren, die jede Schwesternschülerin zurücklegen mußte, konnte ihre Begeisterung nicht dämpfen. Den Krieg hatte sie auf Hauptverbandsplätzen und in Lazaretten mitgemacht. Als OP-Schwester mußte sie nicht selten bis zu fünfzehn Stunden assistieren – in ehemaligen Klassenzimmern und Turnhallen, bei Kerzen- und Taschenlampenlicht und unter Beschuß feindlicher Artillerie. Auch nach dem Krieg gab es für sie kein Ausruhen. Anfangs hatte sie in Berlin gepflegt, dann war sie nach Westdeutschland gegangen. Aber auch in dem Krankenhaus dort mußte sie ihr Zimmer mit anderen Schwestern teilen. Erst als sie Mitte Vierzig war, konnte sie in dem neu eingerichteten Schwesternhaus ihr eigenes kleines Appartement beziehen.

«Meine Leistung war schnell vergessen, aber meine Parteizugehörigkeit – die hat man mir oft genug vorgeworfen. Deshalb bin ich wahrscheinlich auch nicht Oberschwester geworden.»

«So ein kleiner PG wie du, das kann ich mir nicht denken», sagte Nora.

«Hast du eine Ahnung! Im Krankenhaus wußte das jeder, und die jungen Schwestern vor zehn Jahren waren nicht zimperlich, die verwendeten das glatt gegen mich, wenn ich mich über sie beschweren mußte. ‹Das Flintenweib› haben sie mich hinter meinem Rücken genannt. War auch dumm genug von mir, ihnen von meinem EK II zu erzählen.» Freda schlug in neuer Wut über die angetane Kränkung mit der Faust heftig auf die Bettdecke.

«Na, na», begütigte Nora, «vielleicht warst du einfach manchmal zu autoritär mit ihnen.»

Aber darauf ging die Kusine nicht ein. «Die Partei war nicht meine einzige Dämlichkeit. Ich frag mich oft, für wen ich eigentlich meine Jugend geopfert habe. Zu nichts ist man durch diesen verdammten Krieg gekommen.» Freda zögerte einen Augenblick. «Nicht mal richtig zu 'nem Mann.»

«Aber der Arzt, von dem du soviel erzählt hast?»

Freda schüttelte voller Bitterkeit den Kopf. «Du warst wenigstens verlobt», sagte sie düster. «Als ich zum erstenmal erfahren, wie süß der Liebe Freuden sind . . . alles Quatsch!» Aber dann lächelte sie. «Ich war schon zufrieden, seine Hände zu berühren, während ich ihm die Instrumente reichte. Ich fühlte mich dann richtig gefeit gegen Tod und Angst, auch beim schlimmsten Beschuß!»

«Ach, Freda», sagte Nora.

Doch ihre Kusine hatte sich schon wieder gefangen. «Und das auch noch mit Gummihandschuhen an den Pfoten!» Sie lachte herzhaft.

Es klingelte an der Haustür. Freda erhob sich. «Hoffentlich sind diese Widerlinge nicht zurückgekommen.»

Aber es war Fredas Neffe Rolf mit seiner Freundin. «Können wir bis morgen bleiben?»

«Ihr habt Glück», sagte Freda, «ich habe Platz.»

«Sie brauchen auch nur ein Bett zu beziehen», sagte das junge Mädchen zuvorkommend.

«Wie bitte?» fragte Freda.

Das Mädchen wurde rot. «Sie meint, für mich genügt der Schlafsack.» Rolf sprang der Freundin bei. «Kuck mal, Sigrid, das Bild überm Sofa. Irre, was?» lenkte er dann ab.

«Wirklich unheimlich stark», sagte das Mädchen immer noch verlegen.

«Ich erwarte nicht, daß es euch gefällt.» Freda war ganz reserviert.

Die beiden blickten erstaunt. «Es ist echt gut, und die Frau drauf liegt genau auf'm Trend.»

Fredas Gesicht wurde wieder freundlicher. «Das bin ich», und schon war sie wieder bei ihrem Lieblingsthema.

Nora ging in die Küche. Während sie den beiden ein paar belegte Brote zurechtmachte, hörte sie, wie ihre Kusine von dem Kunstmaler erzählte, und weil sie so interessierte Zuhörer gefunden hatte, servierte sie ihnen auch noch schnell das EK II.

«Einfach irre, einfach stark», hörte Nora die beiden abwechselnd rufen. Und dann bot Freda ihnen Eierlikör an und – Nora traute ihren Ohren nicht – begann von ihrer Jugend zu sprechen und daß sie auch in der Partei gewesen sei, denn damals, 1936...

O Gott, bloß das nicht! Nora stöhnte. Bloß jetzt keine endlosen Diskussionen mit den jungen Leuten über das Wieso und Warum. Sie brachte schleunigst die Brote hinein, um das Gespräch zu unterbrechen. Dabei stellte sie fest, daß die eben erst angebrochene Likörflasche bereits halbleer war. Aber es drohte keine Gefahr. Rolf und Sigrid saßen aneinandergekuschelt auf dem Sofa, lächelten verklärt und hörten offensichtlich nur halb zu. Sie waren ebenso intensiv mit sich beschäftigt wie Freda mit ihrer Vergangenheit.

Als sie die Brote gegessen und ihre Milch getrunken hatten, sagten die beiden, sie wollten noch einmal kurz zum Strand. Sie gingen zur Garderobe, und Nora trug das Tablett in die Küche.

«Total mit den Nerven parterre, deine Tante, wie?» hörte sie das Mädchen sagen. «Und Weltmeister im Reden.»

«Ich glaube, sie hat Probleme mit dem Alkohol», meinte Rolf. «Kippt ganz schön einen weg, die alte Dame.»

«Ach, deshalb kuckt sie wie'n Uhu nach'm Waldbrand.»

«Das mußt du verstehen», sagte Rolf. «In unserer Gesellschaft hat doch so ein alter Mensch gar keine Perspektive.»

Dann klappte die Haustür zu.

11

Sturm und Regen waren bei Noras Abreise an der Nordsee zurückgeblieben, ebenso das von Freda ordentlich in Pergamentpapier gewickelte und in eine Plastiktüte verstaute Stullenpaket. Unterwegs vermißte Nora ihre Brote. Erst nach einigem Nachdenken fiel ihr wieder ein, wo die Tüte stehengeblieben sein mußte. Am Fahrkartenschalter. Weil sie ihr Portemonnaie nicht gleich fand, hatte sie der Hintermann mit seinem «Konfuses Weib»-Gemurmel ganz durcheinandergebracht. Mit jedem Kilometer, den sich der Zug von der Küste entfernte, besserte sich das Wetter. Trotzdem gaben ihre vom frischen Seewind verwöhnten Bronchien erschreckte Pfeiftöne von sich, als sie auf einer größeren Bahnstation das Fenster herunterzog und tief durchatmete, so muffig war die Luft trotz des strahlenden Oktobertages. Aber vielleicht war auch nur eine Erkältung bei ihr im Anzug.

Eine Frau um die Vierzig war ins Abteil gekommen; sie redete bereits auf Nora ein, ehe sie richtig saß. Anscheinend bestand ihre Lebensaufgabe darin, sich dauernd ihre Wohnung neu einzurichten. Sobald sie damit fertig war, begann sie über neue Variationen nachzudenken, wanderte nach Büroschluß durch Lampen- und Möbelgeschäfte, suchte, prüfte und verwarf. Diesmal hatte sie, wie sie Nora erzählte, das Ei des Kolumbus in einer Frauenzeitschrift entdeckt, die das mobile Elementsystem für jeden Wohnbereich empfahl.

«Leben Sie allein?» fragte Nora. Sie konnte sich nicht recht vorstellen, daß es Männer gab, die diesen Tick mitmachten. Die meisten schrien doch schon Zeter und Mordio, wenn man ihren abgetragenen Bademantel ausrangieren wollte.

«Ich bin ein Single», sagte die Frau mit etwas verkrampftem Lächeln. Diese Allerweltsrezepte gegen die Einsamkeit, dachte Nora: Ein kuschliges Heim, und schon sah die Welt angeblich rosiger aus. Das Modewort «Single» änderte daran auch nichts.

Nora erinnerte sich an die Zeit nach dem Tod ihres Vaters, als sie bei Freunden herumgehangen hatte. Lilo, die treue Seele, hatte vergeblich versucht, ihr einen Mann zu verschaffen. Eine leichte Verbitterung mußte in Noras Gesicht zu lesen gewesen sein, denn der gute Fritz hatte gelegentlich ihre Hand gestreichelt und «armes Tier» gemurmelt.

«Idiot, hol lieber mal 'n Bier», hatte Lilo gesagt.

Nora sah den Schaffner im Gang. So im Profil erinnerte er sie fast ein wenig an Alfredo, einen Freund von Fritz, damals frisch geschieden aus Chile herübergekommen, um sich in der Bundesrepublik nach einer neuen Existenz umzusehen. Lilo und Fritz trieben Nora und Alfredo zusammen, und wie erwartet fingen sie etwas miteinander an. Alfredo war ein eigenartiger Mensch mit merkwürdigen Angewohnheiten. Wenn er sie in dem Zimmer neben dem Sarggeschäft besuchte und sie ihm die Tür öffnete, schoß er, bevor sie ihn begrüßen konnte, an ihr vorbei zum Radio und schaltete es ein. Manchmal war er verschlossen und in sich verpuppt, dann wieder redete er unerwartet mit großer Eindringlichkeit über Sachen, von denen sie nichts verstand und die sie langweilten. Da ihn das Licht der Straßenlampen störte, schlief er stets mit einer Schlafmaske, was ihn wie eine Science-fiction-Figur aussehen ließ. Seine heftig wechselnden Stimmungen irritierten sie. Wie ein nervöses Huhn flatterte sie um ihn herum. Trotzdem machte sie von dieser eher quälenden Beziehung viel her und tat alles, um ihr nach außen hin den Anschein von Leidenschaft und Verliebtheit zu geben. Und herzeigen konnte man Alfredo auch. Er war groß und schlank. Wenn sie in einem Lokal mit ihm aufkreuzte, sahen sich die Frauen nach ihm um. Doch dieser langentbehrte Triumph hielt nicht lange vor. Einmal, als Alfredo wieder schweigsam und abgekapselt bei ihr herumsaß, während sie vergeblich versuchte, ihn aus der Reserve zu locken, brüllte sie ihn an: «Spiel nicht den Prinzen vom anderen Stern!» Da war er gegangen und – sie wollte es nicht glauben – nie mehr zu ihr zurückgekehrt.

Lilo und Fritz hatten versucht, sie in ihrem Selbstbewußtsein wiederaufzurichten. Sie machten ihr den inzwischen nach Chile zurückgekehrten Alfredo nach Kräften madig.

«Ich denke, er gehört zu euren besten Freunden?» Nora war ganz erstaunt.

«Du stehst uns näher», sagte Fritz und streichelte und umarmte sie herzhaft. Lilo zog die Augenbrauen hoch: «Fritz, laß das, bitte!»

Für eine jüngere alleinstehende Frau war die Freundschaft mit Ehepaaren oft ein rechter Balanceakt. Der gute Fritz! Einmal waren sie nahe dran gewesen. Gott sei Dank hatte sie den Kopf behalten. Immerhin konnte sie sich in der Vorstellung wiegen, daß er vielleicht, von ihrer starken Erotik vernebelt, ohne Rücksicht auf Verluste tatsächlich mit ihr abgezogen wäre. Sie lachte laut auf und sah auf ihre Armbanduhr. Gleich würde der Zug halten.

Die Frau, die ihr gegenübersaß, sah sie irritiert an. «Mögen Sie keine starken Farbkontraste?»

«Doch, sehr!» versicherte Nora, die keine Ahnung hatte, wovon die Rede war. Sie machte sich fertig zum Aussteigen.

Zu Hause packte sie den Koffer aus, wobei Sand aus jedem Kleidungsstück rieselte. Da klingelte es an der Wohnungstür. Es war die Sozialarbeiterin der Wohnungsgesellschaft.

«Mußte Frau Weiß wieder ins Krankenhaus?» fragte Nora erschrocken.

«Wenn es nur das wäre!» Die junge Frau wirkte trotz

intensiver Sonnenbräune blaß und abgespannt. «Während ich im Urlaub war, hat ihre Enkelin sie in ein Pflegeheim abgeschoben.»

Nora bat sie herein. Erschöpft ließ sich die Sozialarbeiterin in einen Sessel fallen und griff nach dem Zigarettenpapier. Sie erzählte, daß Frau Weiß einen Schlaganfall bekommen habe und gleich vom Krankenhaus umquartiert worden war. «Das wäre nicht passiert, wenn man bis zu meiner Rückkehr damit gewartet hätte», rief sie aufgebracht. «Nicht dieses Heim. Die sind dort mit Personal so unterbesetzt, daß alles hopp-hopp gehen muß. Da beraubt man so einen alten, hilflosen Menschen doch seiner sozialen Funktion.»

Nora wollte Frau Weiß' Enkelin verteidigen. «Sie hat selber nur eine winzige Wohnung, leicht ist es ihr bestimmt nicht gefallen. Auch mir ist bis jetzt nichts Nachteiliges über dieses Heim bekannt geworden.»

Die Sozialarbeiterin sah sie an, als wollte sie sagen: Na, dann geh mal gefälligst hin und mach dir selbst ein Bild, dann würdest du anders reden. Nora hatte ein schlechtes Gewissen und ärgerte sich gleichzeitig darüber. Sie versprach, die alte Frau öfter einmal zu besuchen. Nur müsse sie jetzt beruflich leider viel unterwegs sein. Sie selbst habe ihren Vater bis zu seinem Tode gepflegt und nicht in fremde Hände gegeben.

«Ach, wirklich», sagte die Sozialarbeiterin, die menschliche Not in allen Schattierungen täglich überreichlich serviert bekam, mit höflichem Desinteresse. «Auf jeden Fall gebe ich Ihnen die Adresse.»

Nora spürte plötzlich Sehnsucht nach einer verständnisvollen Seele und rief Lilo an, ob sie auf einen Sprung vorbeikommen könne. Die Stimme ihrer Freundin klang matt und die Antwort seltsam.

«Meinetwegen, vor dir muß ich mich ja nicht genieren.» Sie legte auf, ehe Nora sie fragen konnte, was mit ihr los sei.

Ganz gegen ihre Gewohnheit öffnete Lilo die Haustür nur einen Spalt, bevor sie den Riegel zurückschob, und schockte ihre Freundin mit einer riesigen dunklen Brille.

«Um Gottes willen», rief Nora, «ist was mit deinen Augen?»

«Nicht direkt», sagte Lilo ausweichend, «komm erst mal rein.»

Wie sich herausstellte, hatte Lilo sich liften lassen. Das Ganze war gestern nachmittag in der Praxis eines Schönheitschirurgen über die Bühne gegangen, und die Augen waren noch blutunterlaufen und geschwollen.

«Ich trau mich nicht mal zum Einkaufen», sagte Lilo, «und erzähl mir bloß nichts Trauriges, Tränen kann ich mir heute nicht leisten.»

Sie spendierte Sekt, zur Feier des Wiedersehens und um ihre eigenen Lebensgeister wieder etwas aufzufrischen, und Nora erzählte von Arnold Arnold und ihrer Kusine Freda. Lilo betrachtete sich immer wieder im Handspiegel und fragte: «Macht es mich jünger?» Dann kam Nora auf das Schicksal ihrer Nachbarin zu sprechen.

«Bald sind wir auch soweit», seufzte sie.

«Ich laß mich gerade erst renovieren», beschwerte sich ihre Freundin, «und du tust, als wären wir hilflose Greisinnen.»

Nora war nicht zu bremsen: «Ein paar Bilder und ein eigener Stuhl, das ist alles, was einem bleibt.»

«Mir wär's wurscht, auf was ich sitze», erklärte Lilo, «vermissen würde ich ganz was anderes.»

«Was denn?» fragte Nora.

«Männer», sagte Lilo melancholisch. «Die würden mir fehlen.»

«Diese Kriegsdienstverweigerer sollen ja ganz entzückend zu alten Menschen sein», spottete Nora. Sie lachten beide, daß ihnen die Tränen kamen, und Lilo fing an zu schimpfen: »Hör endlich auf! Oh, wie das brennt!»

«War das nicht das Telefon?» fragte Nora. Tatsächlich, Lilo ging in den Flur. Mit einem ganz merkwürdigen Gesichtsausdruck kam sie wieder zurück. «Weißt du, wer angerufen hat?»

«Keine Ahnung», sagte Nora.

«Alfredo», sagte Lilo und starrte mißbilligend auf Noras Friedlandrock. «Er kommt für 14 Tage mit seiner Frau her. Ich soll ihm ein Hotel besorgen.»

«Was für ein verrückter Zufall», sagte Nora. «Während der Bahnfahrt mußte ich fortwährend an ihn denken. Da habe ich jemand getroffen, der ihm ähnlich sah . . .»

«Verschone mich mit deinen Geschichten über wildfremde Leute. Sag mir lieber, wie dir jetzt zumute ist.» Lilo musterte neugierig ihre Freundin.

«Wenn ich eine der modernen jungen Frauen wäre, würde ich sagen, ich muß hinter mir Ordnung schaffen, damit ich wieder nach vorn blicken und die Sonne sehen kann», sagte Nora. «Aber genaugenommen ist Alfredo auch ohne ‹Aufarbeitung› schon längst kein Pfahl mehr in meinem Fleisch. Vielleicht zwickt's mich hin und wieder mal so wie Rheuma beim Wetterumschwung.»

«Trotzdem solltest du ihm nicht unbedingt in diesem Aufzug unter die Augen treten», sagte Lilo.

Das Wiedersehen mit Alfredo verlief recht undramatisch. Seine fast dreißig Jahre jüngere Frau war alles andere als eine Schönheit und wirkte ziemlich robust. Aber der große Altersunterschied mußte sie für Alfredo in eine Art Elfenwesen verwandelt haben, dem man nicht einmal zumuten konnte, sich selbst ein Taxi zu bestellen. Er sah immer noch recht passabel aus, und als sich ihre Finger unabsichtlich berührten, durchzuckte es Nora etwa mit der Stromstärke einer Taschenlampenbatterie, deren beide Pole sie in der Kriegszeit gern mit der Zunge berührt hatte, um festzustellen, ob sie sich noch ein wenig wieder aufladen würden.

Sie unterhielten sich lebhaft über vergangene Zeiten. Seine Frau hörte sich ihr Palaver eine halbe Stunde mit an und erklärte dann, sie würde, wenn sie nichts dagegen hätten, noch kurz einen Einkaufsbummel machen.

«Aber warum denn?» Alfredo guckte so unglücklich, daß ihm seine Ehefrau beschwichtigend die Hand auf die Schulter legte, als wollte sie sagen: «Nur Mut, sie wird dich nicht gleich abschleppen.» Nora hätte ihm am liebsten unter dem Tisch einen Tritt versetzt. Aber sie beherrschte sich, machte weiter ein freundliches Gesicht, und allmählich verlor sich sein ängstlicher Ausdruck; er wurde wieder gelöster und versuchte sogar zum Schluß, auch für sich ein paar Funken aus dieser Begegnung zu schlagen. Als seine Frau nach einer Stunde zurückkehrte, schlug er einen gemeinsamen Theaterbesuch vor. Man solle so eine alte Freundschaft mehr pflegen, meinte er. Die junge Frau warf Nora einen nachdenklich-prüfenden Blick zu und durchkreuzte – das war Noras stiller Triumph – mit großer Liebenswürdigkeit jedes von ihrem Mann ausgedachte Programm zu dritt. Trotzdem trafen sie noch zwei, drei Mal zusammen, und als der Tag der Abreise gekommen war und sie die beiden am Flughafen verabschiedet hatte, fühlte Nora sich auf eine angenehme Weise aufgepulvert.

Sie beschloß, ein guter Mensch zu sein und gleich morgen Frau Weiß im Pflegeheim zu besuchen. Doch dazu war es inzwischen zu spät. Im Briefschlitz steckte die Todesanzeige. Schuldbewußt ging sie zur Beerdigung, eine lästige, unpersönliche Angelegenheit. Der

Pastor hatte um diese Jahreszeit viel zu tun. Arnold Arnold hätte das bestimmt besser gemacht. Niedergeschlagen kehrte Nora in ihre Wohnung zurück. Kurz darauf klingelte es. Vor ihr stand die Enkelin der Verstorbenen. In der Hand hielt sie ein in Packpapier eingeschlagenes Päckchen. «Das soll ich Ihnen von meiner Omi geben.» Es war das Postkartenalbum der alten Frau.

«Das kann ich nicht annehmen», sagte Nora beschämt, «es ist bestimmt recht wertvoll. Ich hab ihr immer wieder zugeredet, es zu verkaufen.»

«Sie ist auch so anständig unter die Erde gekommen», sagte die Enkelin und machte das gleiche abweisende Gesicht wie die Großmutter. «Geschenkt ist geschenkt.»

12

Nora war erst eine Woche wieder zu Hause, da bekam sie einen Brief von einer ehemaligen Zimmergenossin aus der Frauenfachschule, mit der sie in den ersten Nachkriegsjahren häufig zusammengewesen war. Hanni fragte an, ob Nora Zeit hätte, ihren Sohn und Enkel zu versorgen. Ihre Schwiegertochter müsse zur Kur. Sie selbst sei leider verhindert, da ihr Mann ganz plötzlich eine Gürtelrose bekommen habe.

Während sie den Brief las, fühlte Nora sich sogleich in ihre Mädchenjahre versetzt, und lauter Hanni-Dramen fielen ihr wieder ein. Nicht daß die herzensgute Hanni ein komplizierter Mensch gewesen wäre. Sie war hilfsbereit, fröhlich und ohne Launen, aber ihre Hektik hatte schon in der Schule das Leben mit ihr schwer erträglich gemacht. Ihre bebende Nervosität schien sich sogar auf Nahrungsmittel und Haushaltsgeräte zu übertragen: Eier platzten, wenn sie sie nur ansah; das Fett in der Pfanne, in der sie panierte Selleriescheiben briet, die man Kriegskoteletts nannte, geriet in Brand; und sobald sie ihre Füße auf das Trittbrett der Nähmaschine setzte, rammten sich die so kostbar gewordenen Nadeln im Stoff fest und konnten nur mit einer Zange wieder herausgeholt werden. Hannis Stimme tönte durch den Eßsaal der Frauenfachschule wie Dohlengekreisch; sie drang durch jede Zimmerwand, ja selbst durch die dicken Mauern des Kartoffelkellers unter dem Gewölbe des ehemaligen Klosters.

Wer mit Hanni reiste, wurde von ihrem Reisefieber so angesteckt, daß er den Zug fast verpaßte, seinen Mantel im Abteil hängen ließ oder seinen Personalausweis vergaß, was im Krieg bei den häufigen Kontrollen recht unangenehm war. Das fürchterlichste Erlebnis teilte Lilo mit ihr. Sie war bei Hanni zu Besuch, und die Eltern schickten die beiden Mädchen zum Hausmeister, um ihm etwas auszurichten. Sie fanden ihn tot in seiner Küche; er war von seiner Frau im Streit erstochen worden.

Ein paar Tage später wurde Hanni von einem jungen Mann auf dem Motorrad nach Hause gebracht. Als er sie abgesetzt hatte und wieder startete, fuhr er ohne ersichtlichen Grund gegen einen Baum und brach ein Bein. Seither galt Hanni in ihrer Familie als Unglücksrabe, und die Berliner Verwandten, bei denen sie sich übers Wochenende angesagt hatte, erschauerten, als sie in die Tür trat, während die Luftschutzsirenen heulten, und harmlos fragte: «Komme ich zu spät?»

Trotzdem fand Hanni einen vertrauenerweckenden, fleißigen Mann. Während sie, vibrierend wie ein Trekker im Leerlauf, die Wohnung in Schwingungen versetzte, schaffte er sich stillschweigend sein eigenes kleines Refugium an Ruhe und Gemütlichkeit. Er baute sich den Keller aus und verschwand mit seinem Sohn, ihrem einzigen Kind, an den Wochenenden hinter einer zehn Zoll dicken Stahltür, deren Schlüssel er wie seinen Augapfel hütete. In der ersten Zeit hatte Hanni gelegentlich an der Tür gerüttelt und Einlaß begehrt, aber jedesmal hatten Vater und Sohn wie aus einem Mund gerufen: «Nicht reinkommen, wir machen gerade ein Experiment!» Nach zwei Stunden stiegen die beiden mit gestärkten Nerven nach oben und ließen Türenschlagen, Scheppern und lautes Gerede wieder sanftmütig über sich ergehen.

Doch dann entwendete Hanni ihrem Mann heimlich den Kellerschlüssel und ließ sich einen Nachschlüssel anfertigen. Als Vater und Sohn an einem Sonntag nachmittag in ihren Bau schlüpfen wollten, fanden sie ihn bereits besetzt: Hanni erwartete sie mit Kaffee und Kuchen. Die Überraschung war gelungen, aber anders, als Hanni erwartet hatte. Der sonst so wortkarge Günther verfärbte sich, und seine Stimme stand plötzlich der ihren an Lautstärke nicht nach. «Wenn du uns hier noch ein einziges Mal störst, laß ich mich scheiden!» brüllte er.

Hanni war fassungslos. Sie hatte es schließlich nur gut gemeint. Selbstgebackene Apfeltorte war der Lieblingskuchen der beiden Männer. Tief gekränkt, mit Tränen in den Augen, aber voll schweigender Würde stellte sie Tassen und Kaffee und den herrlich duftenden Kuchen wieder auf das Tablett. Martin lief das Wasser im Munde zusammen. «Laß ihn doch hier», konnte er sich nicht verkneifen zu bitten. Wortlos öffnete seine Mutter das Kellerfenster, lockte den Nachbarhund, der auf dem Sims lag und sich sonnte, und verfütterte Stück um Stück die Apfeltorte an das Tier, das hingerissen jaulte und schmatzte. Martin und sein Vater sahen sich an, aber sie wagten nicht zu protestieren. Dann ging Hanni, immer noch schweigend, nach oben und rief Nora an, um ihr die Geschichte weinend zu berichten. Den Keller aber betrat sie nie wieder. Nicht einmal, als Martin laut aufbrüllte, weil er sich in den Daumen gesägt hatte.

Martin wurde ein Abbild seines Vaters. Weder in der Schule noch zu Hause gab es Probleme mit ihm. Aus einem ruhigen, freundlichen Jungen wurde ein ruhiger, freundlicher Mann. Er studierte auf der Bundeswehrhochschule und diente seine zwölf Jahre bei den Fliegern ab. Er war verheiratet, und auch er hatte nur ein Kind, einen Sohn.

Seine Frau hatte er auf etwas ungewöhnliche Weise in einem Pariser Hotel kennengelernt. Es war ein billiges Hotel, und danach waren auch die Zimmer. Sie waren praktisch nur durch die Tapetentür vom Flur getrennt, die im Zugwind alle Augenblicke aufsprang. So erblickte er im Licht des frühen Morgens im gegenüberliegenden Zimmer ein schlafendes Mädchen, das anscheinend wegen der sommerlichen Temperaturen kein Nachthemd trug. Kavalier, der er war, stand er von da ab jedesmal auf und zog beide Türen wieder ins Schloß, denn der Hausbursche, der früh um fünf mit einem

Besen von der Größe eines Handfegers begonnen hatte, den Staub auf den abgetretenen Kokosläufern von Stockwerk zu Stockwerk zu verteilen, sagte deutlich erfreut: «Oh, là là!» Im Frühstücksraum stellte sich Martin dann dem Mädchen vor. Sie freundeten sich an und durchstöberten gemeinsam Paris. Ein halbes Jahr später heirateten sie. Hanni nannte ihre Schwiegertochter «ein fideles Haus» und war im großen und ganzen mit ihr zufrieden, bis auf eine gewisse Überspanntheit, die ihr nicht zusagte. Aber die modernen Mädchen seien nun mal so.

Nora hatte den anspruchslosen Martin in angenehmer Erinnerung. Es würde nicht schwierig sein, ihm den Haushalt zu führen. Deshalb sagte sie Hanni zu und traf ihre Reisevorbereitungen. Sie packte ihren Koffer und suchte sich einen geeigneten Zug heraus, um zu dem Fliegerhorst, auf dem Martin stationiert war, zu fahren. In einer Bundeswehrsiedlung bewohnte er die übliche Dienstwohnung, der anzusehen war, daß er und seine Frau sich wenig Gedanken über die Einrichtung gemacht hatten. Dazu war die schwere Couchgarnitur mit der großblumigen Tapete im Hintergrund zu wuchtig. Martin bemerkte Noras kritischen Blick. «Ich hab die Möbel von meinem Vorgänger übernommen. In zwei Jahren ist meine Zeit um, da lohnt es sich nicht, jetzt neue anzuschaffen. Aber wie findest du das?» Er zeigte ihr eine Art Baldachin aus den Bahnen eines Fallschirms, der über die Hausbar gespannt war.

Martin und Nora tranken einen Campari, dann fand sich auch der Junge ein und machte seinen Diener. Es wurde ein gemütlicher Abend, an dem jeder zu Wort kam. Martin erzählte einige Diensthistörchen und mokierte sich über den Geiz der höheren Offiziere.

«Einmal in der Woche gibt's bei uns den Beercall, das heißt, bis 18 Uhr wird das Bier kostenlos oder sehr verbilligt im Offizierskasino ausgeschenkt. Aber wenn man nach dem Dienst an die Bar kommt, ist die völlig von den höheren Rängen blockiert. Schlag sechs Uhr herrscht dann wieder gähnende Leere.» Er räkelte sich in seinem Sessel. «Auch geht man, wie ich finde, mit fremdem Geld sehr verschwenderisch um. Da ist es doch vorgekommen, daß man ein Flugzeug nur zur Briefbeförderung eingesetzt hat, weil im Briefmarkenetat Ebbe herrschte. Und das für ein Porto in Höhe von 30 Mark!»

«Der Steuerzahler hat's ja», sagte Nora.

An seinen freien Tagen war Martin viel mit der Privatmaschine eines Freundes unterwegs, die dieser ihm großzügig zur Verfügung stellte. «Kläuschen nehm ich meist mit», sagte Martin und lächelte seinen Sohn an.

«Und die arme Monika?» fragte Nora. «Die laßt ihr allein zu Haus sitzen?»

«Sie macht sich nichts aus dem Fliegen», erklärte Martin etwas verlegen. «Sie spielt lieber Tennis.»

«Ich werd sie fragen, wenn sie zurück ist, ob's stimmt», drohte Nora lachend. «Ich bin schon sehr gespannt auf deine Frau.» Sie betrachtete sich interessiert die Fotos, die Martin ihr zeigte. Dann spielte sie mit Kläuschen vor dem Zubettgehen noch Monopoli.

Erst gegen halb neun wurde Nora wach. Vater und Sohn waren so leise gewesen, daß sie nicht gehört hatte, wie sie aufgestanden waren. Der Frühstückstisch war für sie gedeckt, ein Ei steckte unter einer Kapuze, und frische Brötchen lagen in einem Bastkörbchen. Solche Männer gibt es also auch noch, dachte Nora und ließ es sich schmecken.

Nachdem sie das Geschirr in die Spülmaschine geräumt und das Wohnzimmer gesaugt hatte, ging sie im Laden um die Ecke einkaufen. Die Frauen aus der Bundeswehrsiedlung musterten sie neugierig. Eine von ihnen, mit sportlicher Figur und energischem Gesicht, sprach sie an und stellte sich vor. Es war die Frau des Kommandeurs, die sie gleich fragte, ob sie nicht Lust hätte, mit den Offiziersfrauen an einem Kosmetikkurs teilzunehmen; sie habe ihn organisiert. Anscheinend hatte sich Noras Besuch schon herumgesprochen. Die Kommandeuse fragte nach Monika. «Ein bißchen hibbelig, die Kleine», sagte sie und legte ein Pfund Kaffee in ihren Einkaufswagen. «Wurde Zeit, daß sie mal hier rauskam.»

Am Abend rief Monika an. Nora deckte gerade den Tisch und wollte sich zurückziehen, aber Martin winkte ab. Und tatsächlich, außer «Wirklich?» und «Erhol dich weiter» sagte er in dem Zwanzig-Minuten-Gespräch so gut wie nichts.

Die Tage liefen friedlich dahin. Kläuschen machte

keinerlei Schwierigkeiten. Er erledigte seine Schularbeiten von allein, half Nora sogar in der Küche und lag sonst am liebsten auf seinem Bett und las.

Nora fragte Martin nach seinen Eltern. «Es geht ihnen gut», sagte Martin. «Vater ist allerdings recht schwerhörig geworden. Seitdem lobt er Mutter. Sie ist die einzige, die klar und deutlich spricht und nicht so vor sich hinnuschelt wie die anderen.»

Nora erheiterte ihn mit Geschichten, die sie mit Hanni im Internat erlebt hatte. Sie hatten nie mit ihr ins Kino gehen wollen, weil dann bestimmt der Film andauernd riß oder der Vorführer eingezogen war und die Vorstellung ganz ausfiel. Und einmal wäre Hanni von der Wäschemangel fast skalpiert worden. Martin lächelte: «Typisch Mutter!»

Als sich der Tag von Monikas Rückkehr näherte, kam Martin ins Gästezimmer, druckste ein wenig herum und sagte dann:

«Kannst du nicht ein paar Tage länger bleiben? Ich meine, wenn du nicht was Wichtiges vorhast. Kläuschen und ich sind ja den halben Tag nicht da, und Monika hat gern Gesellschaft.»

«Wenn du meinst», sagte Nora.

Am Ankunftstag seiner Mutter begann der sonst so ruhige Klaus merkwürdige Symptome zu zeigen. Er hampelte herum, trommelte mit den Fingern auf den Tisch und knallte mit den Türen, daß Nora zusammenfuhr.

Es war Nora zwar bekannt, daß Kinder alle abgelegten Unarten wieder zeigten, sobald die Mütter in Sicht waren, aber bei Klaus wäre sie nicht auf die Idee gekommen. Auch Martin wirkte verändert. Er hatte sich am letzten Abend ordentlich einen angekümmelt.

«Du freust dich wohl, daß morgen deine Frau wiederkommt», sagte Nora verständnisvoll.

Und dann war Monika zurück. Nora meinte, eine neue Ausgabe von Hanni vor sich zu haben. Jedenfalls kam sie sich vor wie auf einem Schiff, das in schwerer See hin und her rollt. Söhne bleiben ihren Müttern treu, dachte Nora. Es war kaum zu glauben, was dieses zierliche Ding für eine Hektik verbreitete. Sie fegte durch die winzige Wohnung, riß Schranktüren und Schubladen auf, knallte sie wieder zu und verstreute ihre Sachen auf sämtliche Möbel, während Martin unentwegt dabei war, sich zu bücken, aufzuheben, einzusammeln. Kläuschen hatte sich zu einem Freund verzogen. «Schade, daß ich zum Dienst muß», sagte Martin; die Erleichterung in seiner Stimme war nicht zu überhören. «Aber ihr werdet euch sicher einen schönen Tag machen.»

Gegen elf – Monika hatte seit dem Frühstück ununterbrochen auf sie eingeredet – wurde Nora auf einmal schlecht. Sie ging ins Badezimmer und setzte sich erschöpft auf den Klodeckel. Sie brauchte unbedingt Ruhe. Am besten, sie ging zum Friseur.

Die Friseuse wirkte etwas verwirrt, als Nora versicherte, sie habe viel Zeit und nichts dagegen, wenn erst die Kundin, die nach ihr gekommen sei, bedient würde. Aber Nora wollte nicht vor ein Uhr zu Monika zurückkehren. Anschließend konnte sie sich dann zu einem Nachmittagsschläfchen zurückziehen. So aß sie recht heiter das vorzügliche Mittagessen, das Monika inzwischen zubereitet hatte. Danach verbrachte sie eine Stunde im Bett. Als Monika um halb vier leise nach ihr sah, hielt sie die Augen fest geschlossen. Den Redeschwall während des Kaffeetrinkens um halb fünf überstand sie in leidlicher Haltung. Dann schlug sie einen Kinobesuch vor.

Das Abendessen mit Martin und Kläuschen wurde sehr unruhig. Monika stand mindestens zehnmal vom Tisch auf, so daß schließlich alle in ihren Sog gerieten und sich gegenseitig anrempelten bei dem Bemühen, jeden Löffel einzeln in die Küche zu tragen. Nora ertappte sich dabei, daß sie in der Küche stand und nicht mehr wußte, was sie dort wollte; auch verbrannte sie sich die Finger, weil sie den falschen Wasserhahn erwischte.

Danach wurde es etwas ruhiger. Während sie ihren Rotwein tranken, kam auch Martin kurz zu Wort. Kläuschen begann eine Geschichte aus der Schule zu erzählen, wurde aber von seiner Mutter gleich wieder unterbrochen, die lebhaft dazwischenfuhr:

«Martin, ich hab eine große Überraschung für euch. Seit meinem Flug nach Frankfurt habe ich plötzlich Spaß am Fliegen gefunden. Von nun an werde ich euch begleiten.» Sie strahlte ihren Mann an: «Was sagst du denn dazu?»

Martins Finger zitterten ein bißchen, als er sich die Pfeife zu Ende stopfte. Dann fixierte er seine Frau, und Nora hüstelte nervös. Auf keinen Fall wollte sie die unvermeidliche Demütigung der armen Monika miterleben. Sie erhob sich hastig. Aber ehe sie die Tür erreicht hatte, sagte Martin zu Noras Verwunderung resigniert: «Fein! Würde dir Sonntag nachmittag passen?»

Nur Klaus zappelte wieder herum und verzog das Gesicht, als hätte man ihm ein Vergnügen verdorben. Seine Mutter strich ihm liebevoll übers Haar.

«Aber Kläuschen, du brauchst keine Angst um deine Mutter zu haben. Ich bin ja kein Unglücksrabe wie deine Großmama. Mit mir passiert euch schon nichts.»

13

So gut hast du es wirklich lange nicht gehabt, dachte Nora und stellte die Dusche heißer. Und dafür wirst du auch noch bezahlt!

Schon zwei Wochen lang leistete sie Frau Freytag Gesellschaft. Anders konnte man ihre Tätigkeit kaum bezeichnen. Frau Freytag kochte und backte selbst, und jeden zweiten Tag kam eine Putzfrau.

Lilo hatte Nora erst überreden müssen, das Angebot anzunehmen. «Die alte Dame wohnt zwar mit ihrer Tochter Inge zusammen», beruhigte sie Nora, «aber es gibt zwischen ihnen keine Schwierigkeiten. Sie geht ganz ihre eigenen Wege und ist ebenso patent wie Inge. Außerdem, du hast doch Inge bei mir kennengelernt. Hattest du da den Eindruck, daß sie sich so leicht unterbuttern läßt?»

«Eigentlich nicht», gab Nora zu. «Hat sie wohl einen Freund?»

«Man munkelt etwas von einem verheirateten Mann», sagte Lilo. «Sie ist ja nun auch schon um die Vierzig.»

Die Achtzigjährige wohnte mit ihrer Tochter Inge in einem Vorort der Stadt, in der Nora lebte. Da die

Tochter während ihres Urlaubs die Mutter nicht allein lassen wollte, sprang Nora für sie ein.

Gegenüber alten Damen, die mit ihren längst erwachsenen Töchtern noch so innig verhakt waren, fühlte Nora eine gewisse Skepsis. Sie hörte über diese Art der «Verfilzung» genügend Unerfreuliches. Selbst Frauen in verantwortungsvollen Positionen, die es an Durchsetzungsvermögen durchaus mit ihren männlichen Kollegen aufnehmen konnten, gelang es nicht, sich bei ihren Müttern zu behaupten. Abendeinladungen nahmen sie deshalb auch nur mit gewissen Bedenken an und sahen ab elf nervös auf die Uhr: «Mutter wartet!» Hatte die Tochter Gäste zu Hause, ließ die Mutter sich bei der Begrüßung zwar nicht blicken. Dafür kam sie dann mitten im Gespräch dauernd ins Zimmer gewuselt: «Lassen Sie sich bitte nicht stören, ich hab nur kurz eine Frage . . .» Schließlich verlor man den Faden, die Unterhaltung versandete, und die Gäste brachen etwas verlegen auf. Während sie sich den Mantel anzogen, war die Mutter irgendwo im Hintergrund und ermahnte die Tochter: «Kind, vergiß nicht, die Tür abzuschließen . . .»

Inge arbeitete als Fürsorgerin in einem Stadtteil mit hoher Jugendkriminalität, und ihre gelassene Autorität wurde auch von Rockern und Punkern respektiert. Sie besuchten sie sogar hin und wieder in ihrem Amtszimmer, flegelten sich auf den Stühlen herum und scherzten, wenn sie ihnen die Leviten las, voll ruppiger Zuneigung: «Mal wieder flexibel wie 'n Kriegerdenkmal, was?», ehe sie mit knallenden Stiefelabsätzen davonmarschierten.

Inges kleine, abgeschlossene Wohnung, in der Nora Quartier bezogen hatte, war ein ausgebauter Dachboden und lag über den Räumen der alten Dame. Über eine Treppe vom Flur aus konnte man sie erreichen. Die verwinkelten beiden Zimmer waren mit ein paar hübschen alten Stücken ausgestattet. Das Haus selbst lag in einem verwilderten Garten hinter Rotdornhecken und Schneeballbüschen versteckt, die allerdings jetzt im Dezember mit Papier und Bierdosen verunziert waren und den Blick auf eine Einbahnstraße freigaben. Unten wartete gewiß wie immer ein liebevoll zubereitetes Frühstück auf Nora, mit Aufschnitt, Marmelade, Honig, einem Ei und vorzüglichem Kaffee.

In den ersten Tagen hatte es um das Frühstück einen höflichen Streit gegeben. Frau Freytag war der Ansicht: «Am besten frühstücken wir, wenn Sie ausgeschlafen haben. Wenn ich Sie oben herumlaufen höre, setze ich das Kaffeewasser auf.»

«Aber dafür bin schließlich ich da», sagte Nora.

«Lassen Sie mir doch die Freude», erklärte Frau Freytag.

Nora hörte den Wasserkessel pfeifen. Ehe sie das Zimmer verließ, hakte sie die Fensterflügel ein, hängte die Waschlappen an die Haken über dem Waschbecken, statt sie über den Rand der Badewanne zu legen, wie sie es am ersten Tag getan hatte. Frau Freytag, die gerade mit Obst und Mineralwasser nach oben gekommen war, hatte das moniert und gebeten, auch die Blumenvase nicht auf den Schreibtisch zu stellen. «Das gibt so leicht einen Rand!» Nora fügte sich gutmütig. Alte Menschen waren nun mal besonders hartnäckige Gewohnheitstiere.

Alte Menschen! Frau Freytag war zwanzig Jahre älter als sie. Der Altersunterschied war genauso groß zwischen ihr und Inge, aber der war ihr kaum bewußt. Auch war die Achtzigjährige beweglicher als Nora und ging mit der Zeit. Sie machte stundenlange Spaziergänge und verstand nicht, daß Nora so schnell müde wurde. Im Fernsehen hörte sie sich gern politische Diskussionen an, während Nora viel lieber einen Krimi sah, bei dem sie nicht denken mußte. Die alte Dame hatte sich sogar ehrenamtlich für die Telefonseelsorge zur Verfügung gestellt. Sie lud Nora zweimal in moderne Theaterstücke ein, die diese nicht verstand, und schwärmte von Beuys.

Es war Nora sehr unangenehm gewesen, daß sie gleich in der ersten Woche eine fiebrige Erkältung bekommen hatte und ins Bett mußte. Aber Frau Freytag zeigte sich besorgt und pflegte sie rührend, wenn auch auf etwas altmodische Art mit Wadenwickeln, Schwitzkur und einem selbstgebrauten Kräutertee, den sie ihr, frisch aufgebrüht, stündlich hinaufbrachte.

«Vielen Dank!» Nora schüttelte sich, der Tee schmeckte wirklich grauenhaft. «Hoffentlich stecke ich Sie nicht an.»

Frau Freytag strahlte sie mit ihren immer noch

erstaunlich blauen Augen an. «Mich? Ich hab 'ne Roßnatur. Inge ist da viel empfindlicher. Vorsicht!» Sie nahm Nora die Tasse ab. «Daß kein Fleck auf die Steppdecke kommt. Sie ist so umständlich zu reinigen.»

Nora setzte sich an den Frühstückstisch. Gerührt betrachtete sie den Weihnachtsmann aus Schokolade, der vor ihrem Teller stand. Auf dem Adventskranz brannten zwei Kerzen, denn es war der zweite Advent. Der Duft von Bohnenkaffee und Tannennadeln erfüllte sie mit Behagen. Inge wußte gar nicht, wie gut sie es mit ihrer Mutter getroffen hatte.

Nora dachte an ihre eigene Mutter, die auf der Flucht umgekommen war. Von einer Minute zur anderen hatte sie, die von den Eltern Verwöhnte, Verantwortung übernehmen und für sich selber sorgen müssen. Sie erinnerte sich an das Krankenhaus, in dem sie nach dem Krieg mit Typhus gelegen hatte. Fünfundzwanzig war sie damals gewesen und in einem Saal mit dreißig anderen Frauen untergebracht. Als sie eines Tages merkte, daß sie plötzlich fast taub war, schrie der Arzt ihr tröstend ins Ohr: «Manche werden auch blind davon! Vielleicht haben Sie ja Glück, und es gibt sich wieder.» Noch schwach und zittrig wurde sie sehr schnell wieder entlassen, denn Betten waren knapp, und auf dem Bauernhof wartete bereits der Vater darauf, von ihr versorgt zu werden.

Für die nächste Tasse Tee bedankte sie sich besonders herzlich. Frau Freytag wehrte ab. «Es macht mir doch Spaß. Und Sie kennen sicher den Spruch:

Willst du glücklich sein im Leben,
trage bei zu andrer Glück;
denn die Freude, die wir geben,
kehrt ins eigene Herz zurück!»

Sie lachte. «Den Vers hat mir meine Mutter ins Poesiealbum geschrieben.»

«Ihre Tochter ist wirklich zu beneiden», sagte Nora aus ehrlichem Herzen. «Und dann diese gemütliche Wohnung mit den schönen alten Möbeln. Der Sekretär ist ja ein Kunstwerk und sicher sehr wertvoll.»

«Das meiste stammt aus meiner Familie», erklärte Frau Freytag. «Ich hab die Sachen Inge raufgestellt. Sie hat so viel Freude dran. Der Sekretär ist ihr Lieblingsstück, und ein alter Mensch wie ich kann gern darauf verzichten.»

Wenn sie hier schon das Leben einer bezahlten Drohne führte, wollte Nora wenigstens eine gute Zuhörerin sein, als sie wieder gesund war. Aber die alte Dame war viel erpichter auf das, was Nora zu erzählen hatte. Sie fragte nach ihren Eltern, nach der Flucht, nach ihrem Beruf. Nora redete und redete, bemerkte es und sagte beschämt: «Da bin ich ja ordentlich ins Schwatzen gekommen.»

«Ich bin sehr beeindruckt davon», sagte Frau Freytag, «wie tapfer Sie Ihr Leben gemeistert haben.»

«Wirklich?» Nora war geschmeichelt und fühlte

sich endlich verstanden. Bisher war niemandem ihr Schicksal als außergewöhnlich aufgefallen.

«Und Sie leben allein?» fragte Frau Freytag. «Fühlen Sie sich da nicht manchmal einsam?»

Nora hätte das ehrlicherweise verneinen müssen, aber da man ihr schweres Leben endlich einmal zu würdigen wußte, sagte sie melancholisch: «Manchmal schon. Besonders an den Wochenenden.»

«Nun trinken wir erst mal einen Tropfen.» Frau Freytag ging in die Küche. Nora wäre zwar ein Bier lieber gewesen, aber Frau Freytag sagte, das sei ein ordinäres Getränk, sie ziehe Wein vor. Zu vorgerückter Stunde, die Flasche war fast leer, vertraute sie Nora an, daß sie hin und wieder noch Gedichte mache, und begann gleich, eines zu zitieren.

«So war ich mir bis heute nicht bewußt,
daß du erhebst an jedem jungen Morgen
dein schönes Haupt gestärkt an meiner Brust,
an der du es die ganze Nacht geborgen.»

Und sie gestand, daß sie sich vor zwei Jahren noch einmal heftig verliebt hatte. «In meinen Hausarzt. Aber die Sprechstundenhilfe, so ein junges Ding, gab mir zu verstehen, daß es höchst überflüssig sei, jeden Tag in der Praxis aufzukreuzen. Das brachte mich zur Vernunft.»

Nora sah sie bewundernd an. Wirklich mutig, dachte sie, darüber so unbefangen zu sprechen. Ich hätte nicht den Schneid, so etwas in meinem Alter zuzugeben.

Natürlich sprach Frau Freytag auch von ihrem verstorbenen Mann und den Kindern und von ihrer Schwiegertochter: «Ganz reizend, aber von Haushalt keine Ahnung. Letzte Weihnachten hat sie mir eine Maschine geschenkt, mit der man Joghurt herstellen kann. Dreißig Stück auf einmal! Dabei hasse ich Joghurt.» Der Sohn rief regelmäßig am Dienstag und Donnerstag abend zwischen sieben und acht Uhr an. Nora hatte schnell herausgefunden, daß es in dieser Zeit nicht ratsam war, ans Telefon zu gehen oder selbst zu telefonieren. Auch sonst gab es einiges zu beachten. Frau Freytag kaufte nur in bestimmten Läden ein, und daran hatte sich Nora strikt zu halten. So mußte sie zwanzig Minuten und länger laufen, obwohl es dasselbe Vollkornbrot, das Frau Freytag bevorzugte, gleich um die Ecke im Supermarkt billiger gab.

Nach einiger Zeit begann sich bei Nora ein vages Unbehagen einzustellen wie unter einer zwar leichten, aber zu warmen Daunendecke. Wenn sie vom Einkauf zurückkam, wartete sie schon förmlich darauf, daß die Tür zum Wohnzimmer sich öffnete und die alte Dame mit liebenswürdigem Lachen etwas beanstandete oder kritisierte: Bei dem scheußlichen Ostwind sei sie wieder ohne Kopftuch losgegangen. Warum sie denn eine Plastiktüte genommen habe statt des praktischen Einkaufskorbs. In Wirklichkeit saß Frau Freytag oft in diesem Augenblick ganz friedlich an ihrem Schreibtisch und beantwortete ihre Briefe. Manchmal wäre Nora gern etwas früher aufgestanden. Aber sie traute sich nicht, die morgendliche Routine der alten Dame, die sie erst gegen halb neun Uhr unten erwartete, zu stören. Einmal brachte sie sich einfach zwei Flaschen Bier vom Einkaufen mit und schmuggelte sie in ihr Schlafzimmer. Sie trank abends im Bett voller Genuß eine Flasche und schlief so herrlich wie noch nie. Plötzlich wurde es hell im Zimmer. Sie setzte sich erschreckt auf und griff nach ihrer Brille. Die alte Dame stand im Morgenrock in der Tür.

«Hab ich Sie geweckt? Es hat über mir so gepoltert, und da dachte ich, Sie sind vielleicht aus dem Bett gefallen. Aber es war wohl nur diese Flasche hier.» Sie hob die Bierflasche vom Boden auf. «Ich nehm sie am besten gleich mit nach unten. Nachts Bier? Bekommt Ihnen das denn?» Sie schlappte wieder davon.

Am Tag der Rückkehr ihrer Tochter zeigte Frau Freytag eine gewisse Nervosität. Sie kaufte selbst ein – «Inge liebt nur ganz bestimmten Aufschnitt» – und sah immer häufiger auf die Straße: «Sie müßte längst hier sein.» Endlich hielt das Taxi vor dem Haus, und Inge kam braungebrannt und blühend herein.

«Hallo, Mamchen!» Ihre Munterkeit wirkte, wie Nora fand, etwas aufgesetzt. «Ich hoffe, du hast mich vermißt.» Sie gab ihrer Mutter einen Kuß.

«Frau Lechow und ich hatten es sehr gemütlich», sagte Frau Freytag. «Kind, was bist du wieder dünn angezogen. Wir sind hier nicht in Tunesien!»

«Ich bin richtig eifersüchtig, so begeistert hast du das

Loblied von Frau Lechow in deinem Brief gesungen», sagte Inge. «Gibt's bald Abendbrot? Ich hab einen Mordshunger.»

«Erst ziehst du dir eine Jacke an», mahnte Frau Freytag.

Sie saßen zu dritt am Eßtisch. Inge schnitt sich ein Stück Salami ab und mümmelte: «Herrlich, mal wieder etwas Kräftiges zwischen den Zähnen zu haben.»

«Hab ich extra für dich besorgt.» Frau Freytag stand auf. «Ich hol uns eine Flasche aus dem Keller.»

Als sie das Zimmer verlassen hatte, sagte Inge: «Sie müssen ja prächtig miteinander ausgekommen sein. Mutters Brief hätten Sie mal lesen sollen!»

«Das sind wir auch», bestätigte Nora. «Soviel Fürsorge ist man gar nicht mehr gewohnt. Darf ich schon aufstehen? Ich muß noch meinen Koffer packen.»

Aber Frau Freytag, die gerade mit der Flasche Wein kam, hielt sie zurück. «Wo wollen Sie denn hin, Frau Lechow? Wir müssen auf Inges Rückkehr anstoßen.»

Beim Anstoßen blieb es allerdings nicht, und nach dem dritten Glas ließ Inge die Katze aus dem Sack.

«Hätten Sie nicht Lust, ganz hierher zu ziehen? Ich will mir im Frühjahr eine eigene Wohnung im Zentrum nehmen, dann habe ich es bequemer zum Amt.»

«Sie hat nämlich einen Freund», sagte Frau Freytag anklagend, «das ist es! Aber er ist verheiratet. Ihretwegen wird er sich kaum scheiden lassen.»

«Das laß meine Sorge sein, Mamchen.» Inges Urlaubsbräune bekam einen Stich ins Gelbliche.

«Ein sehr verlockendes Angebot», sagte Nora höflich. «Aber der Mensch hängt nun mal an seinen alten vier Wänden, obwohl meine schon recht schäbig sind, das muß ich zugeben. Ich bin auch nicht mehr die Jüngste, und jede Veränderung fällt mir schwerer. Aber es ist sicher kein Problem, einen Mieter für die entzückende Wohnung zu finden. Sie haben ja einen so großen Freundeskreis, Frau Freytag, und viele alleinstehende Freundinnen.»

«Freundinnen?» Inges Lachen klang schrill. «Mamchen braucht keine Freundin. Sie braucht eine Tochter.»

«Inge», sagte Frau Freytag.

Nora machte, daß sie nach oben kam.

«Du wirst sehen, er heiratet dich nicht», hörte sie Frau Freytag mit einer ganz fremden, quengeligen Greisinnenstimme sagen. «Und du schleppst mir nicht die Möbel weg. Der Sekretär bleibt auf jeden Fall hier.»

Inge erwiderte etwas, das Nora nicht verstand.

«Das Beste vom Leben ist der Tod!» schrie die alte Dame plötzlich und ging türenknallend in die Küche.

Denn die Freude, die wir geben . . . Nora warf ihren Koffer aufs Bett. Sie sah sich noch einmal in der Mansarde um. Was für ein behagliches Zimmer. Fast konnte man es schnurren hören.

14

Weihnachten wollte Nora bei Lilo verbringen. Sie fürchtete sich ein wenig vor dem Abend, der für Lilo mit trüben Erinnerungen verknüpft war. Am Spätnachmittag machte sie sich auf den Weg. Doch zwischen dem fünften und vierten Stockwerk stieß der Fahrstuhl einen fast menschlichen Seufzer aus und blieb stecken. Nora drückte den Alarmknopf. Nichts rührte sich. Nur eine der Grillen, die ihr Winterquartier im Heizungskeller hatten, schien gerade auf Entdeckungsreise unterwegs zu sein. Jedenfalls begann hinter einer der Leisten ein schrilles Zirpen. Nora bummerte gegen die Tür.

«Der Fahrstuhl ist mal wieder kaputt», hörte sie die Mieter sich auf der Treppe zurufen.

«Steckt jemand drin?»

«Ich!» brüllte Nora.

«Warum drücken Sie nicht auf den Alarmknopf?» sagte eine Männerstimme.

«Hab ich ja!»

«Sie müssen fest drücken», mahnte die Stimme. Dann wurde es still. Nora lehnte ihre Plastiktüte mit der Aufschrift *Zum Feste das Beste* vorsichtig gegen die Fahrstuhlwand und versuchte noch einmal, die Zentrale zu erreichen.

«Was is?» fragte jemand durch die Sprechanlage barsch.

«Ich sitze fest», erklärte Nora und gab Namen und Hausnummer an. «Wird's lange dauern?»

«Mit zwei Stunden müssen Sie schon rechnen. Wir haben schließlich Heiligabend.»

«Vielen Dank, daß Sie mich daran erinnern», sagte Nora wütend. «Das war mir ganz entfallen.»

Sie nahm eine Flasche Piccolo aus der Tüte, wickelte sie aus und setzte sich auf das Weihnachtspapier. Sekt würde die Nerven beruhigen. Sie öffnete die Flasche. Den Gesang der Grille und das Dröhnen von Kirchenglocken im Ohr, starrte sie auf das in die Fahrstuhlwand eingeritzte RAF-Zeichen der Roten Armee Fraktion und dachte an Lilo, die sicher bereits auf sie wartete.

Arme Lilo! Es hatte Jahre gegeben, da war die Vergangenheit weit weg gewesen, aber mit dem Alter drängte sie sich wieder in den Vordergrund. Lilos kleiner Bruder war am Heiligabend geboren. Nora rechnete nach. Es war schwer, sich ihn als Mann von Mitte Vierzig vorzustellen. *«Ri-ra-rutsch! Wir fahren in der Kutsch, wir fahren in der Schneckenpost, wo es keinen Pfennig kost.»* Philipps Stimmchen war auf einmal wieder in Noras Ohr. Lilo hatte ihn nach dem Tode ihrer Mutter ganz unter ihre Fittiche genommen. «Philipp, wo bist du, wo steckst du, was machst du? . . .» Lilos Freunde fanden ihre Fürsorge reichlich übertrieben. «Mußt du diesen Plärrfrosch überall mitschleppen?» Der Krieg war schneller dagewesen als ein Gewitter, und Lilo mußte mit ihm und dem Vater überstürzt fliehen. Um den schlaftrunkenen Philipp rascher aus dem Bett zu bekommen, hatte sie ihm ausgemalt, wie schön die Fahrt mit der Eisenbahn sein würde und daß er vielleicht sogar auf die Lokomotive klettern dürfe. Unterwegs geriet der Zug unter Artilleriebeschuß, und in dem Durcheinander der Deckung suchenden Flüchtlinge war Philipp verlorengegangen.

Lilos Fritz, den sie kurz vor Kriegsende geheiratet hatte, kam unversehrt aus der Gefangenschaft zurück, und auch die Freundinnen fanden sich wieder. Aber Philipp blieb verschollen. Jahrelang hatte sein fröhliches Mäusegesicht mit den abstehenden Ohren in Bahnhöfen und Amtszimmern ausgehangen. *Gesucht wird* . . .

Der Fahrstuhl setzte sich wieder in Bewegung, und ein Mechaniker nahm Nora unten in Empfang. Seine Bierfahne mischte sich mit dem Sektgeruch. Er blinzelte ihr verständnisvoll zu: «Meine Rede: Ein Schluck in Ehren . . . Na denn, fröhliche Weihnachten.»

Der Weihnachtsabend verlief heiterer, als Nora erwartet hatte. Lilo interessierte sich für Frau Freytag und Inge. Wer hätte gedacht, daß die alte Dame ein heimlicher Tyrann war. «Hast du eigentlich schon was Neues in Aussicht?» fragte sie Nora.

«Bis jetzt noch nicht.» Nora räkelte sich träge von all dem guten Essen. «Vielleicht sollte ich wirklich mal eine Annonce aufgeben.»

Aber das war nicht nötig, denn zu ihrem großen Erstaunen rief kurz nach Neujahr ihre ehemalige Redakteurin an und fragte, ob sie dem früheren Professor ihres Mannes nicht beim Ordnen seiner Bibliothek behilflich sein und Manuskripte für seine wissenschaftlichen Studien abtippen könne.

«Er ist ganz reizend», versicherte die Redakteurin. «Seine zweite Frau kennen wir allerdings nicht. Er hat kurz vor seiner Pensionierung noch einmal geheiratet.»

«Vielen Dank für den Tip», sagte Nora erfreut. «Und wie geht's Ihnen und der Familie?»

Die Redakteurin seufzte. «Karl-Heinz hat Schwierigkeiten mit unserem Sohn in der Schule. Diese altmodischen autoritären Strukturen, wie sie dort noch bestehen, sind eben völlig überholt. Auch beklagt er sich, daß ich zu den Elternsprechtagen nie mitkomme, aber ich habe gerade erst einen neuen Job gefunden, und die Probezeit ist noch nicht vorbei.»

Sie gab ihr die Adresse des Professors, und Nora rief ihn noch am gleichen Tag an, denn jetzt im Januar kam ihr diese Stelle gerade recht.

Professor Wesp war selbst am Apparat. Er hatte eine liebenswürdige Stimme, aber sein häufiges Räuspern verriet seine Schüchternheit. Dann übergab er seiner Frau den Hörer, die Zeit und Honorar mit Nora ausmachte.

Als der Taxifahrer sie zwei Tage später vor dem ländlichen Grundstück der Wesps absetzte, blieb Nora einen

Augenblick entzückt stehen. Der Schneeregen der letzten Nacht war gefroren, so daß der Garten aussah, als hätte ein Riese einen Sack voller Edelsteine auf Bäume und Sträucher geschüttet. Sogar die kleine Villa mit ihren Türmchen und Erkern und den mit Schnitzereien verzierten Holzbalkons glitzerte in der strahlenden Mittagssonne wie eine Glimmerkarte aus Noras Kindheit. Die Haustür öffnete sich, und durch den verzauberten Garten trippelte ihr eine zierliche Frau entgegen, und der märchenhafte Eindruck verstärkte sich. Sie sah in ihrem gelben Hosenanzug mit dem schwarzen Rollkragenpullover tatsächlich so aus, wie sie hieß. Wie eine schon leicht vertrocknete Wespe. Sie reichte Nora die linke Hand. Die rechte trug sie in einer Schlinge. Nach der liebenswürdigen Begrüßung ging sie vor Nora ins Haus, dessen freundlicher Eindruck wie weggewischt war, als sie das Wohnzimmer betraten. Mit seinen altmodischen und riesigen, sehr dunklen Möbeln wirkte es ungemütlich und abweisend, ein Eindruck, der durch die niedrige Zimmertemperatur noch verstärkt wurde. Ein großer schwarzer Hund erhob sich und strich knurrend um Noras Beine.

«Laß das, Peterle!» Frau Wesp beugte sich zu dem Höllenhund hinunter und streichelte ihn. «Er hat manchmal so seine Mucken, aber mit Kindern ist er wirklich goldig! Diese Rasse wird als besonders familienfreundlich empfohlen. Er war sogar schon auf einer Hundeschule, unser Peterle. Und hat einen Hotelausweis.» Sie kramte eine Art Paß aus einer Schublade und zeigte ihn Nora. «Nebenstehender Hund», las Nora, «ist innerhalb eines Lehrganges für einwandfreies Verhalten speziell zu gesittet ruhigem Benehmen in Gaststätten, Hotels und allen Gesellschaftsräumen erzogen.» Peterle knurrte lauter und fletschte sein stattliches Gebiß.

Nora, die erschreckt zurückgewichen war, griff nach hinten, denn etwas Undefinierbares hatte sie im Genick gestreift. Sie hielt einen Wollfaden in der Hand. «Oh, Sie sind an meine Alarmanlage gekommen.» Sie sah Frau Wesp verdutzt an. «Ich habe zur Tarnung vor Türen und Fenster Wollfäden gespannt, damit die Einbrecher denken, das Haus wäre durch eine Alarmanlage geschützt», erklärte Frau Wesp und zog den Hund zu seinem Korb. «Aber zusätzlich habe ich fast alle Wertsachen so gut versteckt, daß keiner sie finden würde. Doppelt genäht hält besser.» Sie lachte und öffnete die Tür. «Hans», zirpte sie, «Frau Lechow ist angekommen. Wir wollen Tee trinken.»

Der Professor kam ins Wohnzimmer. Er war ein kugeliger, kurzbeiniger Mann, der aus gutmütigen, bebrillten Augen in die Welt blickte. Der sieht nun eher wie 'ne Hummel aus, dachte Nora. Eine freundliche, arglose Hummel. Nora mochte Hummeln.

Der Tee dagegen erinnerte sie an das Getränk armer chinesischer Kulis, wie sie Pearl Buck in ihren Büchern beschrieben hat. Ein Blättchen Tee für die ganze Familie. Und die angebotenen Pfeffernüsse, die offenbar noch von Weihnachten stammten, ließen sie um ihre

Zähne bangen. Während Nora vorsichtig an einer herumknabberte, demonstrierte Frau Wesp ungetrübtes Eheglück, was der Professor verlegen über sich ergehen ließ. Zwar war es Frau Wesp erst mit fünfzig Jahren vergönnt gewesen, in den Stand der Ehe zu treten, und es war erst ein Jahr her, daß sie diesen klugen, wenn auch natürlich ohne sie völlig hilflosen Witwer gefunden hatte. Aber nun konnte sie nur staunen, wie trübe es doch um so viele Ehen rundherum bestellt war. Sie sah ihren Mann an. «Nicht wahr, Hans?» Doch der zog gerade ein Notizbuch aus der Tasche und starrte geistesabwesend auf seine Notizen.

«Ein richtiger zerstreuter Professor, mein Hänschen», sagte Frau Wesp mit einem Auflachen. «Wenn er vor dem Fernseher sitzt, kann ich das Programm umschalten, und er merkt es nicht einmal.» Der Professor seufzte.

Frau Wesp zeigte Nora ihr Haus und das Gästezimmer, in dem sie schlafen würde. Es war ein schlauchartiger dunkler, nach Norden gelegener Raum; an den Eisblumen ließ sich unschwer ablesen, wie selten das Zimmer geheizt wurde. Das altmodische Kastenbett sah auch nicht gerade bandscheibenfreundlich aus. Nora dachte beklommen an die bevorstehende Nacht.

Das behaglichste Zimmer in der Villa war das Arbeitszimmer des Professors. Es war luftig und hell und gut geheizt, mit großen Fenstern, die auf den Garten hinausgingen. Der Professor hatte sich bei ihrem Eintritt erhoben.

«Ich laß euch jetzt allein», sagte Frau Wesp und ging, den Hund auf den Fersen, die Treppe hinunter. Der Professor hatte gerade begonnen, Nora die Arbeit, die sie erwartete, zu erklären, da wurde er von seiner Frau bereits wieder gerufen.

«Du mußt noch mit dem Hund an die frische Luft!»

«Ja, ja, der Hund», murrte der Professor. «Der ist wichtiger als die Wissenschaft.»

Das Abendbrot war recht einfach. Ein paar Scheiben billigen Aufschnitts, etwas Schmelzkäse und Margarine aus dem Reformhaus, dazu Schwarzbrot. «Butter ist bei uns verpönt», erklärte Frau Wesp, «mein Mann hat einen zu hohen Cholesterinspiegel.»

Als sich Nora im Wohnzimmer in einen der Sessel setzen wollte, schnappte der Hund nach ihr. «Vorsicht», warnte der Professor besorgt, «das ist der Stuhl meiner Frau, da läßt er niemanden ran.»

In der Nacht fror Nora unter einer zu dünnen Decke. Im Zimmer war es so kalt, daß sie ihren Atem sehen konnte. Sie kroch aus dem Bett, um den Heizungsregler aufzudrehen, aber er war festgerostet. So legte sie sich ihren Wollmantel über die Beine. Morgen würde sie um eine zweite Decke bitten. Glücklicherweise würde sie ja die meiste Zeit in dem gemütlichen Arbeitszimmer des Professors verbringen.

Das Frühstück unterschied sich kaum vom Abendbrot. Graubrot, ein Klecks Pflaumenmus und etwas Margarine, mehr gab es nicht. Dafür war der Kaffee eine angenehme Überraschung. Er war heiß und stark.

Noras Energie erwachte. Sie erhob sich, um in das Arbeitszimmer zu gehen.

«Ich komme mit.» Der Professor stand gleichfalls auf.

«Nicht so eilig, mein Lieber. Ich wollte Frau Lechow bitten, ob sie eben mal für mich einkauft.» Sie zeigte auf ihren Arm. «Zu dumm, daß ich durch diese Sehnenscheidenentzündung so gehandikapt bin.»

«Wir hatten doch längst besprochen, daß du eine neue Putzfrau einstellst», sagte der Professor. «Ich verstehe eigentlich immer noch nicht, warum du die alte entlassen hast. Ich fand sie recht angenehm.»

«Du kennst ja meinen Grund», sagte Frau Wesp. «Aber darüber wollen wir jetzt besser nicht reden. Frau Lechow, wäre es möglich?»

«Natürlich, gern», sagte Nora und schlidderte kurz darauf mit einem Einkaufskorb voller leerer Flaschen die spiegelblanke Straße zu dem ein paar hundert Meter entfernten Dorfladen entlang. Als sie im Schlachterladen ihren Einkaufszettel hervorholte und ihn der Schlachtersfrau vorlas, erntete sie spöttische Blicke. «Ein Achtel Hack, ist das nicht zu reichlich?»

«Frau Wesp hat es so aufgeschrieben», verteidigte sich Nora verlegen.

«Ach so, die Frau Professor.» Das Lächeln wurde verständnisvoll.

Dagegen waren die Kartoffeln recht großzügig bemessen. Zehn Pfund hatte Nora auf dem Rückweg zu schleppen. Stolpernd und durch den schweren Korb mit dem Gleichgewicht kämpfend, kam sie erschöpft wieder in der Villa an.

«Sie Arme!» Frau Wesp ließ sie die Kartoffeln noch in den Keller bringen. Dann konnte Nora endlich, nachdem sie sich die Hände gewaschen und ihre Haare in Ordnung gebracht hatte, an die Arbeit gehen.

«Peterle, geh mit zu Herrchen», sagte Frau Wesp aufmunternd, und den leise knurrenden Hund hinter sich, betrat Nora das Arbeitszimmer. Der Professor lächelte erfreut.

«Na, endlich! Und einen Beschützer haben Sie auch gleich mitgebracht.» Er deutete auf Peterle, der gerade versuchte, sich eine Kuhle in den Teppich zu kratzen. Der Professor machte einen großen Bogen um ihn. «Er ist völlig auf meine Frau fixiert», erklärte er. «Auch mich hat er schon gebissen.»

Sie waren gerade ein wenig ins Plaudern gekommen, da streckte Frau Wesp den Kopf hinein. «Kommt ihr voran? Ich habe mir gedacht, es wäre besser, hier erst einmal etwas sauberzumachen. Vielleicht sollte Frau Lechow mal eben deine Bücher abstauben und kurz durchsaugen.»

«Wir haben Sie doch nicht zum Putzen engagiert», sagte der Professor ungehalten. Nora versicherte, es mache ihr nichts aus.

Als der Professor die kleine Trittleiter holen wollte, um ihr behilflich zu sein, meinte seine Frau: «Ich glaube, es ist Zeit für deinen Waldlauf. Denk daran, was der Arzt gesagt hat. Du mußt im Training bleiben. Denk an dein Herz.» Sein Protest nützte nichts. Von Frau und Hund begleitet, der sich inzwischen erhoben hatte und ihm seinen dicken Kopf in die Kniekehlen drückte, verließ er das Zimmer.

Immerhin, der Nachmittag gehörte der Wissenschaft, und der Professor nahm Nora mutig das Staubtuch aus der Hand und sagte: «Liebe Frau Lechow, was müssen Sie von uns denken.» Aber es war ihnen abermals nur eine kurze Pause gegönnt. Denn Frau Wesp hatte es sich in den Kopf gesetzt, mit Noras Hilfe mal so richtig im Haus auszumisten. Nora war zu feige, sich dagegen aufzulehnen; sie kam sich bald wie ein Dienstmädchen um die Jahrhundertwende vor, das vor Ermüdung aus dem Fenster gefallen war, weil es noch nach Mitternacht Gardinen aufhängen mußte. Dazu war sie halbgelähmt vor Kälte und sortierte mit klammen Fingern Taschentücher, Bettwäsche und Handtücher. Dabei entdeckte sie auch Frau Wesps todsichere Verstecke; aus Socken, Schuhen, Knopfschachteln rollte ihr Schmuck entgegen. Ab und zu kam der Professor hereingetrottet und machte einen mutigen Vorstoß.

«Wenn mir Frau Lechow jetzt nicht dieses Manuskript tippt, komme ich nicht weiter.» Manchmal gelang es ihm tatsächlich, sie loszueisen. Und einmal hatten sie – o Wunder – den ganzen Vormittag für sich, als Frau Wesp für eine längere Sitzung zum Zahnarzt mußte. Sie lockten Peterle ins Eßzimmer, und Herr Wesp drehte triumphierend den Schlüssel um: «Sei still, du Mistköter!»

Im Arbeitszimmer förderte Herr Wesp eine Flasche und zwei Gläser zutage und begann ein wenig von sich zu erzählen. «Ich weiß nicht, was mit meiner Frau los ist», seufzte er, «sie war so ganz anders, als ich sie kennenlernte. Ich bin immer gern hierhergegangen, wo sie wohnte. Es war so friedlich, das alte Haus, der schöne Garten. Allerdings haben wir von Anfang an fast nur in diesem Zimmer hier gesessen, das wohl früher von ihrem Vater benutzt wurde.» Sie wechselten das Thema, und der Professor lachte gerade herzhaft über Noras Schilderungen der Kunden in der Münchner Boutique, als Frau Wesps Stimme etwas schrill fragte: «Kommt ihr voran?» Der Professor hörte gar nicht mehr auf, sich zu räuspern.

«War's schlimm beim Zahnarzt?»

«Es war auszuhalten», sagte Frau Wesp, «aber Peterle hat sich draußen eine Zecke aufgelesen, merkwürdig, jetzt im Winter. Könntest du mal eben, mit der linken Hand geht es so schlecht.» Der Professor machte ein so angewidertes Gesicht, daß Nora sich anbot.

«Hoffentlich beißt er mich nicht.»

«Ich halte seinen Kopf fest», versprach Frau Wesp. Aber Peterle dachte nicht ans Beißen. Er schien zu spüren, daß Nora ihm nur helfen wollte. Als die Prozedur vorbei war, winselte er leise und leckte ihr sogar dankbar die Hand.

Seitdem war sein Verhalten Nora gegenüber wie umgewandelt, und Frau Wesp bekam fast eine Nervenkrise, weil er wütend nach ihr schnappte, als sie sich auf ihren gewohnten Stuhl setzen wollte. Sie legte sich weinend ins Bett. Der Professor telefonierte mit dem Leiter der Hundeschule, der versprach, sie gleich am nächsten Morgen aufzusuchen, um das eigenartige Verhalten des Hundes zu analysieren.

Das Abendbrot nahmen der Professor und Nora allein ein. Nora ging mit einem Tablett in Frau Wesps Schlafzimmer. Die sah sie schweigend an, und Nora erschrak über ihren bösen Gesichtsausdruck. «Frau Lechow», sagte sie leise, «ich vermisse eine Brillantnadel. Ein wertvolles Erbstück meines Vaters, des Sanitätsrats. Ich hatte es in der alten Zuckerdose versteckt.»

«Da war keine Nadel», sagte Nora kühl.

«Ich weiß es genau», beharrte Frau Wesp.

Nora wurde dunkelrot: «Wollen Sie behaupten, ich hätte sie genommen?» Frau Wesp blieb ihr eine Antwort schuldig. Sie strich sich ein Brot und schenkte Nora keinerlei Beachtung mehr. Fast wäre Nora in ihrer Erregung über den Hund gestolpert, der vor der Tür schwanzwedelnd auf sie wartete.

«Herr Professor, ich reise ab», rief sie. Vergeblich versuchte Herr Wesp sie umzustimmen. «Sie werden mir fehlen», sagte er betrübt, «was mache ich nur ohne Sie?»

Am nächsten Morgen rechnete Nora mit Frau Wesp ab. Das Ergebnis war mager, aber sie hatte keine Lust, sich mit dieser unangenehmen Person weiter herumzustreiten. Dann ging sie, um ihre Koffer zu packen.

Als sie ins Wohnzimmer trat, um sich zu verabschieden, war gerade der Hundedresseur mit seinem Assistenten eingetroffen. Peterle sprang freudig erregt auf Nora zu und wälzte sich ergeben vor ihr auf dem Rücken. Der Professor erhob sich.

«Wollen Sie uns wirklich schon verlassen?» Er sah ihr tief in die Augen. Der Dresseur ließ seinen Blick von einem zum anderen wandern, kraulte dabei Peterle im Nacken, öffnete gedankenverloren das kleine Täschchen mit der Hundemarke. Verdutzt betrachtete er sich die Brillantnadel, die er hervorgezogen hatte. Frau Wesp griff hastig danach: «Ich weiß gar nicht . . .»

«Du weißt nie etwas», rief der Professor in scharfem Ton, «du wirst dich bei Frau Lechow entschuldigen!»

«Wenn ich die Herrschaften mal unterbrechen darf», sagte der Dresseur, der wie ein pensionierter Stuntman aussah. «Ich habe es ziemlich eilig. Das Verhalten des Hundes ist eindeutig. Er hat das Leittier gewechselt. Sie, verehrte gnädige Frau Professor, sind in seinen Augen jetzt das sozial unter ihm stehende Wesen, wie es vorher der Herr Professor und diese Dame da waren. Da wird sich kaum was ändern lassen.»

Während Nora sich verabschiedete, hörte sie, wie der Dresseur seinem Assistenten zuflüsterte: «Und der Professor hat anscheinend dasselbe wie der Hund getan.»

Nora hastete durch den matschigen Garten zu dem wartenden Taxi. Bevor sie einstieg, sah sie noch einmal zurück. Das Tauwetter hatte die Rauhreifpracht schmelzen lassen. Das Haus wirkte jetzt von außen ebenso abweisend wie von innen. Im Taxi fiel ihr ein, daß Frau Wesp ihr noch zwanzig Mark schuldete. Sie hatte sie beim Einkauf für sie ausgelegt.

Das Jahr fängt ja gut an, dachte Nora.

15

Die unerfreulichen Erlebnisse mit Frau Wesp lagen Nora schwer im Magen und hatten ihr die Lust genommen, sich nach etwas Neuem umzusehen. Sie legte eine längere Ruhepause ein, bis ihre schnell dahinschmelzenden Ersparnisse sie daran erinnerten, daß es höchste Zeit wurde, sich wieder in Trab zu setzen. So kam ihr das Angebot des Managers eines großen Konzerns, seine kranke Frau als Hausdame zu vertreten, wie gerufen, obwohl sie immer noch wenig Neigung verspürte, ihren Bau wieder zu verlassen.

Sie zeigte Lilo Herrn Molls Brief. «Bei so einem großzügigen Angebot überlegst du noch?» sagte ihre Freundin. «Wer rastet, der rostet.» So kraß wollte das Nora nun auch wieder nicht hören.

«Ich bin ein selbständiges Wesen und kann über mich allein bestimmen», imitierte sie spöttisch Melles affektiertes Stimmchen, die mit diesem aus dem Fernsehen aufgeschnappten Satz ihre Mutter wochenlang angeödet hatte.

«Du fährst!» sagte Lilo, und Nora war gefahren, wenn auch mit gemischten Gefühlen.

So anstrengend hatte sie sich allerdings ihre neue

Rolle als Hausdame nicht vorgestellt und auch selten eine Ehefrau so sehnsüchtig zurückerwartet. Aber daran war nicht zu denken. Frau Moll mußte sich in einem Schwarzwald-Sanatorium von einer verschleppten Lungenentzündung erholen, die sie sich während der Einweihung eines Hochofens in Südamerika geholt hatte. Da Herr Moll als Vorstandsmitglied seiner Firma zu den Ehrengästen gehörte, wurden sie in der ersten Reihe Aug in Aug mit dem vor Hitze spuckenden Monster plaziert. Der Wechsel von diesem saunaähnlichen Sitz zur Klima-Anlage im Hotel war zuviel für Frau Molls Gesundheit gewesen.

Der Mann war durch ihre Abwesenheit in arge Nöte geraten. Das Werk lag in der Nähe einer Kleinstadt, die wenig Abwechslungsmöglichkeiten bot, so daß ihm nichts anderes übrig blieb, als wichtige Geschäftspartner in sein Haus einzuladen. Seine Sekretärin hörte sich um und wurde dabei von den Schaumburgs auf Nora aufmerksam gemacht. «Zuverlässig» und «pflichtbewußt» hatte Frau Schaumburgs Auskunft gelautet.

Zwei- bis dreimal in der Woche brachte Herr Moll Geschäftsbesuch zum Abendessen mit. Glücklicherweise erwies sich die Kochfrau aus der Stadt als eine Perle; ebenso das junge Mädchen, das zum Servieren kam. Nora brauchte nur für einen reibungslosen Ablauf zu sorgen und sich um die weiblichen Gäste zu kümmern, wenn die Herren begannen, von Gewinn und Verlust zu reden. Denn wie Herr Moll ihr erklärt hatte: «In ruhiger, entspannter Atmosphäre läßt sich Geschäftliches leichter andiskutieren.»

Ebenfalls zu ihren Aufgaben gehörte es, mit den Ehefrauen einen Stadtbummel zu machen, und nun trabte sie mit dieser mexikanischen Señora, deren schweres Parfum in der Mittagshitze des Maitages besonders intensiv zur Entfaltung kam, bereits drei Stunden durch die Geschäfte, um ihr beim Einkaufen behilflich zu sein. Auch in dieser teuren Boutique, in der sie schließlich gelandet waren, schien sie immer noch nicht das Richtige zu finden. Sie warf bereits das fünfte Modellkleid achtlos auf das zierliche Sesselchen neben dem Spiegel und schnippte hochmütig mit den Fingern nach der Verkäuferin. Nora lächelte entschuldigend der Geschäftsführerin zu; die lächelte verständnisvoll zurück. «Wir kennen das. Frau Moll kommt regelmäßig mit ihren ausländischen Gästen zu uns.»

Die Ehefrauen waren im Benehmen und Auftreten sehr unterschiedlich. Manche gaben sich kumpelhaft herzlich, manche eher herablassend, andere wieder sahen sich prüfend im Haus um und machten Gesichter, als wollten sie sagen: Keine Alarmanlagen, keine versteckten Kameras, kein Hubschrauberlandeplatz? Na, da kann ja die Position dieses Herrn nicht bedeutend sein, auch wenn er noch so viele Erinnerungsfotos mit ihm die Hände schüttelnder Prominenz im Eßzimmer hängen hat.

Die Kunst des Small-talk war bei Nora nur schwach entwickelt. Als Pflegerin und Sekretärin hatte man andere Fähigkeiten von ihr erwartet. Und so plagte sie bei ihren ersten Auftritten als Vertreterin der Hausfrau Lampenfieber. Doch dann erinnerte sie sich an den Ausspruch ihres Vaters: «Man muß die Leute reden lassen.» Auf diese Weise wurden die Abende tatsächlich gerettet. Nora machte ein interessiertes Gesicht, ganz gleich, ob es sich bei den Gesprächen um Golf, um Taucherlebnisse auf den Malediven oder um die letzte Antiquitätenmesse handelte. Sie nickte zustimmend, als man sich über die ruppige Abfertigung auf dem New Yorker Flughafen beklagte, und betrachtete mit freundlichen Worten Fotos unbekannter Leute und fremder Länder. Aber das Zuhören strengte sie so an, daß sie unter dem Vorwand, nach dem Mokka zu sehen, in die Küche floh und nun ihrerseits die arme Kochfrau mit einem Wortschwall überschüttete.

Zum ersten Mal bekam sie Einblick in das Leben eines Spitzenmanagers. Bis dahin stammten ihre Kenntnisse mehr oder weniger aus deutschen Fernsehkrimis, wo diese Herren, meist alternde Lüstlinge mit teuren Ambitionen, die minderjährigen Freundinnen ihrer Töchter verführten oder in ihren Teakholzbüros sich der eingebauten Bar oder zwielichtigen Transaktionen widmeten.

Herr Moll paßte nicht in dieses Klischee. Er besaß eher etwas von dem überanstrengten Verhalten eines eifrigen Jagdhundes, der bemüht ist, auf Anhieb immer die richtige Fährte zu finden. Auch das Familienleben schien in Ordnung zu sein. Jedenfalls telefonierte er täglich mit seiner Frau und häufig mit den erwachsenen Kindern. Das umgebaute bäuerliche Fachwerkhaus war ohne übertriebenen Luxus und modisches Brimborium eingerichtet. Keine verstaubte Erntekrone in der Diele, kein zu Spiegeln verarbeitetes Pferdekummet oder Butterfässer und Milchkannen als Schirmständer. Das parkähnliche Grundstück war eher ein wenig verwildert und der Rasen mit Herrn Molls Lieblingsblume, dem Gänseblümchen, weiß getupft. Es gab einen liebevoll angelegten, künstlichen kleinen Weiher mit Pflanzen und Wasserläufen, und in den nur mäßig gestutzten Weißdornhecken viele Vogelnester. Herr Moll liebte seine Wildnis. Fünfstern-Hotels und Flüge mit der Concorde beeindruckten ihn weniger als die Entdekkung, daß sein Weiher Gnade vor den Augen eines Gelbrandkäfers gefunden hatte oder sich ein Igel über den Rasen trollte.

An einem Abend, als die Gäste gegangen waren, räumte Nora noch ein wenig auf. Herr Moll pusselte an der Bodenvase herum und meinte: «Ich weiß nicht recht, meine Frau arrangiert das irgendwie anders.»

«Tut mir leid», sagte Nora und blickte schuldbewußt auf die wirklich etwas struppig wirkenden Blumen. Sie wollte schlafen gehen, aber Herr Moll hielt sie zurück.

«Setzen Sie sich doch noch einen Moment. Ich muß Ihnen sagen, Sie machen Ihre Sache wirklich ausgezeichnet.» Er lobte ihr Einfühlungsvermögen, ihr gutes Englisch, ihre unauffällige Art, das Personal zu dirigieren. Seine Schmeicheleien vertrieben ihre Müdigkeit auf angenehmste Art. Dann kam er auf seinen Beruf zu sprechen, und obwohl er mehrmals ausdrücklich versicherte, der liebe Gott habe den Menschen nicht umsonst mit nur einem Mund, aber mit zwei Ohren ausgestattet, geriet er richtig ins Plaudern. Die ständigen Verhandlungen in einer fremden Sprache seien schwierig, man müsse höllisch aufpassen, um alles mitzubekommen, und die nervliche Belastung sei sehr groß. Ein Telefongespräch zur falschen Zeit könne ein Millionenobjekt platzen lassen.

«Aber dafür verdienen Sie schließlich recht ordentlich», sagte Nora und gähnte verstohlen.

«Angemessen», verbesserte Herr Moll und schenkte sich noch einmal Whisky ein. «Ein Mann in meiner Position, der ist wie ein Fußballtrainer, bei dem ist auch alles in Ordnung, solange seine Mannschaft mehr Tore schießt als andere. Aber wehe, das Blatt wendet sich. In unserer Branche ist das eben so. Wenn Sie erst einmal als Versager gelten, gibt Ihnen niemand mehr ein Stück Brot.»

Nora nickte langsam ein. Nur noch Wortfetzen erreichten ihr Ohr: Vertrauen des Kunden wichtigstes Kapital, persönlicher Kontakt, menschliche Komponente, zum Wort stehen, auch wenn man jemand zu früh die Hand geschüttelt habe und das unter Umständen viel Geld koste . . . Nora wurde erst wieder wach, als Herr Moll ihr für die kommende Woche als nächsten Hausgast einen saudischen Prinzen ankündigte.

«Ein Prinz?» fragte sie verstört.

«Ein reizender Bursche», beruhigte sie Herr Moll. «Wir haben ihm gerade eine Fabrik für eine halbe Milliarde hingestellt, und von unseren ‹nützlichen Aufwendungen› hat er sich dann einen Palast gebaut.»

«Schönes Wort für eine Art Bestechung», sagte Nora.

«Aber von der Steuer absetzbar», erklärte Herr Moll. Dann beschrieb er ihr des Prinzen bescheidenes Heim. 900 Quadratmeter Wohnfläche, die Frauengemächer ganz in Pink gehalten und ein Kinderspielzimmer von der Größe einer Turnhalle, in dem auch Spielautomaten wie einarmige Banditen nicht fehlten.

Der Prinz, ein schmales Jüngelchen, zog ein. Auf Herrn Molls ausdrücklichen Wunsch hatte er auf eine Leibwache verzichtet. Als Nora bei der Vorstellung sitzen blieb, runzelte er die Stirn. Aber das sollte nicht ihr einziger Fauxpas bleiben. Sie hatte die Angewohnheit, mit übergeschlagenen Beinen zu sitzen und dabei im Gespräch mit der Hand ein Fußgelenk zu umklammern, was sie auch in seiner Gegenwart tat. Der Prinz sprang erregt auf, murmelte etwas in einem ihr unverständlichen Englisch.

«Sie dürfen nicht die Schuhspitzen auf ihn richten», erklärte Herr Moll leicht nervös, «das ist für Araber eine große Kränkung.»

Aber Seine Hoheit war so gütig, ihr zu verzeihen, denn über Nacht bekam er durch den Klimawechsel einen fürchterlichen Hexenschuß und ließ sich Noras Pflege dankbar gefallen. Beim Abschied überreichte er ihr ein hübsches verschnürtes Päckchen, das Nora erwartungsvoll auspackte. Las man doch oft genug von der Großzügigkeit dieser Ölscheichs, die angeblich Perlen und Diamanten verschenkten wie andere Schokoladentäfelchen. Doch in dieser Hinsicht hatte sich Prinz Ali mehr den Sitten des Gastlandes angepaßt. Zum Vorschein kam lediglich ein Flakon eines gängigen französischen Parfums.

Es folgten hektische Tage im Betrieb, und Herr Moll kam noch später als gewöhnlich nach Hause. Am Wochenende ging Nora ihm deshalb möglichst aus dem Weg und traute sich nicht einmal in den Liegestuhl auf der Terrasse, allzu nachdrücklich hatte er ihr nahegelegt, sich ein wenig Abwechslung durch einen Spaziergang oder einen Kinobesuch zu verschaffen. Sie kannte inzwischen seine Gewohnheiten, wußte, daß er Kerne im ausgepreßten Orangensaft verabscheute, nie die Kuppe des Frühstückseis aß und sofort nach dem Lieblingsmesser in der Schublade suchte, wenn sie vergessen hatte, es ihm hinzulegen. Aber sonst war er erfreulicherweise sehr anspruchslos und schon dankbar für ein paar Spiegeleier, sehr zu Noras Erleichterung. Herr Moll kam im Bademantel zum Frühstück, ließ, während er im Badezimmer war, die Tannhäuser-Ouvertüre durchs Haus dröhnen. Er fütterte Nora bröckchenweise mit privaten Daten, die typisch für seine Generation waren: Krieg, Gefangenschaft und dann die mühseligen Jahre als kleiner Vertreter.

An einem Sonntag vormittag pusselte er an seinem kleinen Weiher herum, und Nora, die ihm gegen elf Uhr etwas zum Trinken herausbrachte, sah ihm einen Augenblick dabei zu. Es war hübsch hier, fast ein wenig verwunschen. Das Grundstück wurde zur Straße von einem Streifen dichter Bäume abgegrenzt, so daß man die Illusion haben konnte, sich in einem undurchdringlichen Versteck zu befinden.

«Schade, daß es hier keine Frösche mehr gibt», bedauerte Herr Moll. Er wischte seine Hände an einem alten Küchenhandtuch ab. «Oder hören Sie einen? Verdammte Industrie! Soviel Kindheitserinnerungen sind für mich mit Fröschen verbunden – Ziegen hüten und Brennesseln schneiden, Entengrütze holen und Stichlinge fangen! Meine Sommerferien habe ich regelmäßig bei einem Freund auf dem Hof seiner Eltern verbracht. Einmal, ich muß damals so acht gewesen sein, sind wir nachts ausgebüxt. Wir sind nur bis zum nächsten Dorf gekommen. Aber es kam uns vor, als seien wir in ein fremdes Land geraten. So anders sahen im Mondlicht die Dorfstraße und die Häuser aus. Während wir durch die nebelfeuchten Wiesen liefen, begleitete uns die ganze Zeit das Gequake der Frösche.» Er blickte vor sich hin. Nora verzog sich unter einem Vorwand.

Aber als sie gerade dabei war, die Geschirrspülmaschine auszuräumen, merkte sie, daß er ihr gefolgt war. Wenn Männer in der Küche auftauchen, wollen sie einen entweder zu etwas überreden oder sie sind trostbedürftig. Anscheinend wirkt die Beschäftigung einer Frau mit Haushaltsgegenständen beruhigend und löst die Zunge, sagte sich Nora.

Spuck's aus, Junge, dachte sie und lächelte ihn an, während sie Teller und Gläser einräumte und er ihr im Wege stand. Er setzte sich an den Küchentisch.

«Mein Freund und ich da auf dem Dorf», begann er ohne Übergang, «hatten das Glück, zur gleichen Einheit zu kommen. Nur war ich ehrgeiziger als er und wurde sehr schnell zum Unteroffizier befördert. Während seines Heimaturlaubes vermißte ich ihn sehr und war glücklich, als er wieder zurückkehrte. Noch am gleichen Tag habe ich ihn dann zu meinem Spähtrupp eingeteilt, nur weil ich mich in seiner Gegenwart sicherer fühlte. ‹Ich habe da ein Mädchen kennengelernt›, flüsterte mein Freund mir zu, als wir uns durch den Wald bewegten. Dann fiel der tödliche Schuß. Kurz darauf bin ich in Gefangenschaft geraten. Ich habe nie erfahren können, ob seine Eltern noch am Leben sind. Heute ist übrigens sein Todestag.»

Herr Moll schien plötzlich zu bereuen, Nora alles erzählt zu haben. Sein Gesicht verschloß sich. Nora fühlte sich unbehaglich. «In der Rückerinnerung sieht vieles anders aus.» Sie bemühte sich, ihm das Gleichgewicht wiederzugeben. «Sie haben doch keine Schuld.»

Er lächelte etwas schief. «Die Vergangenheit ist eine Leimrute, auf der wir ewig klebenbleiben.»

«Ich mache Ihnen jetzt ein schönes Omelett», sagte Nora.

Am Tag darauf – sie versuchte gerade, die Symbole auf der fremden Waschmaschine zu enträtseln –, läutete das Telefon. Die Sekretärin teilte ihr mit, Herr Moll habe einen Herzanfall bekommen und sei ins Krankenhaus gebracht worden. Nora möge bitte so freundlich sein und einiges für ihn zusammenzupacken. Sie wollte gleich vorbeikommen, um es abzuholen.

Die Sekretärin wirkte recht gelassen, aber als sie dann Nora gegenübersaß, war ihr doch der Schreck anzumerken, und sie schüttete Nora ihr Herz aus.

«Kein Wunder bei dieser Arbeitswut», klagte sie, «die ist ja geradezu krankhaft. Statt Prioritäten zu setzen, muß er alles selber machen. Nichts kann er anderen überlassen. Bald wird er noch jede Rolle Klopapier selbst aufhängen. Und bei mir stehen die Leute Schlange, um endlich einen Termin zu bekommen. Aber das ist es nicht allein. Er muß irgendeine unangenehme Nachricht erhalten haben. Vielleicht hat da jemand an seinem Stuhl gesägt. Für die Jungen ist er mit seinen sechzig ja schon ein Fossil. Ich könnte Ihnen Geschichten erzählen!» Sie nahm einen herzhaften Schluck Sherry.

«Ich war früher mal in einer Firma, die ließ ihre in Ungnade gefallenen Angestellten von einer anderen Firma abwerben, aber nur so zum Schein. Dieser Mann wurde dann nach der Probezeit gleich wieder auf die Straße gesetzt. Der alte Betrieb zahlte dieser Firma lediglich die entstandenen Unkosten, die nach einer Kündigung übliche Abfindung hatte man auf diese Weise gespart.»

«Malen Sie nicht den Teufel an die Wand», sagte Nora erschrocken.

Die Sekretärin erhob sich. «Na, ich fahr jetzt besser gleich ins Krankenhaus und ruf Sie dann an, wenn ich zurück bin.»

«Soll ich seine Frau verständigen?» fragte Nora.

«Warten Sie damit lieber, bis ich mit ihm gesprochen habe. Nach Auskunft des Arztes soll es ihm schon wieder besser gehen. Sie können ihn dann ja in den nächsten Tagen besuchen.»

Nora ging durch den Garten und überlegte, was sie ihm mitbringen könnte. Blumen bekam er wahrscheinlich waschkörbeweise. Sie setzte sich auf die Bank am Weiher und beobachtete eine Libelle, die regungslos über dem Wasser stand. Herr Moll hätte seine Freude an ihr gehabt. Dann kam ihr ein Gedanke. Zunächst verwarf sie ihn als ein wenig lächerlich, aber je mehr sie darüber nachdachte, um so mehr erwärmte sie sich dafür. Sie sprach mit der Putzfrau darüber. Die lachte erst. «Nee, nee, so was!» Dann versprach sie aber, ihr möglichstes zu versuchen. «Mein Karli stromert ja jetzt bei dem schönen Wetter sowieso mit seinen Freunden durch die Gegend, dem werd' ich's sagen.»

Es klappte tatsächlich. Nora verstaute ihr kostbares Geschenk vorsichtig in einer Tragetasche und machte sich auf ins Krankenhaus. Es war eine jener modernen Kliniken, in denen man Mühe hat, sich im Labyrinth der Stationen zurechtzufinden.

Herr Moll lag allein. Er freute sich sichtlich, sie zu sehen.

«Schön, daß Sie mich besuchen. Ich weiß, es klingt verrückt, aber ich bin meinem toten Freund begegnet, von dem ich Ihnen erzählt habe.»

«Es ist recht heiß hier.» Nora öffnete das Fenster.

«Bei mir», fuhr Herr Moll fort und stellte sich das Kopfteil höher, «erschien ein Ingenieur zu einem Einstellungsgespräch. Er war meinem gefallenen Freund wie aus dem Gesicht geschnitten. Ich habe mir seine Unterlagen genau angesehen. Er muß von dem Mädchen stammen, das mein Freund damals erwähnte. Ich überlegte mir gerade, ob ich mich mit ihr in Verbindung setzen sollte, da wurde mir schwindlig.»

Inzwischen hatte Nora ihr Geschenk ausgepackt und auf den Nachttisch gestellt.

«Was für eine Überraschung!» rief Herr Moll, dessen blasses Gesicht plötzlich Farbe bekam. «Wie sind Sie denn darauf gekommen?»

«Ich dachte an Ihren Weiher», sagte Nora, «und . . .» Sie wurde von der Assistenzärztin unterbrochen, die ins Zimmer getreten war. Braungebrannt und hübsch stand sie an Herrn Molls Bett.

«Ich denke, wir können Sie in zwei Tagen wieder entlassen, und dann machen Sie mal so richtig Urlaub.» Sie beugte sich über Noras Geschenk – ein Weckglas. «Was für entzückende exotische Fischchen!»

Herr Moll und Nora sahen sich an.

«Das sind doch Kaulquappen», sagten sie wie aus einem Mund.

16

Noras neuer Arbeitgeber war jetzt ein Förster. Er war ihr von Kusine Freda vermittelt worden, die ihr auch gleich ein paar Informationen mit auf den Weg gab. «Er ist noch Junggeselle. Mit seinen Freundinnen hat er wohl viel Pech gehabt. Aber nun hat er sich vor kurzem verlobt. Vorläufig führt ihm eine Frau aus dem Dorf den Haushalt. Du sollst sie während des Urlaubs vertreten. Keine Angst, sein kleiner Bruder und er sind recht anspruchslos. Deine Kochkenntnisse reichen da bestimmt.»

«Na, hoffentlich.» Nora begann wieder einmal, ihren Koffer zu packen. Daß sie so ein unruhiges Leben führen würde, hätte sie sich vor ihrer Pensionierung nicht träumen lassen.

Der Förster klagte zwar gelegentlich über seinen Bruder, doch das hinderte ihn nicht daran, ihn bei jeder Gelegenheit in Schutz zu nehmen. Daher hätte sich Nora die Frage nach dem verschwundenen Kartoffelmesser sparen können. Förster Hoppe wies den Verdacht, Leo könnte das Messer genommen haben, entschieden zurück.

«Das hat bestimmt die gute Frau Steffens verschlampt.» Dabei wußte er sehr wohl, daß der Junge alles, was er an Haushaltsgeräten gebrauchen konnte, in den baufälligen Schuppen hinter dem Obstgarten schleppte. Dort verbrachte er auch die meiste Zeit. Das gleiche erlebte Nora mit Leos dreckigen Unterhosen, dem zerrissenen, ölverschmierten T-Shirt und den ausgefransten Tennisschuhen, die sie hinter der Küchenbank hervorangelte. Der Förster tat, als sei er sehr verwundert. «Wie kommt denn das hierher?» Als ob nachts boshafte Kobolde durchs Haus gehuscht wären, mit nichts anderem im Sinn, als seinem braven Brüderchen einen Schabernack zu spielen.

Die Brüder waren Vollwaisen. Sie hatten ihre Eltern bei einem Verkehrsunfall verloren. Damals war Leo gerade acht gewesen. Ehe Wilfried Hoppe diese Stelle als Revierförster bekam und seinen Bruder zu sich nehmen konnte, mußte er Leo in ein Internat geben. Jetzt besuchte der inzwischen Achtzehnjährige die letzte Klasse einer Realschule in der nahe gelegenen Stadt.

Die Försterei entpuppte sich als eine ziemliche Rumpelkammer. Wilfried Hoppe hatte das Mobiliar von seinem Vorgänger übernommen. Es störte ihn nicht, daß es sehr erneuerungsbedürftig war. Der Gasherd in der Küche war so alt, daß die Flammen häufig ausgingen und man nie wußte, wann Kartoffeln und Gemüse gar sein würden. Die Badewanne fühlte sich wie ein Reibeisen an, und im kleinen

Gastzimmer mußte Leo erst den Efeu zurückschneiden, damit Nora das Fenster öffnen konnte.

Leos Lieblingsplatz, der Schuppen, bot auch den Haustieren Unterschlupf. Eine Pekingente hauste in einem ausgeschlachteten Fernseher, Hühner gebrauchten ein abgewracktes Motorrad als Schlafbaum, und zwischen Schrauben und Zangen kletterte gelegentlich ein Igel. Fürsorglich wurde der Igel von dem Jagdhund zurückgeholt, wenn er wieder einmal der nahe gelegenen Verkehrsstraße zustrebte, die anscheinend eine merkwürdige Anziehungskraft auf ihn ausübte. Das erste Mal war Nora entsetzt zum Förster gelaufen. «Er beißt den Igel tot!» Aber Förster Hoppe hatte sie beruhigt.

«Er tut ihm schon nichts. Im Gegenteil, Sie werden sehen, morgen früh hat der freche Igel die Hundeschüssel blankgeputzt.» Auf seinen geliebten Harras, das hatte Nora längst gemerkt, ließ Wilfried Hoppe sowieso nichts kommen. Dabei war der Hund nach einem Zusammenprall mit einem Auto etwas wirr im Kopf und nur noch bedingt stubenrein, was der Förster entschieden abstritt, obwohl Nora schon des öfteren gesehen hatte, wie er heimlich hastig mit Eimer und Bürste den Läufer im Flur bearbeitete. Harras' bevorzugtes Wild waren Fliegen und Wespen, und sein liebster Spielgefährte die Katze, ein masochistisches Tier, das sich gern von ihm unter lautem Wehklagen herumschleppen ließ, aber wenn er sie nicht beachtete, beleidigt neben ihm herrannte und ihn in den Schwanz biß.

Leo war Nora gegenüber erst sehr reserviert gewesen. Würde sich «die Alte» womöglich erdreisten, an ihm rumzuerziehen? Nora starrte beim Mittagessen mißbilligend auf seine rabenschwarzen Hände, die ungeniert in den Salat griffen und die Serviette in einen schwarzen Lappen verwandelten. Als sie in der Küche den Abwasch zusammenstellte, hörte sie, wie er sich bei dem großen Bruder beklagte: «Was glotzt die Mumie so?»

«Du könntest dir wirklich die Hände vor dem Essen waschen», sagte der Förster. «Unappetitlich, so was!»

«Damit muß sie leben», sagte Leo und knallte beim Hinausgehen herausfordernd die Tür. Doch Nora blieb ihrem Grundprinzip treu und enthielt sich möglichst jeder Kritik. Sie betrat nur wenn es sein mußte den Schuppen, sein Heiligtum, in dem sich die merkwürdigsten Dinge stapelten: Sessel ohne Beine, kaputte Fahrräder, angeschlagene Teller und Radios, aus denen die Eingeweide heraushingen.

«Was machst du nur mit all dem Zeugs?» hatte sie ihn gefragt.

«Irgendein Abnehmer findet sich immer», hatte er geantwortet und einen ausrangierten Zigarettenautomaten dazugestellt. Allmählich gewann er zu ihr ein gewisses Vertrauen und ließ sie sogar in sein Zimmer, das wie die Schaltzentrale eines Raumschiffes wirkte. Seine große Passion waren Science-fiction-Filme. Während sie seine Hemden plättete, erzählte er den Inhalt, von dem sie nichts verstand und im Gedächtnis behielt, außer daß ein sprechender Roboter von der Größe einer Faust darin vorgekommen war. Das hatte sie beeindruckt.

Wenn es um äußere Verletzungen ging, war der Junge hart im Nehmen. Soviel Jod und Heftpflaster konnte man gar nicht im Hause haben, wie benötigt wurde, wenn er von seinem Lieblingssport, dem Crossen, zurückkehrte. Aber nachts hatte er gern seine Tür einen Spalt offen. Natürlich gab er das nicht zu. «Diese verdammte Tür springt immer von allein auf.»

Für des Försters Wald interessierte Leo sich nicht mehr als ein Regenwurm für einen Rasen aus gefärbter Glaswolle. Nur wenn er von seinem großen Bruder etwas wollte, war er angeblich ganz Ohr und brachte ihn dazu, wieder einmal einen Vortrag über das Waldsterben zu halten und wie schädlich Schwefeldioxid für die Bäume sei.

«Klingt ja ätzend.» Er stopfte sich mit einem Seitenblick auf Nora den Aufschnitt in den Mund, ohne ihn vorher erst umständlich auf ein Brot zu legen. «Kann ich das Auto haben?» Der Förster überging die Frage und kam auf die Besucher des Naherholungsgebietes zu sprechen.

«Manche Menschen sind so dumm, daß dumm nicht reicht», schimpfte er. «Im Winter schmeißen sie mir zentnerweise verschimmeltes Brot auf die Futterstellen oder Küchenabfälle, die nicht mal 'ne Ratte anrühren würde. Jetzt trampeln sie mir wieder durch die jungen

Pflanzungen. Und was bekommt man zu hören, wenn man sie zur Rede stellt? Die Natur ist doch für alle da!»

«Aber deinen Wald hast du schwer in Ordnung», sagte Leo. «Der neue Trimm-dich-Pfad, den du angelegt hast, ist einfach Klasse! Kann ich das Auto haben?»

«Meinetwegen, willst du zu einem Freund?» Leo schüttelte den Kopf, «ich hab da so 'ne zarte Taube kennengelernt, wir wollen in die Disco. Da gibt's einen neuen Jockey, nennt sich ‹der Fetzer von der Rille›.»

«Aber um zehn bist du wieder zurück, denk an die Schule!»

«Doch immer!» Leo fing geschickt den Autoschlüssel auf, den ihm sein Bruder zuwarf.

«Und ich», sagte der Förster, «muß wieder an den Schreibtisch, aber gegen Abend machen wir unsere Pirsch. Nicht wahr, Frau Lechow?» Nora nickte begeistert. Das Wild, das der Förster und sie im Auge hatten, war von besonderer Art: Umweltverschmutzer, die sich am Wochenende im Walde tummelten.

Als es dämmrig wurde, machten sie sich auf den Weg. Während sie durch den Wald marschierten und der Förster sorgenvoll seine kränkelnden Fichten begutachtete, hörten sie ganz in der Nähe ein Knacken. Der Förster legte warnend seinen Finger an die Lippen, und sie schlichen vorsichtig darauf zu. Fast so aufregend wie eine Großwildjagd in Afrika, dachte Nora und bemühte sich, nicht auf einen Ast zu treten.

Dann machte der Förster einen Satz. «Halt, stehengeblieben!» Die junge Frau vor ihm verhedderte sich vor

Schreck in dem Brombeerstrauch, unter den sie gerade einen Teppich schieben wollte. Förster Hoppe zog genüßlich das Notizbuch. «Das gibt ein schönes Bußgeld!»

«Wenn Sie wüßten, was meiner Freundin und mir passiert ist . . .» Die junge Frau war den Tränen nahe.

«Mit Ausreden», sagte der Förster, «könnte ich ein fünfhundert Seiten dickes Buch füllen. Darum seid ihr nie verlegen.»

Nora nickte zustimmend. Erst letzte Woche hatten sie einen Mercedesfahrer erwischt, der sich seines kaputten Eisschrankes auf einer Schneise entledigen wollte und dann behauptete, er wäre ihm aus dem Kofferraum gefallen. Aber Förster Hoppe hörte sich dann doch, gutmütig wie er war, die Leidensgeschichte der beiden Frauen an.

Vor ihrer gemeinsamen Urlaubsreise hatte sich die Freundin einen griechischen Hirtenteppich gekauft; dann hatten sie ihren Dackel in Pflege gegeben und waren losgefahren. Gestern nun waren sie aus Frankreich zurückgekehrt. «Auch ganz schön, wieder zu Hause zu sein», hatte die Freundin gemeint und sich zufrieden den neuen Teppich unter ihren Füßen betrachtet. «Was habe ich denn da an meinen Beinen?» Das Rätsel war schnell gelöst. Die Beine waren übersät mit Flöhen. «Unser Dackel muß sie noch eingeschleppt haben, bevor er in die Hundepension kam», erklärte die junge Frau dem Förster. «Wie wir hörten, sollen sich die Biester explosionsartig vermehren, wenn sie nichts zu fressen finden.»

Sie kratzte sich. Nora und Förster Hoppe wichen zurück.

«Meine Freundin ist hysterisch geworden und hat nur noch geschrien: ‹Weg damit! Weg damit!›»

«Hm!» Der Förster betrachtete sich nachdenklich den nagelneuen Teppich. «Ich will mich ausnahmsweise mit zehn Mark begnügen. Haben Sie soviel bei sich?» Das Mädchen nickte erleichtert. «Und diese Flohmatte legen wir hier auf den Sandplatz, und ich lasse sie verbrennen. Aber rausziehen und hinbringen müssen Sie das Ding schon selbst!»

Er gab Leo den Auftrag, gleich morgen den Teppich zu vernichten. «Aber geh vorsichtig mit dem Benzin um, auch wenn nach dem vielen Regen in den letzten Tagen eigentlich nichts passieren kann.» Leo kam mit der Meldung zurück, es tue ihm leid, aber der Teppich sei nicht mehr dagewesen.

«Der neue Besitzer wird seine Freude daran haben», sagte sein Bruder schadenfroh. Leo blickte verwundert. «Wie meinst du das?» Doch Förster Hoppe war mit seinen Gedanken bereits woanders. «Was ich noch sagen wollte, Frau Lechow, am nächsten Wochenende kommt meine Verlobte.»

«Da hat er nämlich Geburtstag», spottete Leo, «auf den legt er großen Wert. Da müssen Sie ihm eine Torte backen und seinen Teller mit Efeu und Blumen bekränzen, *Happy Birthday* singen und . . .»

«Ach, halt die Klappe.» Der Förster sah jetzt selbst wie ein Junge aus, den man bei kindlichen Wünschen ertappt hat. «Räum lieber mal den Flur auf, das sieht ja hier wie auf einem Müllabladeplatz aus!» Er stieß mit dem Fuß gegen ein Gewirr von Schulbüchern, Heften, leeren Coladosen und Gummistiefeln. «Frau Lechow hat auch keine Lust, dauernd hinter dir herzuräumen, schließlich soll es doch Ruth ein bißchen hübsch haben!»

Leo verzog verächtlich den Mund und ging in seinen Schuppen.

Die Verlobte stellte sich als ein nettes, etwas langweiliges Mädchen heraus, das gleich an ihrem Bräutigam besitzergreifend herumzupfte und -strich.

«Neue Hemden könntest du dir auch mal kaufen. Wo ist denn Leo?» Der kam gerade zur Tür herein, tuschelte ihr etwas ins Ohr und begleitete Nora in die Küche, wo sie vor Ruths Ankunft gerade dabei gewesen war, so etwas wie einen Tortenteig herzustellen.

«Sieht gut aus!» Leo fuhr mit dem Finger in den Teig. «Was mein Bruder bloß an der findet. Die ist doch wie 'ne tote Socke. Der kann man ja beim Laufen die Schuhe besohlen. So eine fürs ganze Leben an der Hacke!»

«Aber, aber», sagte Nora und besah sich zweifelnd ihren Teig: War er nicht zu fest? Ihr Gespräch wurde von Ruth, die auch in die Küche gekommen war, unterbrochen. «Kannst du mir das Geschenk für Wilfried jetzt zeigen?» fragte sie Leo. Sie wandte sich an Nora. «Er hat mir nämlich . . .»

«Komm lieber hier raus», drängte Leo nervös, «wir stören Frau Lechow nur, ich hab's im Schuppen.»

Der Geburtstag begann zur großen Zufriedenheit des Geburtstagskindes. Die Waldarbeiter erschienen, um dem Förster zu gratulieren. Blumen wurden abgegeben, und dazwischen klingelte das Telefon. So kamen sie erst ziemlich spät zum Frühstücken. Leo hatte sich angeboten, den Frühstückstisch zu decken und die Geschenke aufzubauen, so daß auch Nora Ruths wundervolles Geschenk, einen weißen langhaarigen Teppich, auf den Leo den Eßtisch gestellt hatte, erst jetzt zu sehen bekam, was allerdings bei ihr eine gewisse unbehagliche Gedankenverbindung auslöste. Dem Förster schien es ähnlich zu gehen, denn er machte ein ganz entgeistertes Gesicht.

«Gefällt er dir?» Ruth schmiegte sich zärtlich an ihn. «Hat Leo mir netterweise für dich besorgt! Er hatte da ein günstiges Angebot, und ich weiß, du wünschst ihn dir schon lange.»

«Und wo hast du ihn her?» fragte der Förster seinen Bruder mit belegter Stimme. Leo strich sich unschuldig ein Marmeladenbrot.

«Er stammt aus einem Brandschaden.»

«So, so», sagte der Förster. Er fuhr sich über die Hosenbeine.

In der Nacht wurde Nora durch ein Geräusch geweckt. Sie tappte zum Fenster und sah hinaus. Auf dem Hof stand der Förster. Er hatte den Teppich über die Wäscheleine gehängt und schien ihn ausgiebig zu besprühen. Beim Frühstück schnupperte Ruth.

«Wie komisch der Teppich riecht, das ist mir gestern gar nicht aufgefallen.»

«Neulich habe ich gelesen», sagte Nora, und sah den Förster vielsagend an, «daß Bienen beim Honigsammeln besonders von jenen Feldern angelockt werden, die ausgiebig mit Insektenvertilgungsmitteln besprüht worden sind. Die Bienen sind direkt süchtig darauf.»

«Interessant», sagte der Förster und rutschte dabei unruhig auf seinem Stuhl herum.

«Der Geruch wird schon herausgehen!» Ruth besah sich zufrieden ihr Geschenk. «Aber hübsch ist dieser Flokati.»

«Wie bitte?» Der Förster sah sie irritiert an.

«So heißen diese Teppiche», erklärte Ruth verwundert. «Was ist los, du kuckst so komisch.»

«Nichts, nichts», versicherte der Förster. Aber irgendwie war die Stimmung für den Tag verdorben, und Nora fand das Mädchen später in Tränen im Wohnzimmer.

«Ich hatte mich so auf das Wochenende gefreut, und nun hocken die beiden Brüder dauernd in dem dreckigen Schuppen zusammen und zanken sich über etwas, das sie mir nicht sagen wollen.» Bedrückt bestieg sie gegen Abend ihr Auto und fuhr wieder ab.

Auch die beiden Brüder waren weggefahren, und aus dem Eßzimmer war der Teppich verschwunden. Vergeblich wartete Nora mit dem Abendbrot auf sie.

Schließlich ging sie zu Bett. Erst nach Mitternacht hielt ein Auto auf dem Hof. Die Brüder schienen sich ein Taxi genommen zu haben, denn das Auto wendete und fuhr zurück auf die Straße. Nora beugte sich aus dem Fenster ihres Schlafzimmers. Lachend kamen sie über den Hof gestolpert.

Wir sind in Stimmung, was kost' die Welt! Dann hörte sie Leo sagen: «Glaub mir, Bruder, Ehrenwort, das mit den Flöhen hab ich wirklich nicht gewußt! Du hast kein Sterbenswörtchen davon gesagt, du hast nur gesagt, ich soll den Teppich verbrennen. Von diesen Viechern war nichts zu merken.»

«Und dem armen Ruthchen hast du auch noch Geld dafür abgenommen?»

«Ruthchen, das Puttchen», lallte Leo und dann mit ängstlichem Unterton: «Was willst du bloß mit der?»

«Putt, putt», sagte der Förster mit schwerer Zunge, «ist sie nichts für uns, keine zarte Taube?»

«Komm rein», sagte Leo, «die Mumie glotzt!» Und dann sangen sie: *Ab geht die Post, und wenn wir weiße Mäuse sehen!*

Die Pekingente schnatterte empört.

17

Noras ursprüngliche Sorge, es würde schwierig sein, immer wieder einen neuen Job zu finden, erwies sich als unbegründet. Förster Hoppe hatte für sie bereits etwas anderes im Auge. Und zwar eine Urlaubsvertretung für die Sekretärin eines Barons, der sich auf seinem Gutshof eine Firma für Sanitär- und Heizungsartikel eingerichtet hatte. Er kannte die Familie von früher. Als Noras Zeit im Forsthaus abgelaufen war, hatte der Baron sie mit dem Auto abgeholt. Er war einen Kopf kleiner als seine Frau und völlig unempfindlich gegen die Widrigkeiten des Alltags, was ihn zu einem angenehmen Chef machte.

«Die Baufirma Kruse bereits mit fünfzigtausend Mark bei uns in der Kreide? Was soll ich mich aufregen? Es kommt, wie es kommt.» Eine Einstellung, die seine Frau zur Verzweiflung trieb. Sie lebte außerdem ständig in der Furcht, die Enkelkinder könnten zu Schaden kommen – könnten ihre Fingerchen in eine der vielen Steckdosen bohren oder die steile Kellertreppe hinunterpurzeln. «Aber eine provisorische Tür ist doch eine Kleinigkeit!» rief sie ärgerlich. «Hast du vergessen, wie Jürgen nach seinem Sturz vier Wochen mit einer Gehirnerschütterung im Bett liegen mußte?»

«Es kommt halt, wie es kommt», sagte der Baron, und Sohn Jürgen, der ihm sehr ähnlich war, pflichtete ihm bei, obwohl es sich um sein eigenes Kind handelte.

Vieh gab es auf dem Gut schon lange nicht mehr. Land und Weiden hatte man verpachtet, und eine Koppel war lukrativ in einen Campingplatz umgewandelt worden. Der Baron lobte Noras fehlerfrei getippte Briefe – das sei er von seinen jungen Mädchen gar nicht mehr gewohnt –, auch daß sie es so gut verstand, mit den Kunden umzugehen, denen sie ohne Murren noch nach Feierabend das Lager aufschloß, um geduldig eine Schraube für sie herauszusuchen. Dagegen hatte sie Schwierigkeiten mit dem Computer, dem sie sich nicht gewachsen fühlte. Er war ihr eher unheimlich, weil er plötzlich endlose leere Papierstreifen ausspuckte.

Zuerst war Nora ganz entzückt von dem Haus gewesen. Kindheitserinnerungen an unbeschwerte Sommerferien mit Vettern und Kusinen wurden wieder wach. Sie betrachtete sich wehmütig die schönen alten Dinge, die in den Räumen des Hauses herumstanden und mit denen recht sorglos umgegangen wurde. Aber dann stellte sie fest, daß so viele angehäufte Schätze der Vorfahren auch ihre Schattenseiten hatten. Die reichziselierten Waffen an den Wänden, die Truhen und Schränke mit Schnitzereien auf den Fluren, die achtlos zu Stapeln aufgehäuften Urkunden, Fotoalben und bibliophilen Kostbarkeiten waren rechte Staubfänger; die

Spinnen liebten es, dort ihre großen Netze zu weben. Und all die wertvollen Vasen warteten vergeblich darauf, mit Blumen gefüllt zu werden.

«Nun ist es aber wirklich genug!» Die Baronin klatschte den Abwaschlappen ins Becken. «Wieviel Zeit soll ich denn noch in der Küche verbringen? Ihr wißt doch, daß der Geschirrspüler kaputt ist!»

Fast hätte der Baron vor Schreck eins der unersetzlichen Wappengläser fallen gelassen, die er gerade auf dem Küchentisch abstellen wollte: «Aber, Häschen, wir können doch unmöglich für den Wein die Biergläser nehmen!»

«Dann wascht sie euch gefälligst selbst ab!» Die knarrende Küchentür verhinderte einen lautlosen Rückzug des Ehemannes.

«Wenigstens die hättest du mir endlich mal schmieren können», fauchte sein einsachtzig großes Häschen, das eine merkwürdige Vorliebe für winzige Schürzchen hatte. Sie drehte sich zu Nora um. «Keine Hilfe im Haus, außer zweimal in der Woche eine Putzfrau, aber Allüren, als stünde hinter jedem Stuhl ein Diener!» Nora hängte das Geschirrhandtuch auf. Sie war die einzige, die der Baronin hin und wieder half. Noch nie hatte sie in den letzten Jahren eine Hausfrau derart schuften sehen. Sie war der Ansicht gewesen, so etwas gehöre der Vergangenheit an.

Das geräumige Gutshaus schien eine magnetische Anziehungskraft nicht nur auf die erwachsenen Kinder des Ehepaares, sondern auch auf Freunde und Verwandtschaft auszuüben. Verständlich bei der landschaftlichen Lage. Der Park endete unmittelbar an einem See, und einen Kilometer entfernt lag das Meer. Ohne sich vorher anzumelden, standen immer wieder Gäste plötzlich fröhlich hupend mit dem Auto vor der Tür. «Wir kommen gerade vorbei und wollten nur kurz mal reinschauen.» Was bedeutete, daß sie mindestens drei Tage blieben. Täglich mußten Betten bezogen und abgezogen und Berge von Wäsche aufgehängt und gebügelt werden. An einem Nachmittag zählte Nora allein vierzehn Oberhemden. Spül- und Waschmaschine liefen von früh bis spät. Es war jedesmal eine Katastrophe, wenn wieder eins der veralteten Geräte ausfiel.

Die Kaffeemaschine dampfte den ganzen Tag vor sich hin, bis auch das letzte Aroma verflogen war. Anscheinend waren alle Gäste der Meinung, die Hausfrau hätte eine Art Leasing-Vertrag mit den Heinzelmännchen, die für sie die Hausarbeit nachts erledigen würden. Vor zehn Uhr war kaum jemand am Frühstückstisch zu finden, an dem man dann plaudernd bis gegen Mittag saß, während die Hausfrau rotierte. Nur beim Rasenmähen zeigte man hin und wieder ein schwaches Entgegenkommen. Aber der Rasenmäher war im Gegensatz zur Waschmaschine auch das neueste Modell, das es auf dem Markt gab. Nora war heilfroh, daß sie mit Haus und Garten nichts zu tun hatte.

Die Männer dieser Familie gaben sich gern als große

Jäger, auch wenn die Beute nur aus ein paar mageren Kaninchen oder Wildtauben bestand; sie gebärdeten sich, als hätten sie eine Wolfsjagd hinter sich, trampelten mit den dreckigen Gummistiefeln über die Spannteppiche und warfen die toten Tiere prahlerisch auf den Küchentisch.

«Mein Gott, das Blut versaut uns ja die Tischdecke», hatte sich Nora entsetzt. Aber da war sie bei Jürgen, dem ältesten Sohn, schlecht angekommen. «Wild blutet nicht, es schweißt, verehrte Frau Lechow!»

Danach saßen die Männer noch bis weit nach Mitternacht am Kamin zusammen, denn nach einem ausgiebigen Mittagsschläfchen waren sie frisch und ausgeruht, während Nora und die Baronin herzhaft gähnend längst schlafen gegangen waren, nicht ohne vorher alle Zimmer nach leeren Weingläsern, Spielzeug, abgegessenen Tellern und Kompottschälchen abzusuchen und tropfende Wasserhähne zu schließen. Gegen zwei Uhr verfiel das Haus endlich in Schlaf, und es wurde erst wieder unruhig, wenn die Babys zu greinen anfingen und der lautstarke Disput zwischen den Eheleuten, wer dem Kind die Flasche fertig machen sollte, in Noras Träume drang.

Wenn dann die Baronin das Frühstück bereiten wollte, hatte sich die saubere Küche längst wieder in ein Chaos verwandelt. Der Herd sah einen aus glühenden Herdplatten drohend an, und im Eisschrank tropfte es, weil das Gefrierfach nicht ordentlich zugedrückt worden war. Gelegentlich kam die Baronin auf ein Schwätzchen zu Nora ins Büro und erzählte, wie es früher auf dem Gut ausgesehen hatte, als sie jung verheiratet war: Das Haus bis unter das Dach voller Flüchtlinge und nur ein Klo. Und natürlich keine Heizung. I bewahre, Kachel- und eiserne Öfen und täglich für über dreißig Personen das Essen auf einem baufälligen Herd zubereiten!

Unter den Flüchtlingen war eine uralte Gräfin gewesen, die hatte bis zur Flucht noch nie im Leben ihr Haar selbst frisiert. Sie war mit den Enkelkindern ganz allein angekommen, und wenn sie vor den Kleinen einmal ihre Ruhe haben wollte, ließ sie sie mit ihrem Schmuck spielen. Da waren dann die kostbaren Edelsteine über den Fußboden gerollt. Wirklich eine fabelhafte alte Dame, aber so taub, daß sie ihre eigenen Selbstgespräche nicht mehr hörte.

Die Baronin kicherte: «Eines Morgens kam mein Mann die Treppe herunter. Die alte Gräfin lächelte ihn an und sagte: ‹Guten Morgen, mein Lieber›, drehte sich um und murmelte laut: ‹Greulicher Flaps.›»

Aber, mein Gott, was hatte sie schon als junges Ding zupacken müssen! Die ganze Wäsche ohne Waschmaschine und das Obstpflücken im Sommer. Trotz der geschilderten Mißlichkeit der damaligen Zeit verklärte sich das Gesicht der Erzählerin. Damals, das war die Jugend, das war die Verliebtheit, das war das Glück, ob nun mit oder ohne zerschundene Hände oder Frostbeulen. Vier Kinder hatte das Ehepaar in die Welt gesetzt. Zwei der Jungen und das Mädchen waren bereits verheiratet. Nur der Jüngste war noch ledig.

«Liebenswert, aber ein Bruder Leichtfuß, und nun hat er schon wieder eine neue Freundin mitgebracht!» Die Baronin seufzte und sah auf die Uhr. «Ich wollte Sie eigentlich zum Essen holen. Die Kartoffeln müssen längst gar sein.» Sie gingen über den Hof und stiegen die Terrasse empor, auf der die Kinder und die Gäste saßen und sich unterhielten. Dazwischen wuselte der zweijährige Enkelsohn, den die Ärzte im Krankenhaus «Smokey» getauft hatten. Er stopfte sich jede Zigarette, die er fand, in den Mund und war schon zum zweiten Mal mit einer Nikotinvergiftung auf die Kinderstation des Kreiskrankenhauses eingeliefert worden.

Nora und die Baronin stiegen vorsichtig über Windeln, Babyflaschen, Sauger und Kinderspielzeug hinweg und setzten sich eine Weile dazu. Es war ein herrlicher Sommertag, und Nora atmete voller Behagen den Duft der blühenden Linden ein.

«Wäre schön, wenn mal jemand den Tisch decken würde», sagte die Baronin in neutral gehaltenem Ton. Die Bitte ging unter in einer heftig aufflackernden Diskussion über das Für und Wider der Schwangerschaftsgymnastik. Tante Tilly, die sprunghafte, rief plötzlich dazwischen: «Hoffentlich sind die Koteletts heute mittag nicht wieder so zäh und trocken.» Und überhaupt, die Zukunft gehöre wieder dem marmorierten Schwein, das so viel schmackhafter sei. Man sah sie irritiert an, und während des kurzen Schweigens wiederholte die Baronin ihre Bitte. Aber da erntete sie nur mißbilligende Blicke, und der jüngste Sohn sagte:

«Mutter, was bist du heute wieder stressig! Jeder holt sich seinen Teller selbst, und wir essen draußen.» Nur seine Freundin, ein mageres kleines Ding mit leichtem Basedowblick und Pumphosen stand auf und folgte Nora und der Baronin in die Küche. Allerdings weniger, um ihnen zu helfen, als um die Baronin aufzuhetzen. Sie sagte, die Baronin sei ja schließlich nicht der Familienkuli. Sie zeige aber noch die typischen Verhaltensmuster der älteren Frauengeneration. Sie sollte mal an sich selbst denken und sich nicht für andere aufopfern.

«Sehr richtig!» sagte Nora und drückte der Emanzipierten die Petersilienmühle in die Hand. Das Mädchen verstreute ein paar durchgedrehte Petersilienblätter über die Kartoffeln und das Gemüse und verschwand aus der Küche, ehe sie das Thema vertiefen konnten. Die Baronin sah ihr nach und leckte nachdenklich den Puddinglöffel ab.

«Wahrscheinlich geht die Freundschaft auseinander. Deshalb schlägt sie sich so auf meine Seite.»

«Aber sie hat recht», sagte Nora.

Irgendwie mußte die Rede des Mädchens auf fruchtbaren Boden gefallen sein. Denn eines Morgens war die Baronin verschwunden und hatte nur einen Zettel an ihren Mann hinterlassen. Sie brauche mal eine Woche, um sich auszuspannen, und nun müßten sie solange selbst für sich sorgen. Der Baron war fassungslos. Dabei vermutete Nora, daß er es gewesen war, der die Sache wider Willen ins Rollen gebracht hatte. Er war am

Sonntag nachmittag mit dreißig Pfund Himbeeren angerückt, gerade in dem Moment, als seine Frau eine Freundin in der Stadt besuchen wollte.

«Was soll ich denn jetzt damit?» hatte die Baronin gekrischen. «Glaubst du, ich stell mich hin und weck sie ein?»

«Ach, Häschen», sagte der Baron unbeschwert, «mach doch Saft, der schmeckt so gut, und das ist doch überhaupt keine Arbeit!»

«Und wer holt die Flaschen aus dem Keller, wäscht sie, füllt sie, bindet sie zu, beschriftet sie, wer sortiert die Himbeeren und kocht sie? Ich jedenfalls nicht!»

Voller Schadenfreude teilte Nora der Putzfrau die Neuigkeit mit, daß die Hausfrau verreist sei. Doch diese sah sie eher mitleidig an und sagte: «Man wird sehen, wie sich die Sache entwickelt.»

«Ich muß jetzt ins Büro», sagte Nora, als einer der Gäste sie um heiße Milch bat. Sollten die drüben doch allein sehen, wie sie fertig wurden.

Sie selbst brauchte sich nicht überanzustrengen, denn die Geschäfte gingen nicht sehr gut. Der Baron äußerte es bedauernd und schlich dann leise pfeifend um sie herum.

«Sie sehen ja selbst, liebe Frau Lechow, im Grunde genommen sind Sie hier überflüssig. Für mich kommt diese große Flaute unerwartet. Sonst hätte ich Sie gar nicht erst eingestellt. Aber wissen Sie was? Meine Frau ist doch für eine Woche verreist, und da dachte ich mir . . . da wollte ich Sie fragen . . . da haben wir uns überlegt . . .»

Nora wurde blaß. Sie ahnte, was auf sie zukam.

«Nein, nein», rief sie, und ihr Blick fiel durchs Fenster. Sie sah die Kinder und Gäste auf das Büro zumarschieren, allen weit voran dieses magere Ding in seinen Pumphosen.

«Sie wollen mir helfen, Sie zu überreden», sagte der Hausherr.

18

Es wurde Mitte September, ehe Nora wieder nach Hause zurückkehrte. Die Baronin war länger als angekündigt fortgeblieben, und die verwaiste Familie hatte Nora immer wieder beschwatzt, noch eine weitere Woche auszuharren. Man war sehr bemüht, zeigte sich von der angenehmsten Seite, fragte nach ihrem Leben, wofür sich bis dahin kaum jemand interessiert hatte, und gab ihr das Gefühl, unentbehrlich zu sein. Ihre einfachen Mahlzeiten wurden enthusiastisch gelobt und sogar hin und wieder der Staubsauger für sie betätigt. Nur über das dürre Pumphosenmädchen ärgerte sich Nora. Es drückte sich vor jeder Arbeit und hielt es nicht einmal für nötig, ihr Frühstücksgeschirr in die Abwaschmaschine zu stellen. An den ketzerischen Ausspruch vom Familienkuli, mit dem sie die Baronin aufgehetzt hatte, wußte sie sich nicht mehr zu erinnern. Das mußte Nora irgendwie verwechselt haben. Die Annahme der Baronin, das Interesse ihres Jüngsten an diesem Geschöpf sei erloschen, erwies sich als falsch. Die beiden klebten mehr denn je zusammen und brachten es nur unter entsagungsvollen Seufzern fertig, mit der Küsserei bis nach den Mahlzeiten zu warten.

Dann war die Baronin ebenso unvermittelt, wie sie das Haus verlassen hatte, wieder zurückgekehrt. Als Nora eines Nachmittags in die Eingangshalle kam, saß sie auf einer der Truhen und erzählte, umringt von Kindern, Mann und Hunden, ihre Erlebnisse. Von Nora nahmen sie alle nur noch höflich Notiz. Im Grunde waren Familien, trotz vieler Streitereien sich selbst genug, und wenn der Sturm sich gelegt hatte, wurden Außenstehende eher als störend empfunden. Sogar von den Haustieren.

Nora fröstelte, sie fühlte sich erschöpft und fiebrig. Wahrscheinlich hatte sie sich in der letzten Zeit zuviel zugemutet. Wie sollte es weitergehen, wenn sie eines Tages nicht mehr die Kraft besaß, dieses Nomadenleben weiterzuführen? Plötzlich von Ängsten geplagt, versuchte sie Lilo anzurufen, aber niemand meldete sich. Wo steckte sie nur? Nora begann sich Sorgen zu machen. Ihre Freundin hatte lange nichts von sich hören lassen, was für die fleißige Briefschreiberin ungewöhnlich war.

In der Nacht bekam Nora starkes Herzklopfen und fühlte sich am nächsten Tag so abgeschlagen, daß sie zum Arzt ging. «Sie müssen sich einen Virus geholt haben», sagte der Arzt, nachdem er sie untersucht hatte. «Waren Sie vielleicht in Marokko? Da fahren die Senioren unter meinen Patienten jetzt gern hin und kommen gelegentlich mit solchen Symptomen zurück.» Er gab ihr ein Rezept. «Sie sollten sich eine Zeitlang schonen.

Ihr Herzmuskel könnte sonst leiden.» Er schob sie zur Tür hinaus. «Der nächste, bitte!»

Ganz gegen ihre Gewohnheit nahm Nora für den Rückweg ein Taxi. Zu Hause fand sie zwei Briefe vor. Der eine war von Wiltrud. Sie öffnete ihn zuerst. Wiltrud hatte endlich in ihrem Leben Glück gehabt. Sie, die mit ihren Eltern nach 45 die damalige Ostzone verlassen mußte, hatte in der DDR ein Mietshaus geerbt und dafür Lastenausgleich bekommen. Der andere Brief war von der Wohnungsgesellschaft. Er kündigte eine weitere Mieterhöhung an: «Auf die für Sie vielleicht bestehende Möglichkeit, das gesetzliche Wohngeld in Anspruch zu nehmen, möchten wir Sie bei dieser Gelegenheit hinweisen. Die Wohngeldstelle wird Sie gern beraten», stand am Schluß des Schreibens. Richtig, das Wohngeld, daran hatte sie überhaupt nicht mehr gedacht. Das stand ihr wohl immer noch zu. Eine Zeitlang hatte der Staat ja förmlich die Werbetrommel für seine sozialen Gesetze gerührt. Aber heute sah es damit etwas anders aus.

Soll ich oder soll ich nicht, oder laß ich's lieber sein? Mit dieser Melodie im Kopf ging Nora ein paar Tage später, als sie sich besser fühlte, zum Bezirksamt. Doch schon im engen Paternoster überfiel sie wieder die gleiche Beklemmung wie vor anderthalb Jahren. Merkwürdig, wie tief diese Scheu vor Amtsstuben und Obrigkeit ihr noch in den Knochen steckte! Dabei war der Umgangston mit den Bürgern viel freundlicher und zuvorkommender als früher. Damals hatten es die

Beamten oft nicht einmal für nötig gehalten, einen auch nur anzusehen, während sie Auskunft gaben.

Die Schlange auf dem Flur des Sozialamtes, an dessen Ende die Abteilung für das Wohngeld lag, war erschrekkend gewachsen. Noras Blick fiel auf einen jungen Mann. Er kam ihr bekannt vor. Es war der auskunftsfreudige Sozialpädagoge, der sie bei ihrem ersten Besuch so ausführlich über ihre Rechte belehrt hatte. Jetzt redete er halblaut auf eine junge Frau ein, die Nora den Rücken zukehrte. Als sie sich umdrehte – Nora war ganz fassungslos –, entpuppte sie sich als ihre frühere Redakteurin.

«Sie hier?»

«Da staunen Sie, was!» Die Redakteurin machte einen recht niedergeschlagenen Eindruck.

Wie sich herausstellte, hatte ihrem Karl-Heinz der «familiale Bereich» für die Selbstverwirklichung nicht mehr gereicht. Er war ausgezogen und hatte sein Studium wieder aufgenommen.

«Mit zwei Kindern läßt sich schwer etwas Neues finden. Ich bin jetzt arbeitslos. Mir bleibt nur noch das Sozialamt.»

«Sie Arme», sagte Nora. Zu ihrem Erstaunen erblickte sie gleich noch einen Bekannten: den Stadtstreicher, dem sie vor dem Klassentreffen in der Innenstadt etwas Geld geschenkt hatte. Mir geht's fast wie Mutter früher, dachte Nora belustigt, wenn die einmal im Jahr nach Berlin fuhr, traf sie auf dem Kurfürstendamm das halbe Dorf. Der Stadtstreicher war diesmal gut rasiert und trug, wohl um bei den Beamten einen besseren Eindruck zu machen, ein sauberes Hemd. Auch er schien sich zu erinnern. Jedenfalls lächelte er sie zutraulich an: «Willste Kohle, geh zur Wohle!»

«Hilf dir selbst, dann hilft dir Gott», hörte sie sich zu dem «Berber» sagen.

Der grinste: «Auch ein schöner Spruch!» Er beklopfte liebevoll seine rechte Jackentasche, in der sich etwas Flaches abzeichnete.

«Auch auf dem Weg zu den Meistern über Schutt und Asche?» fragte er und zwinkerte ihr zu.

Schutt und Asche. So hatte sie sich vor langer Zeit auch mal gefühlt, als sie für ihren Vater Unterstützung beantragen mußte. Der Fragebogen war von penetranter Ausführlichkeit gewesen: *Sind Sie asozial, wenn ja, warum,* hatte in einer Rubrik gestanden. Auch die Fürsorgerin aus jenen Jahren fiel ihr wieder ein. An und für sich eine patente Person. Aber das dringend benötigte Bettlaken für ihren Vater hatte sie ihr überreicht, als sei es aus bestem Schweizer Batist und nicht aus kratzigem Nessel.

Der lange, dunkle Flur, die abgestandene Luft, die verdrossen vor den Türen des Sozialamtes wartenden Menschen hatten Nora wie vor anderthalb Jahren, als sie schon einmal hiergewesen war, aus dem Gleichgewicht gebracht. Es kam ihrer Gemütsverfassung entgegen, daß die Abteilung für das Wohngeld, wie sie erst jetzt feststellte, heute keine Sprechstunde hatte.

Erleichtert trat sie wieder auf die Straße hinaus. Vor

dem Bezirksamt verteilte ein Mädchen Flugblätter. Nora las: *Wenn man uns übers Ohr hauen, uns austricksen will, uns Leistungen verweigert, kürzt, Anträge ablehnt, was können wir dagegen tun?*

Nora knüllte das Flugblatt zusammen und warf es in den Papierkorb. Sie betrachtete belustigt das unschuldige, von seiner Wichtigkeit durchdrungene Gesicht der Kleinen. Was wußten diese Kinder schon vom Elend? Sie kamen sich bereits bettelarm vor, wenn sie nicht mehr in ein Lokal gehen konnten, und sahen eigentlich nicht danach aus, als würden sie den vielzitierten «Generationsvertrag» bei den Renten einhalten.

Nora fühlte auf einmal die Unbekümmertheit ihrer Mädchenjahre in sich aufsteigen. Selbst mitten im Krieg hatte sie sich über die Zukunft weniger den Kopf zerbrochen als jetzt. Warum ließ sie sich überhaupt von dem allgemeinen Gejammer und den düsteren Zukunftsprognosen anstecken? Das war ihr doch früher ganz fremd gewesen. Es zählte immer nur die Gegenwart, und die sah auch jetzt gar nicht so trübe für sie aus. Der Schock über die niedrige Rente war groß gewesen. Aber hatte sie dadurch nicht noch einmal den Absprung in ein neues Leben gefunden? Zugegeben, leicht war es ihr nicht gefallen, aber sie war mehr unter die Leute gekommen als in den ziemlich eintönigen Berufsjahren als Sekretärin, in denen man tagein, tagaus mit den gleichen Kollegen und Kolleginnen zusammenhocken mußte und sich die Gespräche ausschließlich um Kleider, Urlaub, den Partner und das miese Kantinenessen gedreht hatten.

Sie bestieg den Bus und überließ großzügig ihren Sitzplatz einer aufgeregten Frau, die ungeschickt ihre vielen Einkaufstüten zu bändigen versuchte.

Als sie die Wohnungstür aufschloß, hörte sie das Telefon läuten. Lilo war am Apparat.

«Da bist du ja endlich!» rief Nora. «Ich hab mir schon Sorgen gemacht.»

«Ach», die Stimme der Freundin klang ganz gebrochen, «wenn du wüßtest!»

«Was ist denn, um Himmels willen, passiert?»

Aber Lilo hatte bereits aufgehängt. Eine halbe Stunde später stand sie vor der Tür. Gleich darauf saßen sich die beiden Freundinnen in Noras Wohnung gegenüber. Lilo wirkte verstört und niedergeschlagen und sah trotz des Liftings um Jahre gealtert aus.

«Nun rede schon», drängte Nora. «Ist was mit Melle?»

«Ich bin pleite», sagte Lilo dumpf.

«Nein», rief Nora, «nicht möglich!»

«Aber es ist so.» Lilo begann von dem Sanatorium zu erzählen, wo sie zur Schlankheitskur gewesen war.

«Fast nur Witwen wie ich, eine spinniger als die andere, schrecklich!» Aber dann hatte man ihr diesen netten Menschen, diesen Anlageberater, an den Tisch gesetzt. «Mit dem konnte man wenigstens reden und seinen Spaß haben», sagte Lilo. «Gott, was haben wir uns über diese Weiber mokiert, wenn sie schmuckbehangen in den Speisesaal rauschten.»

«Du hattest deinen natürlich zu Haus gelassen, um nicht aufzufallen», zog Nora sie auf.

Lilo ging nicht darauf ein. «Ich glaube, er hatte eine Schwäche für mich. Jedenfalls hat er sich ganz reizend um mich gekümmert.»

«Aha!» sagte Nora.

«Was heißt aha, so was bildet man sich schließlich nicht ein. Der Ärger kam erst hinterher, als ich wieder zurück war. Da habe ich ihn angerufen und mir Tips von ihm geben lassen. Er hat mir dann vorgerechnet, daß mir die mündelsicheren Papiere, die ich von Fritz geerbt habe, viel zuwenig Zinsen brächten, und mir zu einem Immobiliengeschäft im Ausland geraten, mit einer sagenhaften Rendite. Aber die Firma hat Konkurs gemacht, und nun ist alles weg. Weg! Weg!» Lilo wurde melodramatisch.

«Wie konntest du nur auf so einen Kerl hereinfallen!» rief Nora. «Du bist doch sonst nicht so leichtgläubig.»

«Jetzt kann ich mich selbst nicht mehr verstehen», sagte Lilo trübe. «Er machte einen wirklich seriösen Eindruck, und alles, was er sagte, klang sehr plausibel.»

«Hast du es schon den Jungen erzählt?»

«Nein», Lilos Stimme klang trotzig. «Mit meinem Geld kann ich schließlich machen, was ich will.»

Nora dachte nach: «Schade, daß dir das Haus nicht allein gehört», sagte sie. «Aber wenn du auch mal ausnahmsweise einen Rat von mir annehmen willst: Wie wär's, wenn du das obere Stockwerk vermietest? Es muß ja nicht gerade wieder ein Anlageberater sein.»

Lilo machte einen schwachen Versuch zu lachen.

«Außerdem», fuhr Nora fort, «so, wie ich meine Lilo kenne, wirst du sicher irgendwo eine winzige Aktie oder ein paar kleine Goldbarren im Safe haben. Du hast doch, weiß Gott, schon Schlimmeres durchgestanden. Und wenn du überhaupt nichts mehr im Sparschwein hast, tun wir uns eben zusammen. Kochfrauen, zum Beispiel, werden sehr gesucht, und kochen kannst du doch prima. Du kochst, und ich serviere, immer von links und die Hand auf dem Rücken.»

«Ich seh mich schon richtig in einer gestärkten weißen Schürze», sagte Lilo, schon wieder etwas fröhlicher. «Propagandistin wäre auch nicht schlecht. Vielleicht sollte ich Schals oder so was verkaufen: *Ihr Tuch rutscht immer, Schicki rutscht nimmer!*»

«Sehr richtig. In unserem Alter tut man gut daran, in Schwung zu bleiben», sagte Nora etwas belehrend. «Diese Erfahrung habe ich in der letzten Zeit gemacht. Das Herumzigeunern hat mir mehr gefallen, als ich gedacht hätte. So schnell gebe ich das nicht auf. Weißt du noch, unser altes Milchpferd zu Hause auf dem Gut? Das legte sich im Stall erst gar nicht mehr hin, aus lauter Angst, sonst womöglich nicht mehr auf die Beine zu kommen. Und dann ist mir der

Gaul vor dem Einspänner noch regelrecht durchgegangen!»

Lilo lachte schon wieder. «Du hast vielleicht Vergleiche. Nun hol uns aber mal was zu trinken.»

Nora ging in die Küche. Durch das offene Fenster hörte sie in der großen Buche vor dem Hochhaus die Kinder lärmen. Eine kleine schwarze Wolke kroch über den Himmel und wurde von der Mittagssonne verschluckt. Auf dem Flur pfiff der Briefträger seine Erkennungsmelodie.

Die Küche meiner Kindheit

SERIE PIPER

Inhalt

Und wer mich liebt, der holt mich weg

Aus heutiger Sicht gesehen war die Küche meiner Kindheit eher murklig. Sie befand sich im Keller, den man damals vornehm Souterrain nannte und der heute zum Tiefparterre hochstilisiert ist. Sie hatte einen reichlich porösen unebenen Zementfußboden und statt einer Wasserleitung eine Pumpe mit Spülstein. Auch das Meublement war bescheiden. Es bestand aus einem wurmstichigen Küchenbuffet für Geschirr, Bestecke und Töpfe und einem Schrank, in dem alles andere Gerät, das man so in der Küche brauchte, untergebracht war. Es gab einen kleinen Brottisch und einen großen Tisch am Fenster, unter dem die beiden Zinkwannen für den Abwasch standen. Die Wände waren gekalkt und über dem Herd von Ruß geschwärzt.

Der Herd war natürlich der Mittelpunkt des Ganzen, ein betagtes Ungetüm, das noch von dem früheren Bewohner des Forsthauses, einem Förster meines Großvaters, stammte. Er war nicht irgendein beliebiger Gegenstand, er gehörte zur Familie und war, wie wir alle, ein eigenwilliger Charakter, der sich nichts gefallen ließ, am wenigsten von schusseligen Stubenmädchen, die, wie Mamsell behauptete, eher den Spruch

»Arbeite fröhlich und gediegen, was nicht fertig ist, bleibt liegen« beherzigten als den von den fleißigen Händen, die kein Ende finden, und ihn gedankenlos mit nassem Holz vollstopften. Die Strafe folgte denn auch im wahrsten Sinne des Wortes auf dem Fuße. Die Ofentür öffnete sich wie von Geisterhand, und eine Ladung angekohlten, rauchenden Holzes landete auf den Schuhen des aufkreischenden Mädchens. Wenn man ihn mit zu viel Kien fütterte, umso schnell wie möglich Kohlen und Holz zum Brennen zu bringen, nahm er es übel. Es entstand in Windeseile eine derart mörderische Hitze, dass die Herdplatte zu glühen und das Wasser im Seitenschiff zu brodeln begann. Dann war es höchste Zeit, einen Teil der Glut in den Ascheimer zu befördern, die Ofentür zu öffnen und das Fenster aufzureißen, damit sich der echauffierte Herd wieder beruhigte.

Mamsell hasste ihn von ganzem Herzen und ließ nicht nach, sich über ihn zu beschweren und einen neuen zu fordern, womit sie natürlich bei Vater auf taube Ohren stieß. Er sah gern über alles hinweg, was er nicht selbst benutzen musste. Zum Beispiel war das Tranchiermesser ein geheiligter Gegenstand, dessen Klinge er genau prüfte, ehe er es in Gebrauch nahm. »Hat schon wieder ein Idiot Kien damit geschnitten? Ist ja ganz schartig«, behauptete er jedes Mal, und während alle Augenblicke neue Wundermesser gekauft werden mussten, verhallten Mamsells Klagen ungehört. Galt denn nicht im ganzen Dorf unsere Küche geradezu als hochherrschaftlich? Na also!

Und er hatte Recht, sie tat es. Allein schon dieser Luxus, eine Pumpe in der Küche! Nicht mehr die ewige Schlepperei mit den Wassereimern vom Hof! Und dann dieser wundervolle Herd, ausgestattet mit zwei Röhren, einer zum Backen und einer zum Braten. In manchen Häusern gab es nur eine Art Feuerstelle, aus Backsteinen gemauert, mit offenem Kamin, durch den die Sterne schauten. Und Dohlen, die ein Nest im Schornstein in Erwägung zogen und sich dazu ein wenig umsahen, kam plötzlich ein zum Wenden in die Luft geworfener Eierkuchen entgegengesegelt. Von einem solchen Herd, wie wir ihn hatten, konnte man nur träumen. Außerdem wusste doch jedermann, dass Seine Königliche Hoheit, der Prinz von Hannover und Herzog zu Braunschweig und Lüneburg, Kommandeur der Ziethenhusaren in Rathenow, nach einer Jagd bei meinem Großvater des Öfteren im Försterhaus eingekehrt war und den Rehrücken der Förstersfrau immer besonders gelobt hatte!

Unsere Küche besaß für Mensch und Tier die gleiche Anziehungskraft. Wintermärchen, das Pferd meiner Schwester, liebte es, in den Garten einzudringen und von dort aus seinen Kopf durchs Küchenfenster zu stecken, um die Streusel vom Blechkuchen zu fressen, der von Mamsell zum Auskühlen aufs Fensterbrett gestellt worden war. Die Backröhre diente im Sommer als Brutkasten für zu früh geschlüpfte Küken, die dort in einem Schuhkarton dem rauen Leben auf dem Hühnerhof entgegenpiepsten. Junge Katzen strichen Mamsell um die Beine, und von uns aufgelesene, aus dem Nest gefallene Spatzenjunge wollten gefüttert werden. In der Küche herrschte Burgfrieden, und so trottete Möpschen, unser Bernhardiner, nur hin und wieder zur offenen Backröhrentür, um die Küken vorsichtig zu beschnuppern, wobei ihm vor lauter Gier nach diesen zarten Leckerbissen der Sabber nur so heruntertropfte. Auch die Katze hielt sich fern. Allein die Unart, sich in die Schüssel mit dem Quark zu legen, der sich mit Hilfe von Natron in Kochkäse verwandeln sollte, war ihr schwer abzugewöhnen.

In unserer Küche gab es ein ständiges Raus und Rein. Wir waren sehr unruhige Kinder und hielten es nicht lange an einem Ort aus. Außerdem waren wir Topfgucker der schlimmsten Sorte und gaben dabei mit großer Wichtigkeit die von den Erwachsenen aufgeschnappten Weisheiten zum Besten. Mamsell war die Geduld selbst und hörte sich den größten Unsinn gelassen an. Nur wenn wir anfingen, uns zu zanken, schmiss sie uns raus.

Die Küche war zudem Schauplatz vieler turbulenter Ereignisse. So beförderte Tante Herta unsere Hauskröte, die sich gerade auf dem Weg von der Kellertreppe zu ihrem Stammplatz unter dem Spülstein neben der Pumpe befand, fast ins Jenseits. Sie stolperte auf der letzten Stufe und versuchte sich vergeblich am Butterfass festzuhalten. Tante und Fass stürzten zu Boden, und die Buttermilch ergoss sich zu Möpschens großer Freude durch die Küche. Oder der für die Gäste im Wasserbad zubereitete Spargelpudding klebte plötzlich an der Decke, weil Mamsell die Form zu hastig geöffnet hatte. So manches Stück wertvollen Porzellans ging zu Bruch, darunter zwei besonders erlesene Mokkatassen, weil Möpschen hin und wieder über die Tauben, die vor dem Küchenfenster auf und ab spazierten, so in Rage geriet, dass er auf den Küchentisch sprang, auf dem die Kostbarkeiten gerade des Abwaschs harrten.

Aber das war nichts gegen das, was Tante Hertas Dackel passierte. Das streitsüchtige Tier griff in der Küche plötzlich Möpschen an, und es gab eine wilde Beißerei. Mamsell fackelte nicht lange. Sie nahm, wie sie glaubte, einen Topf mit Wasser und leerte ihn über beide Hunde aus. Den größten Teil bekam der Dackel ab, der sich augenblicklich in eine Art Zuckerschnecke verwandelte. Was Mamsell für Wasser gehalten hatte, war eine von ihr vorbereitete Zuckerlösung für Obst gewesen, das sie einwecken wollte. Sie schmiss die verdatterten Hunde raus und hatte alle Mühe, die verklebte Küche wieder einigermaßen begehbar zu machen. Als sie damit fertig war, fielen ihr die Hunde wieder ein, die sich inzwischen wahrscheinlich gegenseitig völlig zerfleischt hatten. Doch als sie auf den Hof kam, sah sie die beiden friedlich vereint auf dem Rasen liegen. Mamsell rief den Bernhardiner, aber der kümmerte sich nicht darum. Er war ganz damit beschäftigt, den Dackel abzulecken. Möpschen liebte Süßes über alles, er leckte und leckte, und der Dackel schien seine Streitsucht vergessen zu haben. Von da an waren die beiden Freunde fürs Leben.

Unsere Küche war aber auch ein Ort der Bekenntnisse und Beichten. Junge Tanten, die nach Bällen in Berlin den kleinen Abstecher in unsere Wildnis nicht scheuten und gern einmal bei meinen Eltern hereinschauten, schütteten Mamsell ihr Herz aus. Sie sahen ihr beim Kochen zu und redeten und redeten, während Mamsell alle Augenblicke nach den Kartoffeln kuckte, die nicht kochen wollten, weil der Herd mal wieder nicht genug Hitze gab, und »Miststück!« vor sich hin murmelte, womit sie natürlich den Herd meinte und nicht – wie die Tanten, gerührt über so viel Teilnahme, annahmen – den treulosen Verehrer.

Der Herd war und blieb für Mamsell ein leidiges Thema, das anscheinend im Frühjahr besonders akut wurde, wenn der Schornsteinfeger kommen sollte, der jedoch gern auf sich warten ließ.

Mit dem Frühling war es nicht anders. Auch er nahm sich Zeit und konnte es, was Verspätung anging, durchaus mit der Kleinbahn aufnehmen, die, je nach der Zahl der Waggons, vor jeder kleinsten Steigung eine längere oder kürzere Verschnaufpause einlegen musste. Zwischendurch foppte er uns gern mit ein paar überraschend warmen, fast sommerlichen Tagen, was uns sofort herumnölen ließ: Wir wollten endlich nicht mehr die kratzigen langen Wollstrümpfe tragen, sondern Kniestrümpfe oder Söckchen, warm genug dafür sei es doch nun wirklich. Wie immer gab Mutter nach. Endlich waren wir auch das verhasste Leibchen mit den Strumpfhaltern los, an die die Strümpfe geknöpft waren. Aber nur für kurze Zeit. Das Wetter schlug um, und Husten und Fieber waren die Folgen unseres Leichtsinns, von Mutter als schwere Grippe, von Vater als leichte Erkältung bezeichnet. Während sich die Temperaturen bereits wieder bedenklich dem Gefrierpunkt näherten und vorwitzige Schneeglöckchen, Krokusse und Osterglocken auf dem Rasen von Schlackerwetter überrascht wurden, bekam man kalte Wickel, die das Fieber herunterdrücken sollten, verbrauchte unzählige Taschentücher, trank schaudernd Huflattichtee aus einer von Tante Herta selbst zusammengestellten und von ihr wärmstens empfohlenen Kräutermischung, die grauenvoller als Lebertran schmeckte, fror und schwitzte abwechselnd vor sich hin, das Fieber stieg weiter, und die Tapetenmuster schnitten einem Fratzen. Mutter bestand auf einem Arzt, was Vater völlig überflüssig fand. »Willst du diesen armen Menschen wegen so einer Lappalie wirklich bei Sturm und Regen hierher hetzen?«

»Ja, das will ich«, sagte Mutter sehr bestimmt. Das Fräulein vom Amt, ebenfalls stark verschnupft, erkundigte sich teilnehmend, ob es etwas Ernstes sei, ehe sie meine Mutter mit dem Arzt verband.

»Scheußliches Wetter«, sagte der Doktor, als Mutter ihn ins Krankenzimmer führte, und wärmte sich fürsorglich erst die Hände am Kachelofen, ehe er mich abhorchte. Dann sah er meine Mutter an, sagte: »Na ja«, verordnete weitere Bettruhe, roch am Huflattichtee, warf mir einen mitfühlenden Blick zu und hinterließ einen herrlich schmeckenden Hustensaft, von dem ich freiwillig die dreifache Menge schluckte, außerdem das Allheilmittel Akonit in Form von winzigen Kügelchen, die genau abgezählt werden mussten. Das geschwächte Kind bekam ein kräftigendes gekochtes Täubchen mit Reis, so viel Vanillepudding mit Himbeersaft, wie es wollte – »Das Kind kommt uns sonst zu sehr runter« –, durfte aber erst nach drei fieberfreien Tagen aufstehen und nach zwei weiteren Tagen schließlich an die frische Luft. Eingemummelt bis zur Nasenspitze, bewacht von Mutter, umrundete es ein paar Mal die Leiterwagen auf dem Hof, weil Mutter behauptete, es wehe ein eisiger Wind und bei den Wagen sei es windgeschützt, während das Kind es ziemlich warm fand.

Inzwischen zeigte sich Mamsell einmal wieder von ihrer muffigsten Seite. Sie haderte mit dem Herd, weil ihr ein Napfkuchen missglückt war. Als die Eltern mit mir in die Küche kamen, saß sie beim Kartoffelschälen und murmelte den alten Kindervers vor sich hin: »Ich sitze hier und schneide Speck, und wer mich liebt, der holt mich weg.«

»Aber nicht doch!«, rief Vater. »Was ist denn passiert?«

Mamsell zeigte anklagend auf den verbrannten Napfkuchen.

»Kann ja mal vorkommen«, versuchte Vater sie zu beruhigen.

»Der Herd!«, rief Mamsell. »Er ist der Nagel zu meinem Sarge!«

»Mamsell hat Recht«, kam ihr Mutter zu Hilfe. »Er ist wirklich eine Zumutung.« Sie hustete ostentativ. »Du musst doch merken, wie er qualmt.«

»Nur die Sonne, die auf den Schornstein drückt«, beschwichtigte Vater. »Der Schornsteinfeger hat sich bereits angekündigt.«

»Sonne? Draußen regnet's, wenn dir das noch nicht aufgefallen ist.«

Vater sah aus dem Fenster. »Tatsächlich. Aber es muss gerade erst angefangen haben. So ist es eben im Frühling. Früh links erwachen, abends rechts einschlafen.« Er lachte herzhaft über diesen abgestandenen Familienscherz.

Mamsells Miene verfinsterte sich mehr und mehr. »Und wer mich liebt, der holt mich weg«, wiederholte sie. Sie sagte es so nachdrücklich, dass Vater zusammenfuhr und ihr versprach, den Ofensetzer zu bestellen.

»Wahrscheinlich muss er nur mal wieder richtig ausgeschmiert werden. Der Schmorbraten neulich war doch eine reine Delikatesse.«

Aber ehe er weiterreden konnte, wurde er ziemlich rüde von Mutter unterbrochen. »Komm uns jetzt bitte nicht wieder mit der Geschichte von Seiner Königlichen Hoheit und dem Rehrücken. Es ist allein Mamsells Verdienst, dass sie mit dieser unbeständigen Hitze alles überhaupt noch so einigermaßen hinbekommt.«

Vater zog hastig seine Taschenuhr: »O Gott, schon so spät! Ich habe ja ganz vergessen, dass ich mit dem Bürgermeister verabredet bin!« Er verließ fluchtartig die Küche. Die beiden Frauen sahen sich an. Mutter wollte wissen, was es zum Mittagessen geben sollte.

»Hefeklöße mit Backobst«, erklärte Mamsell. Mutter lächelte belustigt und schadenfroh zugleich. Vater hasste Hefeklöße mit Backobst. Mit heißer Pflaumensoße waren sie vielleicht noch akzeptabel. Aber Backobst!

»Steter Tropfen höhlt den Stein.« Mamsells Stimme klang zuversichtlich.

Mutter seufzte. »Ich kenne den Stein länger.«

Natürlich galt auch für Vater die eiserne Regel: Was auf den Tisch kommt, wird gegessen, obwohl wir Kinder fanden, dass alles, was wir nicht mochten, besonders häufig serviert wurde: Erbsen- und Linsensuppe, Béchamel-Kartoffeln, Steckrüben, Schnippelbohnen, Blumenkohl, Rosenkohl, Wirsingkohl oder Graupen. Und fast alles Gemüse wurde mit einer Mehlschwitze angedickt. Allerdings hatten wir nichts einzuwenden gegen falschen Hasen, dessen Reste wir dann zum Abendbrot noch einmal als Aufschnitt mit Mostrich bestrichen aßen, verlorene Eier, Kartoffelbrei mit Setzeiern, arme Ritter und Eierkuchen. Fleisch stand höchstens ein-, zweimal in der Woche auf dem Speisezettel. Am Sonntag gab es den obligaten eingeweckten Schweinebraten mit Sauerkraut und Kartoffelklößen oder Wild. Und auch der Sonnabend hatte sein Stammgericht: Kartoffelsuppe. Die tägliche Suppe vor dem Hauptgericht war meist mit Grieß angemacht und schmeckte reichlich fade, aber der Abschluss fand wieder unseren Beifall, Kompott oder der geliebte Grießflammeri, in Form eines Fisches, mit Johannisbeersaft. Auch zum Abendbrot musste vorweg etwas Warmes die Mägen füllen, Bratkartoffeln, Kartoffeln mit Stippe oder Sülze und Rührei natürlich. Da dieses im Winter von eingelegten Eiern stammte, hatte es eine reichlich gummiartige Konsistenz. Wir lechzten geradezu nach frischen Eiern, und bei den Abendeinladungen in der Nachbarschaft hieß es nun nicht mehr: »Legen deine Hühner noch?«, sondern: »Legen deine Hühner wieder?«

Aber die waren ebenso »von Anhalt« wie die Natur, die nach dem ersten Überschwang wieder in den Winterschlaf zurückgefallen zu sein schien. Nicht einmal das Wasser auf den Wiesen konnte sich entschließen abzufließen, und wir balancierten weiterhin die Koppelzäune entlang auf der Suche nach laichenden Hechten. Nur Kraniche und Wildgänse waren verheißungsvolle Frühlingsboten. In Scharen zogen sie über unsere Köpfe hinweg, und so lasen wir zum x-ten Mal Selma Lagerlöfs *Nils Holgersson* und übten uns weiter in Geduld. Denn das hatten wir als Landkinder längst gelernt: Die Natur ließ sich nun mal nicht drängeln.

Die merkwürdige Taube

Der einzige Lichtblick in dieser eierlosen Zeit war das Huhn Mathilde die Wilde, so genannt nach einer Figur aus Auerbachs Kinderkalender, einem frechen, vorlauten Kind, mit dem, wie wir fanden, Mathilde eine gewisse Ähnlichkeit hatte. Zudem war sie ein wirklich außerordentliches Huhn, dem die Widrigkeit der Jahreszeiten fremd zu sein schien. So etwas wie Mauser kannte sie jedenfalls nicht, und die Misslichkeit, wie ihre Artgenossinnen halb nackt herumzulaufen, blieb ihr erspart. Sie verlor ihr schmuckes Federkleid nie und legte das ganze Jahr hindurch Eier. Allerdings dachte sie nicht daran, das dafür bestimmte Nest zu benutzen. Sie zog es vor, ihre eigenen wilden Wege zu gehen. Und die führten sie sonst wohin, egal, ob das frisch gelegte Ei bei fünfzehn Grad unter Null einfror oder nicht.

Vater regte sich darüber am meisten auf, denn es ging um *sein* Frühstücksei, ein Privileg, das er sich einfach zugestand und auf das er pochte. Er ließ sich weder von gierigen noch vorwurfsvollen Blicken in seinem Genuss stören und gab uns nur gelegentlich einen winzigen Klecks Eigelb ab, das er mit seinem Eierlöffel auf unsere Brote strich. Für diese wirklich außerordentliche Großzügigkeit war es unsere Pflicht, Mathilde ständig im Auge zu behalten; der Ruf »Mathilde ist jetzt in der Scheune!« ließ uns sofort dorthin eilen, und die Suche nach dem Ei begann. Manchmal erwies es sich dabei als notwendig, einen schmalen Balken entlang zu balancieren, was mein Bruder mutig tat.

»Junge, sei vorsichtig!«, rief Mutter, und Vater: »Pass auf, dass das Ei nicht kaputtgeht!«

Mathildes Eier waren an den unmöglichsten Stellen zu finden: in der Häckselmaschine, im geschlossenen Coupé, genannt der Affenkasten, in einer Krippe im Pferdestall. Eines Tages kam mein Onkel vom Nachbarort herüber, und wir gingen mit ihm über den Hof, als er seine kurzsichtigen Augen auf den Taubenschlag richtete. »Was ist denn das für 'ne Rasse? So 'ne merkwürdige Taube hab ich ja überhaupt noch nicht gesehen!«

»Glaub ich dir aufs Wort«, sagte Vater. Denn was sich da zwischen die gurrenden Tauben gesellt hatte, war Mathilde, und als sie uns sah, gackerte sie impertinent.

Irgendwann kam sie dann von einem ihrer Ausflüge nicht mehr zurück. Niemand wusste, was mit ihr passiert war. Hatte sie der Fuchs geholt, oder war sie in den Kochtopf fahrenden Volkes geraten, das mit Beginn des Frühjahrs wieder durch die Lande zog? Im Gegensatz zu anderen Hühnern blieb sie uns in Erinnerung, und im Winter blickte Vater noch lange wehmütig auf seinen eierbecherlosen Teller.

Allmählich machte der Frühling sichtbare Fortschritte. Die Maulwürfe tummelten sich unter dem noch nicht wieder gewachsenen Rasen, Blesshühner und Enten zankten sich auf dem See um die besten Nistplätze, die Kiebitze zeigten ihre Flugkünste, und auf den vorher überschwemmten Wiesen standen nur noch einige Pfützen. Winzige Lebewesen durchpflügten das Wasser in den Regentonnen, der Kahn wurde neu geteert, die Reusen wurden instand gesetzt, und Vater sagte: »Der Frost ist raus, jetzt können wir mit Pflanzen anfangen.«

Auch das Geflügel begann sich auf seine Pflichten zu besinnen, wenn auch zunächst noch recht zaghaft. Und dann endlich gab es wieder die lange vermissten Köstlichkeiten: jede Art von Omeletts, salzig oder süß, Baisers mit Schlagsahne, Eierkuchen mit Apfelmus, Biskuitrolle, und wenn Mamsell guter Laune war, erlaubte sie uns Kindern Hoppelpoppel, ein mit Zucker kremig geschlagenes Ei. Enten- und Gänseeier durften nur gekocht verwendet werden. Man hielt sie roh für gefährlich, und zum Beweis dieses Glaubens erzählte Mamsell uns gern die Geschichte von einem Jungen namens Franz, der ein Entenei getrunken hatte. Er wurde ohnmächtig, und ein paar Tage später fielen ihm sämtliche Haare aus, die nie wieder nachwuchsen. Worauf mein Bruder mich nachdenklich ansah und meinte, er würde mich auch gern mal mit Glatze sehen.

Zu unserer Verwunderung waren viele der gelegten Eier sehr klein, manche nur noch taubeneigroß, was Mutter Rätsel aufgab, Vater weniger. Er betrachtete sich lange den überaus aktiven Zwerghahn, ein Witwer, dessen Hühnerschar abhanden gekommen war und der nun fleißig die Rodeländer Hennen bekurte, was sie sich gern gefallen ließen. Ihr eigentlicher Herr, ein farbenprächtiger, stattlicher Italiener, schien resigniert zu haben. Er kam seinen Pflichten nur noch selten nach und zog es nun vor, nach Regenwürmern und Käfern Ausschau zu halten.

»So geht das ja nun wirklich nicht«, meinte Vater, und am Sonntag darauf gab es Hühnerfrikassee mit Reisrand, allerdings mehr Reisrand als Huhn. »Honni soit qui mal y pense«, sagte Vater und fischte sich das größte Stück heraus.

Der Frühling zeigte sich nun von der freundlichsten Seite. Alles schien auf einmal aus dem Winterschlaf aufgewacht zu sein und blühte in allen Farben, Weidenkätzchen und Forsythien, Haselnuss, Veilchen, Anemonen, Narzissen und Tulpen. Die Stare kreisten einer schwarzen Wolke gleich über dem See und fielen in die große Pappel vor unserem Haus ein, wo sie uns morgens mit lautem Geklapper weckten.

Im ganzen Haus zog es wie Hechtsuppe, denn nun war der Hausputz dran. Überall roch es nach Spiritus, Bohnerwachs und Kernseife. Die Tüllgardinen wurden abgenommen und gewaschen, Teppiche und Polstermöbel geklopft und sämtliche Silbersachen mit einem Korken und Pariser Rot geputzt. Ein nur selten benutztes, weil sehr kostbares Porzellan wurde aus dem Esszimmer geholt und vorsichtig abgewaschen. Danach stellte Mutter alles eigenhändig wieder zurück und legte sorgfältig von uns Kindern als Weihnachtsgeschenk angefertigte, umsäumte Flanelldeckchen zwischen die Teller. Sie sollten das unersetzliche Porzellan gegen Erschütterungen durch vorbeifahrende Heuwagen schützen. Dabei kämpften die sich nur mühsam mit mahlenden Rädern durch den tiefen märkischen Sand, so dass sie selbst die kostbaren Gläser im Glasschrank nicht zum Klirren brachten. Die durften wir Kinder nie in die Hand nehmen, denn sie stammten von Kaisern und Königen und sonstigen bedeutenden Menschen und hatten unsere Familie durch Jahrhunderte begleitet. Gute fünfzehn Jahre später war ihr Ende dann weniger glanzvoll: Die Russen warfen sie nach jedem Trunk fröhlich hinter sich.

Auch unser Kinderzimmer blieb von der allgemeinen Reinigungswut nicht verschont. Wir wuschen Puppenkleider, schnitten dem flauschigen Teddybären die Haare im Gesicht kurz und säuberten das Aquarium, ein nicht leicht zu handhabendes Unternehmen, denn der Schlauch, mit dem man das Becken leerte, musste erst angesaugt werden, ehe das Wasser abfließen konnte. Wie immer gab es viel Gespucke und eine halbe Überschwemmung, während die in ein großes Weckglas evakuierten Fische uns glotzäugig zusahen. Dann reinigten meine Schwester und ich liebevoll unsere Nippesfiguren, all die wundervollen Scheußlichkeiten: mit Muscheln beklebte Schachteln, Zwerge aus Gips, Männchen machende Zelluloidhündchen, neckische Tänzerinnen und sich aufbäumende Pferde.

Wir waren nun wieder den halben Tag draußen, kletterten in der Lake auf die Bäume und kuckten in die Krähennester, ob schon Eier drin waren, spielten Versteck im Dunkeln oder »Wer fürchtet sich vorm schwarzen Mann« und warfen unermüdlich den Ball gegen das Scheunentor, um ihn nach genau vorgeschriebenen Regeln, mal mit der flachen Hand, mal mit gefalteten Händen, laut zählend zurückzuschlagen. War der Ball, bevor man die vorgeschriebene Zahl erreicht hatte, auf den Boden gefallen, musste man wieder von vorn beginnen. Wir taten es mit großem Ernst, wieder und immer wieder, bis wir fast in Trance verfielen. Danach liefen wir in den Schweinestall und aßen Kartoffeln aus dem Dämpfer, so dass wir zum Abendbrot nicht mehr den rechten Appetit mitbrachten, lustlos an einem Brot mit der von uns nicht sehr geliebten Blutwurst herumkauten und, wenn Vater nicht hinsah, die verbrannten Brotkanten verstohlen unter das Messer schoben.

Und dann, nach all dem Hin und Her mit den aufgerollten Teppichen, über die Vater unweigerlich stolperte, Mutters ständigen Ermahnungen, mal wieder frisches Wasser zum Wischen zu nehmen – »Mit einem Eimer Wasser wischt sie das ganze Haus, und was davon noch übrig bleibt, da kocht sie Kaffee draus«, murmelten wir mit einem scheuen Seitenblick, um nicht zu riskieren, einen nassen Scheuerlappen um die Ohren zu bekommen –, nach interessanten Polkereien mit dem Taschenmesser in den breiten Dielenritzen, deren Ergebnisse, meist Liebesperlen oder Stecknadeln, sich dann aber doch als ziemlich wertlos erwiesen, verkündete Mamsell: »Nun ist die Küche dran!«

Vaters Reaktion kam prompt, er müsse nach Berlin, er habe dort dringend zu tun. »Ich komme mit«, sagte Mutter, was Vater nach einigem Zögern bewilligte. Mamsell war es nur recht, und wir Kinder wussten: In dieser Woche war mit vernünftigem Essen nicht zu rechnen, nur mit Zusammengekochtem und Suppen.

Die Eltern fuhren ab, und Mamsell stellte die Küche auf den Kopf. Die Stimmung im Haus war kriegerisch. Mein Bruder verzog sich mit dem Kahn auf den kleinen See, und ich lief zum Witzker See, an dessen Ufer damals noch ein Bootshaus stand, in dem unser Paddelboot untergebracht war. Ich setzte mich auf die Erde und lehnte den Rücken an die Wand des Bootshäuschens. Den Geruch von Schilf, Teer und Modder in der Nase, das Geschnatter der Wildenten, den Gesang der Lerchen und das Summen von Hummeln und Bienen, die durch die blühenden Weiden und Haselnusssträucher schwirrten, im Ohr und einen von Mamsells gekochten Sahnebonbons auf der Zunge, gab ich mich meinen Tagträumen hin, in denen mich alle Menschen zauberhaft fanden, ich schneller laufen konnte als jedes andere Kind und jedermann, beeindruckt von meiner Schönheit, sich nach mir umdrehte. Plötzlich stieß mir etwas Kaltes, Feuchtes ins Gesicht, und ich versuchte mich mit einem Aufschrei aufzurappeln, was aber Möpschen mit seinen nassen Liebesbezeugungen verhinderte, so froh war er, mich gefunden zu haben. Gemeinsam mit ihm trottete ich nach Hause, ziemlich lustlos, denn das Mittagessen, das uns erwartete, konnte ich mir schon denken. Mit großer Wahrscheinlichkeit war es »Rennfahrers Ende«, wie mein Bruder das Lungenhaschee nannte. Aber wie immer im Leben kam alles anders. Mamsell spendierte uns Königsberger Klopse mit Kapern und hinterher Schokoladenkrem, die es sonst nur für Gäste gab und die in farbige Kelchgläser – »Die müssen noch von den Urgroßeltern stammen!« – gefüllt wurde.

»Alles mein Verdienst«, erklärte meine Schwester, und so war es denn wohl auch. Sie hatte fleißig mitgeholfen, hatte Töpfe geschrubbt, Bestecke sortiert, die Messingstange am Herd auf Hochglanz gebracht und stapelweise Zeitungen für Toilettenpapier zurechtgeschnitten. Dabei hatte sie allerdings auch die erwischt, aus der Vater unbedingt etwas ausschneiden wollte. Er fand den wichtigen Artikel nur noch zerstückelt vor, aber er nahm es gelassen und meinte: »Guter Lesestoff ist an jedem Ort willkommen.«

Gerubbelt von rechts, gerubbelt von links

Du siehst geschäftig bei den Linnen / die Alte dort im weißen Haar, / die rüstigste der Wäscherinnen / im sechsundsiebenzigsten Jahr!«, zitierte Vater beim Frühstück. Wir sahen sie, wenn es auch drei waren und keine alt und weißhaarig, und das drei Tage lang. Denn so viel Zeit brauchte man, um mit dem Wäscheberg, der sich in einem Monat angesammelt hatte, fertig zu werden. Vater wollte das nie so recht glauben und sah daher nicht ein, dass man für »das bisschen Wäsche« drei Frauen benötigte. Er musste sich erst in der Waschküche selbst davon überzeugen, wobei er, während er den stattlichen Wäscheberg musterte, jedes Mal wieder darauf zurückkam, dass wir in den ersten Jahren sogar noch einen Diener und ein Kindermädchen gehabt hatten.

»Schön war die Zeit«, sagte Mutter, die sich allerdings noch im Nachhinein wunderte, wie das in dem kleinen Forsthaus mit der Unterbringung von so vielen Menschen geklappt hatte.

Vater stocherte in der Wäsche herum und zog mit seinem Stock ein spitzenbesetztes hellblaues Nachthemd hervor. »Donnerwetter! Wem gehört denn diese Nachtfracke?«, fragte er interessiert.

»So was Teures? Mir wohl kaum«, sagte Mutter spitz. »Sie wird von einem unserer Gäste stammen.«

»Donnerwetter!«, sagte Vater noch einmal, ließ es aber dabei bewenden. Dafür meinte er, er habe den Eindruck, mit Handtüchern werde in diesem Haus ziemlich geaast. »Ich glaube«, sagte Mutter, »das trifft mehr auf deine Oberhemden zu.« Dagegen verwahrte Vater sich aufs Entschiedenste. »Du kritisierst doch immer, wie unsoigniert ich herumlaufe. Soll ich, wenn ich einen Baum ausschneide, vielleicht jedes Mal mein Hemd ausziehen?«

»Nun sieh dir diese dunkle Waschküche an«, lenkte Mutter ab. »Sie ist viel zu klein, die Frauen können sich ja kaum drin drehen.«

»Sag ich ja«, sagte Vater, »warum drei Frauen?«

Dabei war die Waschküche, die sich neben dem Schweinestall befand, selbst für eine einzelne Frau fast zu winzig. Trotzdem war sie der reine Luxus. Häufig wurde noch im Dorf der Waschzuber auf den Hof gestellt, und man wusch im Freien, was im Winter seine Schwierigkeiten hatte.

Die monatliche große Wäsche war für alle eine umständliche und zeitaufwendige Angelegenheit. Deshalb wurde mit frischer Wäsche sparsam umgegangen, auch bei uns. Einmal in der Woche gab es saubere Leibwäsche, und einmal im Monat war die Bettwäsche dran. Nur Handtücher und Tischdecken wechselte man öfter und natürlich die Strümpfe, die zwischendurch in der Küche gewaschen wurden. Wir waren gehalten, uns beim Spielen in Acht zu nehmen und nicht wie die Ferkel nach Hause zu kommen. Schürzen, die das Gröbste verhindern konnten, fand Mutter jedoch spießig, und auch die weißen Zierschürzen für den Sonntag waren bei uns verpönt.

Im Übrigen ging man nicht nur mit der Wäsche sparsam um, sondern auch mit anderer Kleidung. Nur selten wurde etwas wirklich ausrangiert. Jedes Kleidungsstück wurde immer wieder geflickt, gestopft, Säume wurden ausgelassen oder gekürzt, Manschetten und Kragen gewendet, und was nicht mehr passte, wurde weiter gemacht, wofür vorgesorgt war. »In der Naht ist noch genug drin«, hieß es dann, und aus war der Traum vom neuen Kleid.

Auch neue Schuhe bekamen wir nur, wenn wir herausgewachsen waren und es keine abgelegten gab. Wir mussten unsere Füße auf ein Stück Papier stellen, und Mutter zeichnete die Umrisse auf, damit sie bei ihrer nächsten Fahrt nach Berlin die passenden aussuchen konnte, natürlich von Salamander. Uns nach Berlin mitzunehmen hätte das Unternehmen zu teuer gemacht, das Vater sowieso nicht gern sah. »Immer bist du weg, und müssen es schon wieder neue Schuhe sein? Diese sind doch noch tadellos!«

Wenn wir draußen herumliefen, trugen wir mit Tran wasserdicht gemachte Schmierstiefel, mit denen man durch jede Pfütze patschen konnte und die überhaupt nicht kaputt zu kriegen waren. Nur die Schnürsenkel mussten alle paar Monate ausgewechselt werden.

Im Alltag wurden wir nicht gerade herausgeputzt. Das sparte man sich für festliche Gelegenheiten auf, bei denen wir dann der Verwandtschaft in Samtkleidern mit breiten Schärpen und großen Kragen oder Gesmoktem präsentiert wurden. Auch nur dann trugen meine Schwester und ich das Haar offen, was beim Toben durch den Wald auch höchst unpraktisch gewesen wäre. Im Übrigen folgten meine Eltern der allgemeinen Marine-Mode: Gestreifte Matrosenblusen und blaue Faltenröcke für die Mädchen und für die Jungen bis zu den Knien reichende blaue Hosen der Marke Bleyle waren für Kinder so etwas wie eine Uniform. Unsere Mäntel, ebenfalls dunkelblau, waren praktischerweise sowohl rechts wie links zu knöpfen, so dass sie gleichermaßen an Jungen wie Mädchen weitergegeben werden konnten. Überhaupt wurde in unserer Familie munter hin und her geerbt. Gelegentlich gab es da bei den Müttern ein gerührtes Wiedersehen. »Ist das nicht Viktors Jacke, die dein Sohn da anhat? Ja natürlich, sie ist es. Mein Gott, wie lange ist das her! Viktor studiert ja schon. Und danach hat sie doch erst noch Jochen getragen und dann Ludwig. Und nun ist sie hier gelandet. Wie die Zeit vergeht! Und immer noch wie neu!«

Am Abend vor dem ersten Wäschetag wurde die Wäsche mit Henko eingeweicht und Holz und Wasser für den nächsten Morgen herangeschleppt. Die Waschprozedur dauerte drei Tage. Erst war die Kochwäsche an der Reihe, dann das Bunte, und den Abschluss bildeten Küchentücher und Putzlappen. Zwei Frauen aus dem Dorf rückten an, und zur Verstärkung kam Agnes Heidepriem über den See gerudert.

Agnes war das Mädchen für alles und gehörte zu meiner Kindheit wie die Spatzen im Efeu und die Stare in der Pappel. Sie war eine stattliche, kräftige Person und immer freundlich, allerdings auch eine »Wundertüte«, wie die Mädchen sie nannten, weil sie voller Staunen alles glaubte, was wir Kinder ihr wichtigtuerisch erzählten – »Nee, nee, wat es nich allens givt!« In meiner Erinnerung war sie immer gleich angezogen mit einem dunklen, bis zum Knöchel reichenden Kleid, darüber eine Warpschürze und im Sommer auf dem Kopf eine Art Schutenhut, der sie gegen die Sonne schützte. Für Vater war sie unentbehrlich, denn im Wald und mit seiner Pflege – Beschneiden, Pflanzen, Durchforsten und Hacken – kannte sie sich besser aus als mancher Förster. Aber sie war auch ebenso im Garten kundig, half im Haushalt, wenn es Not tat, und im Winter den Bauern beim Schilfschneiden. Und natürlich vom Frühjahr an, wenn der See nicht mehr zugefroren war, bei der großen Wäsche.

Im Winter wurde das Wasser von der Pumpe im Hof geholt, wobei einem ohne Handschuh die Hand am Pumpschwengel festfror und die Pumpe immer wieder mit warmem Wasser angegossen werden musste. Sobald die Witterung es erlaubte, die letzten Eisschollen auf dem Witzker See geschmolzen und die Wiesen nicht mehr überschwemmt waren, holte ein zur Wassertonne umfunktionierter Jauchewagen das Wasser aus dem See. Ende März war das manchmal schon möglich, und auch für Agnes Heidepriem und ihren Kahn war der Weg wieder frei.

Jedes Wäschestück wurde gut und gern zwanzigmal in die Hand genommen, bis es schließlich ganz ermattet auf der Leine hing: vorsortiert, im Einweichwasser geschwenkt, gewrungen, zum Kochen in den Waschkessel befördert, mit Holzstangen in den Waschzuber gehoben, gerubbelt von rechts, gerubbelt von links, gewrungen, gespült, gewrungen, wieder gespült und gewrungen, bis das Spülwasser klar blieb. Es war eine nasse Angelegenheit, bei der die Schürzen der Frauen trieften und ihnen die Haare klatschnass vom Dampf ins Gesicht hingen. Waschen war Schwerstarbeit, jeder Kutscher hatte es leichter. Zwar gab es eine kleine Wringmaschine, aber sie musste umständlich zu zweit bedient werden, und so benutzten die Frauen weiterhin lieber ihre Hände.

Im Winter ging es dann zum Aufhängen aus der überhitzten Waschküche in die Kälte hinaus, in der die Wäsche auf den Leinen im Handumdrehen steinhart gefroren war. Mutter bangte jedes Mal um ihre kostbaren Tischtücher mit den eingewebten Schlössern und Vögeln, deren empfindliches Gewebe beim Abnehmen brechen könnte. Einen anderen Trockenplatz als den Hof aber gab es nicht, und so hing die Wäsche dort, bis sie trocken war, was manchmal auch im Sommer lange dauerte. Denn Missgeschicke blieben nicht aus: Ein Gewitter zog auf, eine Leine riss, so dass ein Teil der Wäsche wieder gespült werden musste, die Klammern saßen nicht fest genug, und ein plötzlicher Sturm in der Nacht verteilte Handtücher, Kopfkissenbezüge und Unterwäsche auf die Sträucher im Garten und auf die

Leiterwagen. Im Herbst, wenn die Holunderbeeren reif waren, benutzten die Amseln die Wäscheleinen gern als Startplatz und hinterließen die Wäsche blau gesprenkelt. Oder Möpschen wälzte sich in der frischen Gartenerde und ließ sich dann zur Abkühlung die nassen Laken wohlig über den Rücken schlappen.

Im Sommer wurde die weiße Wäsche noch zusätzlich auf dem Rasen gebleicht, was bedeutete, dass sie alle Stunde aus großen Kannen frisch angefeuchtet werden musste. Und wenn der Mond schien, ließ man sie sogar über Nacht draußen, weil die Mondstrahlen die Wäsche angeblich besonders weiß machten.

Zur Kräftigung der erschöpften Frauen gab es am letzten Tag zum Mittagessen Eisbein mit Sauerkraut und Kartoffelbrei und zum Kaffee frischen Streuselkuchen. An den anderen Tagen hatte niemand die rechte Ruhe, und so löffelten die Waschfrauen mittags nur hastig etwas Zusammengekochtes, um schnell wieder an den brodelnden Waschkessel zu kommen, auf dem sich die Laken schon bedrohlich blähten.

Jetzt aber war auch Muße zu überlegen, was man noch im selben Aufwasch erledigen konnte, deshalb kamen wir Kinder auch gleich dran und wurden am Abend im Waschzuber abgeseift, eine Prozedur, die im Kinderzimmer stattfand. Das heiße Wasser schleppte das Mädchen aus der Küche hinauf, und um sie nicht zu überanstrengen, wurde die Wanne nur halb gefüllt. Von fröhlichem Herumplanschen konnte jedoch keine Rede sein. Der Holzfußboden hätte darunter leiden können, und schnell sollte es auch gehen. Und so stand an einem Weihnachten auf dem Wunschzettel meiner Schwester: »Einmal so lange baden, wie ich will.«

Die Haare wusch uns Mutter in der Küche. Sie nahm dazu Eigelb und spülte wie bei der Buntwäsche mit Essig. Anschließend setzte man uns mit tropfendem Kopf vor die offene Herdtür, unbekümmert darum, dass die Haare vielleicht Feuer fangen könnten. Doch der Herd erwies sich jedes Mal als einsichtig. Er gab zwar ordentlich Hitze ab, knisterte aber friedlich vor sich hin, ohne einmal der Versuchung nachzugeben, uns ein paar glühende Kohlenstückchen ins Haar zu spucken. Oft bot sich Vater an, uns nach dem Trocknen zu kämmen. Aber das lehnten wir jedes Mal dankend ab, denn er hatte wenig Geduld beim Auskämmen der von den Kletten, die wir uns gegenseitig auf den Kopf warfen, verfilzten Stellen und ziepte uns fürchterlich.

Das Legen und Einsprengen, Mangeln und Bügeln der Wäsche nahm eine weitere Woche in Anspruch, und Mamsell war sehr hinterher, dass Bett- und Tischwäsche ausreichend gestärkt waren, beim Zusammenlegen Kante auf Kante lag und vor allem die Tischtücher nicht zippelten. Beim Mangeln halfen wir gern, aber der Eifer war größer als unsere Fertigkeit, die Wäschestücke so zwischen die Rollen zu schieben, dass sie nicht zerknüllter als vorher wieder herauskamen. Außerdem schwebte Mutter in ständiger Angst, wir könnten mit unseren Fingern zwischen die Rollen geraten. Uns wurde aber gnädig erlaubt, das Rad zu drehen, was ziemlich schwer war und einen schnell aus der Puste brachte.

In den ersten Jahren im Forsthaus benutzten wir zum Plätten noch Bolzeneisen. Die Bolzen wurden im Herd zum Glühen gebracht und dann mit einem Haken in die Eisen geschoben. Später kamen Spirituseisen in Mode, die praktisch wie ein Spirituskocher funktionierten. Die Mädchen, nicht nur im Umgang mit dem Herd gedankenlos, pflegten Spiritus nachzufüllen, ohne vorher die Flamme auszudrehen, obwohl sie wissen mussten, dass es dabei eine Explosion geben konnte. Mutter hatte es ihnen oft genug gesagt und die Folgen in den schlimmsten Farben ausgemalt: verkohlte Haare und Augenbrauen, weggebrannte Wimpern, Brandnarben im Gesicht und an den Händen, die nie mehr weggehen würden, ja womöglich die ganze Küche und sie mit in Flammen. Sie hörten Mutter jedes Mal fasziniert zu und taten dann trotzdem dasselbe wie vorher.

Die fertige Wäsche häufte sich in Stapeln auf dem Lampentisch im Flur und wurde von Mutter in den riesigen Wäscheschrank einsortiert, wobei sie gern einzelne, besonders wertvolle Stücke betrachtete und in Erinnerungen schwelgte. »Seht mal, dieses Tischtuch stammt noch von einer Patentante von mir. Sie hatte sich so unsterblich in ihren Cousin verliebt, dass sie ihm die Rasierseife stahl und sich damit wusch. Und er hatte immer die armen Stubenmädchen im Verdacht. Und dieses hier mit der Freiherrenkrone, das müsste noch aus dem Nachlass von Onkel Philipp sein. Der hat sich's bequem gemacht, sich immer abwechselnd bei seinen Geschwistern auf ihren Schlössern durchgefuttert. Typisch Junggeselle!« Und zu meinem Vater gewandt, der gerade den Flur entlangkam: »Kuck mal, die Eisservietten, die sind bestimmt schon hundert Jahre alt.«

»Durchaus möglich«, sagte Vater ohne die erwartete Ehrfurcht. Zu seiner Garderobe gehörten noch mehrere Anzüge von seinem Vater, die so alt waren, dass sie an den Familientagen selbst bei den sparsamsten Mitgliedern doch einiges Erstaunen hervorriefen.

Diesmal war am letzten Waschtag nachmittags starker Nebel aufgekommen, und so begleitete mein Bruder, wie immer in einem solchen Fall, Agnes zum Anlegeplatz. Und während sie mit dem Kahn über den See glitt und vom Nebel verschluckt wurde, so dass nur noch das Plätschern des Ruders zu hören war, blieb er stehen und rief ab und zu »Huhu!« und »Hallo!«, um ihr mit seiner Stimme als Kompass den Weg zu weisen, damit sie nicht im Kreise ruderte und am falschen Ufer landete. Als sie von drüben »Ick bin da!« schrie, hatte die Dämmerung schon vom Luch Besitz ergriffen, und mein Bruder lief, begleitet vom Ruf der Himmelsziege, die über ihm kreiste, nach Hause, ein magerer Junge mit ständig rutschenden Kniestrümpfen, der den ganzen Tag am Basteln war oder im Kahn Stunden auf dem See zubrachte. Er war voller Vorfreude auf das Abendbrot, denn Mamsell hatte etwas von Hering mit Zwiebelscheiben, Äpfeln und Sahnesoße gesagt. Aber die Vorfreude war voreilig gewesen – es gab mal wieder Kartoffeln mit Stippe, was auch Vater enttäuschte. Aber selbstverständlich ließ er sich nichts anmerken, sondern sagte tapfer: »Auch ein sehr schönes Gericht.«

Brot und Flieder

Eins, zwei, drei, vier, fünf, sechs, sieben, eine alte Frau kocht Rüben, eine alte Frau kocht Speck, und du bist weg.

Weg war in diesem Fall Mamsell. Sie hatte die Grippe und musste ins Bett, was bei ihr so gut wie nie passierte. Aber jetzt im März hatte es sie so richtig erwischt. Da halfen auch Halsumschläge mit heißen Kartoffeln und Schweineschmalz auf der Brust nichts. Ihr röchelnder Husten ließ sogar Möpschen zusammenfahren und raubte uns den Schlaf. Aber einen Arzt lehnte sie kategorisch ab.

In der Küche ging nun alles drunter und drüber, denn herrschsüchtig, wie Mamsell war, machte sie alles allein und ließ höchst ungern jemand anders an den Herd, selbst Mutter nicht, wozu man allerdings gerechterweise sagen musste, dass Mutter sich nicht gerade danach drängte. Nach einer Woche hatten wir die »frugale Küche«, wie Vater es nannte, herzlich satt und sehnten uns nach etwas anderem als nach Bohnen mit Speck, Erbsen mit Speck, Kartoffeln mit Sauerkraut und gebratenem Speck, Kartoffeln mit Sülze, Kartoffeln mit Roter Bete und durchwachsenem Speck und den unvermeidlichen Béchamel-Kartoffeln. Aber etwas anderes bekam Agnes Heidepriem, die in die Küche beordert war, nicht zustande, und noch war kein Ende abzusehen. Dazu stellte sich der Herd besonders widerborstig an. Er qualmte ohne ersichtlichen Grund, dass einem die Augen tränten, ließ Holz und Kohle mehr ankokeln als brennen und nachts die sorgsam mit Asche zugedeckte Glut erkalten. Die Herdtür klemmte mehr denn je, und Agnes rutschte einer der Herdringe vom Feuerhaken, fiel auf den Boden und zerbrach. »Du sprachst schon davon« und »Apropos« waren in dieser etwas gereizten Atmosphäre die Lieblingsreden der Eltern.

»Apropos Herd«, sagte Mutter. »Lange mache ich das nicht mehr mit.«

»Du sprachst schon davon«, sagte Vater. Er hatte jetzt viel mit seinem Bruder auf dem Nachbargut zu tun, meist um die Mittagszeit, und schwärmte uns dann vor, wie superb die von meiner Tante zubereitete Schnepfe geschmeckt habe. »Mit Preiselbeeren, Kartoffelbrei und einer phantastischen Soße. Ich sage euch, es war ein Gedicht.«

Wir seufzten und leckten uns die Lippen.

»Und was habt ihr Schönes gegessen?«

»Béchamel-Kartoffeln.«

»Nun«, sagte Vater aufmunternd, »auch ein sehr schönes Gericht. Aber die Soße –«

»Du sprachst schon davon«, sagte Mutter. »Apropos Soße. Auf diesem Schrotthaufen von Herd lässt sich gar keine Schnepfe mehr vernünftig braten. Wir werden immer mehr auf etwas feinere Küche verzichten müssen. Aber dir macht das natürlich nichts. Dir genügt falscher Hase ja völlig.«

Das konnte Vater unmöglich auf sich sitzen lassen. Am nächsten Tag stattete er Mamsell einen Besuch an ihrem Krankenlager ab, was uns alle sehr erstaunte, denn er hatte tödliche Angst vor Ansteckung und pflegte sich bei jeder unserer winterlichen Grippen, obwohl er sie stets als »leichte Erkältungen« abtat, anzustellen, als hätten wir die Cholera. Dann holte er sich seine Flinte und verschwand. Nach Einbruch der Dunkelheit kam er stolz mit zwei Schnepfen wieder zurück. Mutter war außer sich. »Du glaubst doch wohl nicht im Ernst, dass ich dir die brate! Und Agnes kann so was nicht.«

»Lass mich nur machen«, sagte Vater. Er ließ die Schnepfen von Agnes rupfen, nahm sie aus und warf uns dann alle aus der Küche, Möpschen eingeschlossen, der sich nur ungern von den Vögeln trennte. Zu unserer Überraschung erschien Mamsell in mehrere Lagen Gestricktes und einen lila Morgenmantel aus Flanell eingemummelt und begab sich trotz Mutters Protesten – »Sie werden sich den Tod holen!« – in die Küche, um Vater zu assistieren. Allerdings wurde ihr bald schwindlig, und sie kroch wieder in ihr Bett. Trotzdem waren die Schnepfen ein voller Erfolg. Stille senkte sich auf das Haus herab, als wir uns über die Teller mit den Köstlichkeiten beugten, und jeder schmatzte trotz Mutters missbilligenden Blicken genießerisch vor sich hin.

»Schmeckt«, sagte Mutter. »Schmeckt wirklich.«

Und verkniff sich großmütig die Bemerkung, dass die Küche allerdings aussehe, als hätten betrunkene Landsknechte dort ein Spanferkel über offenem Feuer gebraten.

»Ich sag's ja«, sagte Vater, »der Herd ist völlig in Ordnung.«

»Wie man's nimmt«, sagte Mutter. »Der Schornsteinfeger war übrigens immer noch nicht da.«

»Du sprachst ...« Er warf Mutter einen Seitenblick zu und verbesserte sich hastig: »Du hast wirklich Recht. Auf den Kerl ist einfach kein Verlass.«

Vater hätte gern seine Kochkünste an einem Hecht versucht. Aber das wollte Mutter auf keinen Fall. Trotzdem zog zwei Tage später der verlockende Duft von Fisch in Weinsoße durchs Haus. Mamsell war von ihrem Krankenlager auferstanden und hatte die Zügel wieder in die Hand genommen.

Düfte, und nicht nur die von Mamsells Kochkunst kündenden, verbinden sich mit meiner Erinnerung an unser Haus, das mit den verschiedensten Gerüchen geradezu parfümiert war, die sich in Teppichen, Möbeln, Betten und Schränken eingenistet hatten und uns so vertraut waren, dass wir sie kaum noch wahrnahmen. In jedem Zimmer roch es anders. Im Wohnzimmer dominierten Bohnerwachs und Zigarrenrauch, im so genannten Salon, der so gut wie nie geheizt wurde, roch es nach abgestandener Luft und kalter Asche, bei meinem Bruder nach Anglerglück, einer grauenhaft riechenden Paste, die er auf den Fischköder strich, weil die Fische angeblich ganz verrückt danach waren, nach Teer und fauligem Aquariumwasser, und in dem kleinen Zimmer, das ich mit meiner Schwester teilte und das außer unseren Betten noch zwei Pulte und einen Schrank enthielt, roch es so durchdringend nach einer Mischung aus einem vom Lumpenmann erstandenen Parfüm, Niveacreme und Kreide, dass Vater jedes Mal, wenn er ins Zimmer kam, das Fenster aufriss – »Vor dem Gestank flüchten ja sogar die Ratten!«. Im Zimmer meiner Mutter duftete es nach Lavendelkissen, nach Riechsalz, nach Puder und dem Spiritus von Mutters Ondulierschere, in Vaters Zimmer nach Leder und Dralles Birkenwasser. Bei Mamsell roch es vor allem nach »Ich, Anna Csillag«-Pomade, durch deren wundersame Wirkung diese angeblich eine 185 Zentimeter lange Loreleimähne bekommen hatte, und das innerhalb eines Jahres. Mamsells stattlicher Dutt schien das auch zu bestätigen. Wir fragten uns allerdings jedes Mal, wo die Haarpracht geblieben war, wenn sie bei nächtlichen Krankheitsfällen mit zwei spillerigen Zöpfchen durchs Haus rannte. Bei den Mädchen duftete es nach Veilchenseife, und das ganze Haus roch nach nassen Hundehaaren, eingeölten Stiefeln, Petroleum, Kerzen, Mottenkugeln, Bratfett und was die Küche sonst noch zu bieten hatte, wobei der Blumenkohlgeruch sich am längsten hielt. Und unter all diese Düfte mengte sich der aus dem Pferdestall mitgebrachte Geruch.

In der warmen Jahreszeit, wenn die Fenster wieder den ganzen Tag offen standen, durchzog der Duft von Flieder, blühenden Linden oder Rotdorn das Haus.

Aber jetzt, vor Ostern, tat sich die klassische Konfirmationsblume, die Hyazinthe, besonders hervor. In Blumentöpfen überwintert, waren die Pflanzen nun wieder zum Leben erwacht und standen auf Fensterbrettern und Tischen. Ihr Duft drang bis in den letzten Winkel und überdeckte sogar für kurze Zeit das, was wir am liebsten rochen, woran wir uns nie überaßen: den Geruch von frisch gebackenem Brot.

Als Erstes wanderte der Backtrog in die Küche. Am Abend wurden Sauerteig, Mehl, Wasser und Salz gemischt und dann in dem Trog geknetet, geknetet, geknetet, bis zehn, zwölf wohlgeformte Brotlaibe in Reih und Glied dalagen, die sorgsam zugedeckt wurden, damit sie in Ruhe gehen konnten. Jeden, der in die Küche kam, zischte Mamsell an: »Tür zu, der Teig darf keinen Zug bekommen!« Der Herd wurde ordentlich auf Touren gebracht, während sich die Brote wohlig dehnten. Am nächsten Morgen sorgte Frau Trägenapp, unsere Nachbarin, dafür, dass der vom ganzen Dorf benutzte Backofen neben der Scheune die richtige Temperatur bekam, eine Kunst für sich, die sie am besten beherrschte. Dann wurden die Brote zum Ofen gebracht. Natürlich waren wir mit dabei und ließen unsere mit Brotteig gefüllten Puppenformen in den Ofen schieben. Hundertmal lieber als das übliche Nachmittagsbrot mit Pflaumenmus aßen wir an den nächsten beiden Tagen das frische Brot mit Speck oder Schmalz. Auch Gäste waren auf unser Brot ganz versessen und durften sich meistens einen Laib mitnehmen.

Sosehr wir das frisch gebackene Brot liebten, sowenig hielten wir von Brotgerichten. Denn trockenes Brot wanderte nicht etwa in den Schweineeimer, sondern es gab süßsaure Brotsuppe mit Rosinen, die wir hassten. Auch Vater war nicht gerade ein Liebhaber dieses Gerichts und ließ sich von Mutter immer nur eine halbe Kelle geben, denn, behauptete er, Brotsuppe sei ungeheuer sättigend.

Die Kräutertante

Jeder von uns hatte, abgesehen von seiner Lieblingstasse, seinem Lieblingsbesteck und seinem Lieblingsglas, einen Gegenstand, an dem er besonders hing, den er dauernd mit sich herumschleppte oder dem er einen besonderen Platz einräumte. Und jeder tat, als sei dieser Gegenstand das Kostbarste von der Welt und unersetzlich. Vater zum Beispiel stellte sich furchtbar mit seinem Beil an. Die Klinge war messerscharf geschliffen, der Griff lag angenehm in der Hand, und angeblich war ihm dieses wunderbare Gerät erst nach langem vergeblichen Herumsuchen in die Hände gefallen. Dabei wussten wir alle, dass er es in ziemlich verrottetem Zustand im Wald gefunden hatte. Sobald das Beil seinen Dienst verweigerte, weil der Ast, den Vater ihm zumutete, einfach zu dick war, beschuldigte er meinen Bruder, sich hinter seinem Rücken diese Kostbarkeit angeeignet und damit Steine bearbeitet zu haben. Nur als ihm eines Tages das edle Werkzeug ausrutschte und voll seinen rechten Fuß traf, so dass nur das dicke Leder seines Schnürstiefels das Schlimmste verhinderte, allerdings alle fünf Zehen angehackt waren, äußerte er keine Verdächtigungen. Mit blutdurchtränktem Schuh kam er nach Hause gehumpelt, wo wir schon mit der

Vesper auf ihn warteten. Ich musste ein Handtuch vor seinen Esszimmerstuhl unter den Tisch legen, und er stellte seinen nackten Fuß darauf, der das Handtuch im Nu verfärbte.

»Also wirklich«, sagte Mutter ziemlich bleich im Gesicht und eilte, um Verbandszeug zu holen. Die Pflaumenmusstulle in der Hand, starrte ich mit offenem Mund auf den blutigen Fuß, und Vater ermahnte mich, wie fast bei jeder Mahlzeit: »Kind, iss!«, während er seelenruhig nach Brot und Butter griff.

Das Lieblingswerkzeug meines Bruders, des großen Bastlers, war eine Flachzange. Er bezichtigte seinerseits sofort Vater, meist zu Recht, wenn sie nicht an ihrem Platz lag. Vater nämlich hielt sich selbst nie an die von ihm aufgestellten Regeln. So borgte er sich gern, ohne Mutter zu fragen, ihre wie einen Augapfel gehütete Stickschere, um Schnüre von der Stärke eines Seils damit durchzuschneiden, was ihm natürlich nicht gelang, der Schere aber sehr schadete, die zu Mutters Erstaunen plötzlich nicht einmal mehr einen Nähseidenfaden schnitt. Auch für meine Schwester war ihre Schere ein Heiligtum. Angeblich war sie die einzige im Haus, mit der man Papierpuppen und ihre Garderobe ausschneiden konnte. Gnade mir Gott, wenn sie mich mit ihr erwischte!

Ich selbst, das jüngste Kind, besaß natürlich nichts. Voller Erbarmen schenkte mir Mutter einen ausrangierten Schuhanzieher, mit dem ich allerdings nichts anfangen konnte. Ich bot ihn freizügig jedermann an, aber niemand wollte ihn haben. Möpschens Favorit war ein alter Kochlöffel mit einem abgebrochenen Stielrest. Er trug ihn stundenlang im Maul herum, was seine Lefzen so in die Breite zog, dass er wie ein behaarter überdimensionaler Frosch aussah. Wahrscheinlich war der Löffel von Bratensoße und anderen Köstlichkeiten durchtränkt und für ihn eine Art herrliche Lutschstange. Sonst ließ er sich gutmütig ziemlich alles aus dem Maul nehmen, gelegentlich sogar einen Knochen, aber versuchte man es mit diesem Löffel, sträubte sich sein Nackenhaar und er fing an, gefährlich zu knurren.

Mamsells Ein und Alles wiederum war ein Schälmesser. Für sie gab es so etwas Fabelhaftes nicht zum zweiten Mal in ihrer Küche. Dabei war die Klinge schon leicht verbogen, ganz dünn vom vielen Schleifen und saß ziemlich locker. Nie hätte sich jemand von uns an dieses Messer gewagt. Trotzdem verschwand es ab und zu auf geheime Weise, und Mamsell durchwühlte vergeblich sämtliche Schubladen. So auch in dieser Aprilwoche, in der Hausbesuch anstand. Während sie immer hektischer in den Schränken herumrumorte, kam mein für gespannte Atmosphären nicht eben empfänglicher Bruder auf die Idee, ihr eine Scherzfrage zu stellen: »Was heißt das: Osterbēn Onēglaubēn ist des Menschen Vērderbēn?«

Mamsell drehte sich um und sagte mit gefährlich ruhiger Stimme: »Raus! Ich zähle bis drei!«

Mein Bruder verschwand auf der Stelle, ohne die Auflösung seiner Scherzfrage losgeworden zu sein: »O sterben ohne Glauben ist des Menschen Verderben.«

Er beklagte sich bei Mutter über Mamsells Gereiztheit, und die wusste gleich, was die Stunde geschlagen hatte. Aber sie wusste auch, wie man Mamsell besänftigen konnte, nämlich durch eine gemeinsame Inspektion des Vorratskellers.

»Kommen Sie«, sagte Mutter, und Mamsell folgte ihr nur zu gern. Die Vorräte im Keller waren nämlich ihr ganzer Stolz, und es war für uns Kinder gefährlich, auch nur ein Glas Marmelade oder Kompott zu stibitzen, denn jedes Weckglas wurde gezählt und darüber Buch geführt.

Während sie mit Mutter an den Regalen entlangschritt, in denen die Weckgläser mit teils als Kompott, teils als Marmelade oder Gelee eingemachten Johannisbeeren, Erdbeeren, Himbeeren, Stachelbeeren, Birnen und Kirschen und die Tontöpfe mit Pflaumenmus, Sauerkraut, eingelegten Gurken und Eiern schnurgerade aufgereiht und mit Etiketten sauber beklebt wie in Hab-Acht-Stellung standen, besserte sich ihre Laune zusehends. Sie inspizierte die mit Erde abgedeckten Mohrrüben und Kohlköpfe und schob mit dem Fuß die Kartoffeln auseinander. »Fangen schon an zu keimen«, bemerkte sie, bückte sich so ganz nebenbei und hob etwas auf, das im Licht der Petroleumlampe blinkte. Es war das Messer. Mutter tat, als habe sie nichts gesehen, und Mamsell ergriff ein Glas Leberpastete, drückte es Mutter in die Hand und meinte: »Ab und zu sollten wir dem Herrn Grafen wirklich mal was Gutes gönnen.«

»Da wird er sich aber freuen!«, rief Mutter strahlend, als hätte man ihr gerade eine Büchse russischen Kaviars überreicht.

Der April war nicht gerade ein Monat, in dem sich unsere Gäste die Klinke in die Hand gaben. Zwar schwärmte, wer hin und wieder kam, vorher von dieser herrlichen Jahreszeit, in der man, frei von Ausflüglerrummel, das Wiedererwachen der Natur in wundervoller Ruhe genießen konnte, verabschiedete sich aber dann doch schneller wieder als erwartet, nicht ohne im Gästebuch Dankeshymnen zu hinterlassen: auf das selbst gebackene Brot, Mamsells exquisite Küche und auf die unermüdlichen Bemühungen der Eltern, den Gast zu amüsieren. Dabei unterschlug man großmütig, dass das Amüsement darin bestand, von Vater bei jedem Wetter, auch wenn es sich alles andere als freundlich zeigte, ein kräftiger Wind vom See her blies und es vom Himmel drippelte, durch den tropfnassen Wald geschleppt zu werden, um seine einmaligen Bäume zu besichtigen. Auch hielt Vater es in dieser Jahreszeit für geboten, die gedankenlose Verschwendung von Holz und Kohle ein wenig zu drosseln, und so wurden nur noch Wohnzimmer und Gästezimmer geheizt, während sich im restlichen Haus eine feuchte Kälte ausbreitete und der Gast bei den Mahlzeiten im Esszimmer vor sich hin bibberte. Vater meinte, wenn er zum Baden im See das Eis nicht mehr aufhacken musste, seien die Temperaturen schon fast sommerlich.

Der einzige Gast, der im April bis zum letzten Tag der angekündigten drei Wochen blieb und noch dazu, was Abhärtung und spartanische Lebensweise betraf, in Vaters Horn tutete, war Tante Herta. Trotzdem sprühte Vater nicht gerade vor Begeisterung, denn sie ging ihm mit ihrem Kräutertick ziemlich auf die Nerven. Aber er nahm doch mit Wohlwollen zur Kenntnis, dass sie der nächste Besuch sein würde.

»Ordentliche Person«, sagte er, »mit sehr vernünftigen Ansichten. Und mit allem zufrieden. Sie wird ja wie immer ganz mit ihren Kräutern beschäftigt sein.«

»Zu viel«, sagte Mutter. »Ich hoffe, sie verschont uns dieses Jahr mit ihrer genialen Frühjahrskur und verdirbt uns nicht jedes Essen mit Löffelkraut. Sogar an den Brotteig hat sie das Zeug getan.«

»Nun ja«, sagte Vater, »es schmeckte wirklich sehr eigenartig.«

»Scheußlich hast du damals gesagt«, erinnerte ihn Mutter.

Vater erlaubte Billi gnädig, die Tante von der Kleinbahn abzuholen.

»Mit den Füchsen?«, fragte mein Bruder begierig.

»Nein, mit der Liese«, sagte Vater. »Die muss viel öfter bewegt werden.«

Mein Bruder zog einen Flunsch. Nicht, weil er das alte Pferd gering schätzte, aber die Schnellste war sie nun wirklich nicht mehr und blieb oft stehen, sah sich ein bisschen in der Gegend um und stieß ein entsagungsvolles Prusten aus, ehe sie sich wieder in Gang setzte.

Wie meist, wenn wir zur Kleinbahn fuhren, goss es in Strömen, und ein völlig durchnässter, missgelaunter Junge kam mit einer recht aufgekratzten Tante zurück, die es unter ihrem aufgespannten Schirm sehr viel trockener gehabt hatte. Auf der Treppe vor dem Haus wurde sie nicht nur von uns, sondern auch von Möpschen empfangen, der mit seinem Kochlöffel in der Schnauze mehr denn je einem überdimensionalen Breitmaulfrosch glich und seine geliebte »Zuckerschnecke«, Tante Hertas Dackel, freudig begrüßte.

»Bisschen nass geworden, der Junge!«, rief die Tante vergnügt. »Aber Frühlingsregen ist gesund, da wächst man!«

Wir hatten, dem familiären Anlass entsprechend, nicht gerade unser Bestes an, aber gegen Tante Herta waren wir direkt großstädtisch gekleidet. Unter ihrem ziemlich abgewetzten, betagten Lodencape kam etwas Giftgrünes, sehr weitmaschig Gestricktes hervor und darunter ein Kleid, dessen unbestimmte Farbe und Form für seine Unverwüstlichkeit sprachen. An den Füßen trug sie Schnürstiefel, die in Breite und Länge den Siebenmeilenstiefeln in unseren Märchenbüchern glichen. Sie hatte uns in einer wundervollen Glasdose selbst gekochte Kräuterbonbons mitgebracht, aber nicht einmal den ersten lutschten wir zu Ende. Sogar die nicht allzu wählerischen Pferde spuckten die Bonbons wieder aus, und Tante Hertas Dackel schnappte wütend nach uns, als wir ihm einen davon unter die Nase hielten.

Tante Herta gehörte zu den angenehmen Gästen, die sich gut allein beschäftigen konnten, denn sie war dauernd unterwegs, immer auf der Suche nach geeigneten Kräutern gegen vielerlei Leiden, Veilchen zum Gurgeln bei Halsentzündung, Schluckbeschwerden und Mundfäulnis, Minze und Brennnesseln zum Trinken bei Keuchhusten, Bronchialkatarrh und Husten. Allerdings brachte sie unseren Tageslauf total durcheinander, weil Blüten nur morgens, bevor sie sich öffneten, geerntet werden durften, das hieß, immer zur Frühstückszeit, und die grünen Pflanzenteile über Mittag zwischen zwölf und drei, also immer dann, wenn es Mittagessen geben sollte oder Vater sein Nickerchen auf dem Sofa im Wohnzimmer machte. Auch wuselte sie dauernd in der Küche herum, um all den Veilchensud, Brennnesselsaft und Huflattichsirup zu kochen. Mamsell ließ sich das erstaunlich lange gefallen, wohl weil irgendeines dieser Kräuter, mit denen sie von Tante Herta beglückt worden war, tatsächlich verdauungsfördernd gewirkt hatte. Aber dann empfahl ihr die Tante, große Mengen von einem Gebräu aus Birkenblättern, Brennnesseln und Löwenzahn zu trinken, um ihren Winterspeck loszuwerden, denn Mamsell habe doch, das müsse sie ihr mal in aller Ehrlichkeit sagen, ganz schön zugelegt, was aber natürlich bei jemandem, der dauernd abschmecken müsse, sehr verständlich sei. Mamsell sprach dem Tee, wenn auch mit Todesverachtung, denn er schmeckte, wie er roch, reichlich zu und lobte seine »wasserziehende« Wirkung. Nach zwei Tagen aber bekam sie einen solchen Appetit, dass sie in einer Woche drei Pfund zunahm. Von Stund an war Tante Herta in der Küche kein gern gesehener Gast mehr, und Mamsell warf selbst das verdauungsfördernde Kraut in den Mülleimer.

Aber Tante Hertas Besuch neigte sich sowieso dem Ende zu, und sie rüstete sich zur Abreise, jede Menge getrocknete Veilchen und Gänseblümchen, Brennnesselsaft und Huflattichsirup im Gepäck. Vater brachte sie persönlich zur Bahn, natürlich mit den Füchsen. Mein Bruder erinnerte ihn daran, dass die Liese viel öfter bewegt werden müsse.

»Stimmt, mein Junge«, sagte Vater. »Du kannst mit ihr morgen zur Mühle fahren und Mehl holen.«

Die Osterüberraschung

Mochte auch die Verwandtschaft unserem Forsthaus im April wenig Reize abgewinnen, so war dieser Monat für uns doch von zwei großen Ereignissen geprägt: Konfirmation und Ostern. Aus unserem Dorf wurde in diesem Jahr nur Martel konfirmiert, die, während sie die Ziege molk, die Kaninchen fütterte und das Brennholz packte, fieberhaft die mühevoll auswendig gelernten zehn Gebote vor sich hin brabbelte. »Du sollst den Namen des Herrn, deines Gottes, nicht unnützlich führen; denn der Herr wird den nicht ungestraft lassen, der seinen Namen missbraucht.« Und gerade diesen Missbrauch trieben wir leider sehr häufig. »O Gott«, rief Mamsell, »die Milch kocht über!« – »Gott, bist du dämlich«, sagte mein Bruder zu mir. Und: »O Gott!«, rief Martel verzweifelt nach einer halben Stunde. »Das merke ich mir nie!« Aber der Pastor war ein strenger Hirte und drohte, jeden, der sich nicht genug angestrengt hatte, durch die Prüfung fallen zu lassen. Diese Schande war zwar noch niemandem widerfahren, aber, so sagten sich die Konfirmanden, es gibt immer ein erstes Mal.

Martel, mit dicken Zöpfen, einer Himmelfahrtsnase, lustigen Augen und einem Mundwerk ausgestattet, das selbst Mamsell die Sprache verschlug, kam verängstigt in unsere Küche geschlichen und bat um Tante Hertas speziellen Beruhigungstee, von dem sie so viel trank, dass sie auf dem Küchenstuhl fast einschlief. Aber natürlich ging alles gut, dem Gang zum Altar stand nichts mehr im Wege und auch nicht dem zum Fotografen. Im schwarzen Konfirmationskleid, das von nun an bis zur Hochzeit zu allen festlichen Gelegenheiten getragen wurde, und mit weit aufgerissenen Augen blickte Martel dem Besucher aus einem Zierrahmen in der großen Stube entgegen. In dieser Stube fand auch das Festmahl mit Streusel-, Zucker- und Napfkuchen, zweierlei Fleisch und Gemüse und reichlich Bier statt, zu dem auch wir Kinder geladen waren, während sich Mutter und Vater nach einem kurzen Gratulationsumtrunk verabschiedet hatten. Wir aßen wie die Scheunendrescher, als wenn wir zu Hause nur Brot und Wasser bekämen, und hatten mit unseren vollen Bäuchen eine unruhige Nacht.

Für die vierzehnjährige Martel war mit der Einsegnung die Kindheit vorbei. Sie ging in Stellung, und wenn sie sich herabließ, überhaupt noch mit uns zu sprechen, tat sie es im Ton einer gütigen, aber strengen alten Tante. Meine Schwester und ich beneideten sie insgeheim und malten uns aus, wie unnahbar und würdig wir sein würden, wenn wir endlich vierzehn waren.

Auch in der Verwandtschaft gab es etliche Konfirmanden. Ich hatte zwölf Vettern und elf Kusinen ersten Grades, und mindestens einer war immer soweit. Aber meist waren es die Eltern, die an den Konfirmationen teilnahmen, und nur manchmal durften wir mit. Doch im Grunde blieb ich lieber zu Hause, zumal wenn ich mit Mamsell und den Mädchen ganz allein war, denn dann war ich die Hauptperson. Vor den Besuchen bei den Verwandten aber graulte ich mich. Nach der Überschaubarkeit unseres Hauses empfand ich die Riesenschlösser als etwas Bedrohliches, und vor allen Dingen ängstigten mich die endlosen verwinkelten und düsteren Gänge. Wachte ich nachts in meinem viel zu großen Bett auf, wusste ich oft nicht, wo ich mich befand, und wenn ich dann aus dem Bett kroch, um nach dem Lichtschalter zu suchen, verlor ich die Orientierung völlig. Die Mahlzeiten im Speisesaal dauerten ewig, und der servierende Diener warf mir jedes Mal einen missbilligenden Blick zu, wenn mir die Serviette von den Knien rutschte. Neben meinem Teller lag meist noch ein silberner Schieber, was mich sehr kränkte, denn ich aß bereits mit Messer und Gabel und brauchte so einen Babykram nicht mehr. Da aber meine Mutter sehr viel später als ihre Geschwister geheiratet hatte, war ich überall die Jüngste und traute mich deshalb nicht zu protestieren. In späteren Jahren sollte sich meine Einstellung zu diesen Besuchen ändern, und ich genoss es, wenn der Kutscher, der mich von der Bahnstation abholte, mit der Bogenpeitsche salutierte. Ich fand alles wundervoll und mein Elternhaus eher schofelig. Das hätte ich allerdings niemals zugegeben, sondern ich hörte widerspruchslos zu, wenn man sich über die snobistischen Allüren mancher Familienmitglieder mokierte.

Wir »kleinen Wilden« galten als besonders gut erzogen. Selbstverständlich standen wir jedes Mal auf, wenn ein Erwachsener das Zimmer betrat, flitzten zur Tür, wenn jemand hinausgehen wollte, hielten Rauchern, die nach ihren Streichhölzern suchten, blitzschnell eine brennende Kerze unter die Nase, so dass sie erschrocken zurückfuhren, rührten kein Besteck an, bevor es die Hausfrau nicht tat, passten bei Tisch auf wie die Luchse, dass die Nachbarn rechts und links gut versorgt waren, und wenn uns jemand Süßigkeiten schenkte, boten wir sie sofort jedermann an, obwohl uns das Herz blutete. Und selbstverständlich hielten wir den Mund, wenn wir nicht gefragt wurden. Nur in der Küche, unserem bevorzugten Ort, fanden wir unsere Sprache wieder und mussten ab und zu ermahnt werden, auch hier mal die Klappe zu halten.

Natürlich sonnten wir uns in unserer Vortrefflichkeit, dabei war gute Erziehung damals eigentlich kein Thema. Dass Kinder sich nicht wichtig machten, setzte man einfach voraus. Sie standen in der Hierarchie sowieso an unterster Stelle und waren nicht als Individuen, sondern immer nur als ein Teil von den Erwachsenen interessant. »Kuck doch, der Gang, genau wie Agnes!« – »Diese Nuschelei – muss das Kind von seinem Vater haben.« – »Nun sieh dir Ottos Jungen an, zupft sich dauernd an der Nase. Seine Großmutter hatte denselben Tick.« Und: »Ein bisschen nah am Wasser gebaut, das Kind, genau wie Alice. Na, ist ja auch ihre Nichte.« Unter so vielen beobachtenden und kritischen Blicken fühlte sich Mutter plötzlich bemüßigt, dauernd an uns herumzunörgeln, was sie zu Hause nie tat. »Kippel nicht mit dem Stuhl, setz dich anständig hin, heb die Füße, latsch nicht so übern großen Onkel.«

Wie schön war es da doch mit Mamsell und den Mädchen allein zu Hause! Ich konnte gemütlich in der Küche essen und bekam meine Lieblingsgerichte. Und am Abend spielte Mamsell mit mir »Schwarzer Peter« oder »Fang den Hut«. Sie gruselte mich angenehm mit wahren und erfundenen Schauer- und Katastrophengeschichten, die sie in ihren vorangegangenen Stellungen erlebt hatte – von Kindern, die an Diphtherie starben, durch die Küche schießenden Kugelblitzen und von Geistern, die nachts durch die Gänge wimmerten.

Vater schien ähnlich wie ich zu denken. Er war froh, wenn er wieder in seinem eigenen Bett schlafen konnte, und schenkte jedem von uns einen Groschen für das Sparschwein. Das litt an chronischer Magersucht, und so konnten wir uns nur selten eine Flasche Malzbier oder Himbeerbrause von Frau Trägenapps kleinem Ausschank holen und mussten uns diese herrlichen Getränke auch noch zu dritt teilen. Taschengeld bekamen wir selbstverständlich nicht. Ab und zu drohte eine Diskussion darüber bei Tisch aufzuflammen, die aber von Vater im Keim erstickt wurde. Er konnte sich über unsere Forderung gar nicht genug wundern. »In euerm Alter? – Kind, iss! – Da müsst ihr erst noch ein bisschen wachsen.« Geld gab es nur, wenn wir etwas Nutzbringendes taten, ihm beim Pflanzen und Gießen halfen, für ihn Zigarren aus unserem Gasthaus »Perle des Westhavellandes« holten oder stundenlang hinter den Pferden, die den Göpel für die Dreschmaschine zogen, im Kreise trabten.

Wie in jeder Familie hatte auch bei uns alles sein festes Ritual, an dem nichts geändert werden durfte. Das galt natürlich auch für die Osterzeit. Selbst die Natur hielt sich daran und schickte das übliche Regen- und Schneegemisch vom Himmel, so dass uns wie immer die Frage bewegte: Ostereiersuchen drinnen oder draußen? Mutter war prinzipiell für drinnen. Sie hatte uns nicht österlich mit offenen Haaren, Samtkleidchen und beigen Spangenschuhen geschmückt, damit wir im Matsch herumpatschten und unter triefende Büsche krochen. Aber erst einmal musste Moos aus dem Wald geholt werden. Dann bauten wir, der Tradition entsprechend, im Bienenschauer, einem offenen Schuppen, in dem früher einmal Bienenkörbe gestanden hatten, mit großer Sorgfalt Nester für den Osterhasen. Natürlich glaubte keines von uns Kindern mehr an ihn, obwohl ich, das Baby der Familie, dauernd gefragt wurde: »Na, nicht doch ein bisschen?« Eine außerordentlich kränkende Frage, wie ich fand. Trotzdem konnte ich mir nicht erklären, wie die Eier in die Nester kamen, denn so früh ich auch aufstand und ins Esszimmer schlich, von wo aus man einen Blick auf den Bienenschauer hatte, es gelang mir nie, einen der Erwachsenen dabei zu ertappen, wie er sich an den Nestern zu schaffen machte.

Zum Osterritual gehörte auch, das leer gegessene

Frühstücksei umzudrehen und es mit der Frage: »Möchte jemand noch ein Ei?« den anderen anzubieten, der Hinweis, die Standuhr werde sicher gleich stehen bleiben, sie ticke schon so komisch, und Vaters Frage, wenn er nach seinem morgendlichen Bad im See händereibend am Frühstückstisch erschien: »Wisst ihr, wem ich eben begegnet bin?« – »Dem Osterhasen!«, riefen wir dann im Chor, und er konnte nicht genug darüber staunen, wie neunmalklug wir doch wieder mal waren.

Besagter Hase begann bereits in der Karwoche unsere Nester zu füllen, wobei das Wort »füllen« nicht ganz am Platz ist. Ein kleines Ei, allerhöchstens zwei, oft raffiniert im Moos versteckt, waren die Beute, vorausgesetzt, wir waren schneller als Möpschen, was noch mehr Spannung ins Spiel brachte. Auch das Huhn Mathilde sorgte hin und wieder für Überraschungen, indem es sein Ei in eines der Nester platzierte. Das wurde dann beim Färben mit den preußischen Farben Schwarz und Weiß besonders geehrt.

Das Färben und Bemalen der Eier war unser Privileg, was Mamsell nur ungern sah. »Ihr versaut mir bloß wieder die ganzen Küchenhandtücher!« Ein Teil der Eier wurde gefärbt und hinterher mit Speckschwarte abgerieben. Den Rest bemalten wir mit Tuschebildern, die allerdings nicht gerade von unserer strotzenden künstlerischen Begabung zeugten. Meinen akribisch der Natur nachempfundenen Osterhasen hielt Vater für eine Männchen machende Maus, und ein meiner Schwester, wie wir fanden, besonders gut gelungenes Konterfei von ihm lobte er als hübsche Kasperlefigur. Unter ein paar leere Eierschalenhälften klebten wir silbrig gefärbte Erbsen als Füße, füllten das Ganze mit Schneeglöckchen und stellten es als Blumenschmuck auf den Esstisch. Einige Eier durften von uns ausgepustet und an Forsythienzweigen aufgehängt werden. Doch die Kunst des Auspustens beherrschten wir sehr mangelhaft, und so gingen zu Mamsells Missbilligung mehr Eier kaputt, als schließlich an den Zweigen hingen.

Nach dem Vergnügen mit den Eiern harrten unserer aber auch Pflichten. Die Straße vor dem Haus musste geharkt und der Schuppen auf dem Hof, in dem wir gern unseren ganzen Krimskrams wie unbrauchbare Flitzbogen, kaputte Angeln, geschnitzte Stecken und zerbrochenes Spielzeug horteten, aufgeräumt werden.

Die wichtigste Dekoration für das ostersonntägliche Frühstück war ein etwa dreißig Zentimeter großer Osterhase aus Pappmaché, umringt von vier kleineren, ihm exakt nachgebildeten Hasen. Er hatte samt Gefolge seinen Stammplatz auf einem großen, mit grün gefärbter Holzwolle bedeckten silbernen Tablett und sah uns, durch zurückliegende trübe Erfahrungen gewarnt, ängstlich beim Frühstück zu. Denn irgendein Unfall ereilte ihn immer, mal brach eine Pfote ab, weil mein Bruder seinen Serviettenring darüber gehängt hatte, mal verlor er durch ein viel zu schweres Ei in seiner Kiepe das Gleichgewicht und kippte auf den Pflaumenmustopf, was ihn fast den Kopf kostete. Glücklicherweise hatte sich mein Bruder nach diesem Unfall als großer Bastler bewährt, Kopf und Rumpf mit Leukoplast wieder zusammengefügt und ein goldenes Band aus Mutters Weihnachtsschmuckvorräten darüber gewickelt, so dass der Osterhase noch festlicher wirkte als vorher. Er und seine Untertanen blieben uns treu bis zur Flucht, dann verschwanden sie aus unserem Leben.

Die Ostereier waren – »draußen oder drinnen?« – gefunden und größtenteils gegessen. Die gezuckerten, die mit ihrem gelben Dotter wie ein durchgeschnittenes Ei aussahen, mochten wir besonders. Nun lümmelten wir uns satt und träge im Wohnzimmer herum, bis auf meinen Bruder, den es schon wieder zum Wasser gezogen hatte. Nach einer Stunde kam er vom Havelländischen Hauptkanal zurück. »Wisst ihr, wem ich begegnet bin?«, fragte er, Vater imitierend.

»Dem Osterhasen«, antworteten wir gelangweilt.

»Falsch.« Er zog seine rechte Hand, die er hinter dem Rücken verborgen hatte, hervor und hielt uns triumphierend etwas unter die Nase. Wir wichen voller Abscheu zurück. Es war eine Wollhandkrabbe, und Vater rief entsetzt: »Junge, das ist ja vielleicht eine Osterüberraschung!« Die Wollhandkrabben nämlich waren für die Fische in der Havel ebenso schlimm wie die Rüsselkäfer für Vaters Wald.

Möpschens Leibspeise

Die Singvögel im Frühling sind aus meinem Kinderleben nicht wegzudenken. Wir beobachteten, wo und wie sie ihre Nester bauten, ihre Eier bebrüteten, sich abwechselnd auf Futtersuche begaben und mit etwas Zappelndem im Schnabel zu den piepsenden Jungen zurückkehrten. Wir kannten ihre Tricks, mit denen sie versuchten, alles Bedrohliche von ihnen fernzuhalten, verjagten die blöden Katzen, wann immer wir sie sahen, und schleppten heimatlos gewordene Vogeljunge in die Küche, wo Mamsell versuchte, sie so lange durchzufüttern, bis sie fliegen konnten, was aber nur selten gelang. Und so wie die Vögel sangen, trillerten und pfiffen wir im Frühling besonders viel und lautstark vor uns hin. Mein Bruder hatte sich einen äußerst kunstvollen Pfiff angeeignet und Möpschen dazu gebracht, ihm überallhin zu folgen. Dummerweise hatte eine Amsel seinen Pfiff in ihr Repertoire aufgenommen, so dass Möpschen alle Augenblicke, vor Eifer Mamsell und die Kröte fast über den Haufen rennend, aus der Küche stürzte und nach meinem Bruder suchte. Mamsell regte sich jedes Mal fürchterlich darüber auf und sprach von Tierquälerei und Ähnlichem, was die Amsel aber wenig beeindruckte. Glücklicherweise wurde der gelehrige Vogel von einem anderen Geräusch abgelenkt. Er imitierte nun das Quietschen des Scheunentors. Und Möpschen war erlöst.

Jeder im Haus hatte seine Lieblingsmelodie. Morgens sang Mutter gern: »Heinrich schlief bei seiner Neuvermählten, einer reichen Erbin von dem Rhein. Schlangenbisse, die den Falschen quälten, ließen ihn nicht länger schlafen ein.« Vater wiederum summte beim Rasieren: »Als ich noch Prinz war von Arkadien.« Mamsell bevorzugte die Rasenbank am Elterngrab, während die Mädchen sich mehr den Zigeunern widmeten, die ihnen das Herz gestohlen hatten. Meine Schwester schmetterte: »Gold und Silber hab ich gern, könnt ich wohl gebrauchen, hätt ich nur ein ganzes Meer, um hineinzutauchen.« Und ich fiel mit meinem Geplärre vom Männlein, das still und stumm im Walde steht, allen auf die Nerven.

»Still und stumm«, wiederholte Vater. »Ach, wär das schön!«

»Nun lass das Kind mal«, sagte Mutter. »Sie hat doch eine recht hübsche Stimme.«

»Wenn du meinst«, sagte Vater.

Auch Möpschen entwickelte eine erstaunliche Musikalität, wenn Mamsell butterte. Jeden Tag hatte er sie getreulich auf dem Gang zum Keller begleitet, wo die Zentrifuge stand, mit der Mamsell die Sahne von der Milch trennte, die sie dann in einem bauchigen, braun glasierten Topf sammelte. Interessiert sah er zu, wie Mamsell die Milch in den Apparat schüttete und mit viel Geschick die Kurbel drehte, eine Kunst, die nicht jeder beherrschte. Denn es kam dabei auf großes Gleichmaß an, sonst drehte sich die Zentrifuge im Leerlauf, und mehr Milch als Sahne floss in den Topf. Wenn sich etwa nach einer Woche genug Sahne angesammelt hatte, schleppte Mamsell das Butterfass in die Küche, stellte es auf einen Hocker, goss die Sahne hinein und begann mit dem Buttern. Das war der Augenblick, in dem Möpschen sich platt auf die Erde warf in Erwartung seines Lieblingsgetränks, der Buttermilch, und voller Vorfreude das Butterfass geradezu anschmachtete und, die Tonleiter rauf und runter, wimmernde Laute von sich gab. Während wir vorsichtig über ihn hinwegstiegen, sagten wir lobend: »Braves Hundchen«, so froh waren wir, dass er uns die verhasste Buttermilchsuppe ersparte, denn nur selten brachte Mamsell es übers Herz, ihm seine Leibspeise zu verweigern.

Wir beschränkten unser Musizieren jedoch nicht nur auf unsere Stimmen. Häufig griffen meine Schwester und ich auch zur Blockflöte, und Vater meinte: »Dann singt doch lieber.« Oder wir spielten wie mein Bruder auf der Mundharmonika, die wir alle Augenblicke ausklopfen mussten, weil sie so voller Spucke war. Auch eine winzige uralte Tischharfe besaßen wir und ein Kinderxylophon. Der Klöppel dazu war längst verloren gegangen und durch einen kleinen Quirl ersetzt worden, den wir in einen Puppenstrumpf gesteckt hatten. Das Glanzstück im Haus war natürlich der Flügel. Unsere Eltern hatten nichts dagegen, wenn wir auf diesem Instrument herumklimperten, was wir bei schlechtem Wetter gern taten. Da es mir nicht schwer fiel, jede Melodie, die mir durch den Kopf ging, zu spielen und die passende Begleitung dazu zu finden, schleppte meine Mutter ihr Wunderkind zu einer Klavierlehrerin. Die mühte sich redlich ab, mir das Notenlesen und die Grundregeln des Quintenzirkels beizubringen, aber ich starrte nur begriffsstutzig auf die Notenblätter, und Sprüche wie »Es geht hurtig durch Fleiß« und »Fritzchen aß Citroneneis« fand ich nur blöd und nicht hilfreich. Nach wenigen Unterrichtsstunden gab die Lehrerin meiner Mutter taktvoll zu verstehen, dass ich sicherlich hoch begabt, aber sie wahrscheinlich nicht die richtige Lehrerin sei. Ich war heilfroh darüber und konnte nun, meiner Phantasie folgend, weiterhin mit viel Pedal auf den schwarzen und weißen Tasten herumdreschen. Vater war ebenso erleichtert wie ich. Die armen Pferde bei Wind und Wetter in die Stadt zu hetzen war doch, Begabung hin, Begabung her, reichlich viel verlangt.

Auch er spielte gern auf dem Flügel. Obwohl er es nie gelernt hatte, beherrschte er das Instrument erstaunlich gut. Er spielte Geige und hatte auch im Kadettenkorps Geigenstunden bekommen, was ihm so manche angenehme, ruhige Stunde bescherte und ihn oft vor dem Drill rettete. Mutter dagegen hatte als junges Mädchen lange Klavierunterricht gehabt. Sie spielte alles vom Blatt, was wir uns wünschten, und ihr Talent beschränkte sich keineswegs auf den »Fröhlichen Landmann« und Czerny-Etüden.

Ein weiterer musikalischer Genuss war das Grammophon mit seinen vielen Platten, Marke »Die Stimme seines Herrn«. Leider vergaß Vater jedes Mal, aus Berlin neue Nadeln mitzubringen, so dass selbst Carusos Stimme ziemlich kratzig klang. Auch gingen wir reichlich sorglos mit den Platten um. Einige von ihnen ließen wir in der Sonne liegen, bis sie sich wellten, so dass die Nadel wie eine Heuschrecke über sie dahinhüpfte und bei den Sinfonien meist den langsamen Satz übersprang. Die Feder des mächtigen Apparates war schon sehr ausgeleiert, und wenn wir sie nicht rechtzeitig aufzogen, sank Richard Taubers schmelzender Tenor zum Bass herab und erstarb in einem Röcheln.

Neben unseren musikalischen Exzessen, neben unverwechselbaren Gerüchen und Düften, die mich durch meine Kindheit begleiteten, war es auch eine Vielzahl von Geräuschen, die es heute nicht mehr gibt oder die so rar geworden sind wie bestimmte Vogelarten: das Klappern der Dreschflegel in Trägenapps Scheune, das Dengeln der Sense, das tiefe Brummen unserer damals schon altmodischen Dreschmaschine, der Singsang der Kreissäge vom anderen Seeufer, das Quietschen des Pumpenschwengels, das Knarren eines schwer beladenen Ackerwagens, den die Pferde durch tiefen Sand zogen, der Peitschenknall – eine Kunst, die wir Kinder lange üben mussten –, das bedrohliche Zischen eines Ganters, der einen mit ausgebreiteten Flügeln über den ganzen Hof verfolgte, das rasende Gehämmer eines Spechts, der sich angewöhnt hatte, jeden Morgen einen wahren Trommelwirbel am Fenster im Esszimmer zu vollführen, weil er sein Ebenbild in der

Glasscheibe entdeckt hatte, das Plätschern der Fische, wenn sie sich vor einem Gewitter im See im Springen übten, das strullende Geräusch, mit dem die Milch beim Melken in den Eimer floss, und das asthmatische Schnaufen der Kleinbahn sowie ihre gellenden Pfiffe, wenn sie sich der Wellblechbaracke, die unsere Bahnstation war, näherte. Doch damals war das Höchste für mich, wenn ich hörte, wie Mamsell etwas auf einem Holzbrett zerhackte. In der Hoffnung, es seien Mandeln, die sie in den Kuchenteig und in die Milch für den Pudding streute, wetzte ich in die Küche, musste aber immer wieder enttäuscht feststellen, wie weit Wunsch und Wirklichkeit auseinander klafften. Denn meistens waren es Zwiebeln.

Auch das Haus hatte sein Eigenleben. Wenn ich nachts nicht schlafen konnte, lief ich barfuß auf den Flur und lauschte. Schränke knackten, Mäuse knabberten, die Gewichte der Standuhr rasselten, der Wind schlug einen Efeuzweig, der sich von der Wand gerissen hatte, gegen das Fenster, und es kam mir vor, als hörte ich das Haus atmen. Aber oft wurde alles überdeckt von Möpschens gewaltigem Schnarchen.

Zu diesen vertrauten Geräuschen gesellte sich eines Tages etwas Neues, noch nie Dagewesenes. Mein Bruder beglückte uns mit einem von ihm selbst gebastelten Detektorapparat. Mit großem Stolz führte er ihn uns vor. Mutter begeisterte sich sofort dafür. Von jetzt an würden wir, wenn auch nur indirekt, am kulturellen Leben der Reichshauptstadt teilhaben können. Wenigstens etwas, wo wir schon kein Telefon hatten.

Mein Bruder sprach von Schwingungen und Frequenzen, während wir uns um den Kopfhörer zankten, bis Vater ein Machtwort sprach und ihn sich selbst überstülpte. Mein Bruder kratzte mit einer Art Nadel in einer Halterung auf einem silbrigen, in einer Glasröhre untergebrachten Stein herum, damit, wie er sagte, Klang entstehen konnte. Doch sosehr meine Schwester und ich auch lauschten, außer einem fernen Rauschen war nichts zu vernehmen. Nur die Eltern schienen schärfere Ohren oder mehr Glück zu haben. Vater jedenfalls behauptete, er habe soeben kurz den Anfang des Schlagers »Was machst du mit dem Knie, lieber Hans« gehört, während Mutter ganz euphorisch rief, als sie ihm den Kopfhörer zurückreichte: »Hör mal, Beethovens Neunte! Freude schöner Götterfunken!«

Mir ließ natürlich dieses neue Wunderwerk keine Ruhe. Als alles im Bett war, schlich ich mich, nur vom Mondlicht begleitet, ins Wohnzimmer, denn aus Angst vor meiner Schwester wagte ich nicht, eine Kerze anzuzünden. Ich ging zu Vaters Schreibtisch, auf dem der Apparat stand, und stülpte mir die Kopfhörer noch einmal über. Den Blick auf das Porträt Friedrichs des Großen gerichtet, auf dessen Gesicht der Mond Kringel malte, lauschte ich dem fernen Gezirpe. Und dann geschah das Wunder: Eine Stimme löste sich aus dem Geräuschsalat und sprach ernst, fast drohend: »Vergessen Sie nicht, Ihre Antenne zu erden.« Im gleichen Moment spürte ich einen äußerst schmerzhaften Schlag auf meinem Oberarm. Vor mir stand mit funkelnden Augen mein Bruder und trieb mich mit gezielten Muskelstärken, wie er diese Schläge nannte, ins Kinderzimmer zurück.

Meine Schwester war inzwischen aufgewacht, hatte die Kerze auf dem Nachttisch angezündet und fragte: »Warst du schon wieder auf dem Klo?« Ich stellte mich vor ihr auf und wiederholte mit Stolz und großer Schadenfreude, was ich als Einzige gehört hatte: »Vergessen Sie nicht, Ihre Antenne zu erden.«

Aber die erhoffte Wirkung blieb aus. Meine Schwester zeigte sich uninteressiert. Sie zog die Nachttischschublade auf, nahm zwei von Mamsells köstlichen Baisers heraus, leicht gebräunt und ein bisschen klebrig, und verzehrte sie genüsslich. Sie gab mir nicht einen Krümel ab, sondern sagte nur: »Nun halte endlich die Klappe und mach das Licht aus.«

Fast platzte ich vor Wut darüber, dass Mamsell mir, dem kleinsten Kind im Haus, so etwas Köstliches nicht auch gegönnt hatte. Das Geräusch, mit dem meine Schwester die Baisers zermalmte, dröhnte förmlich in meinen Ohren, und weg war der Triumph, dass dieses magische Gerät mit mir als Einziger im Haus gesprochen hatte.

Die Hauswirtschaft geht vor

In diesem Jahr verabschiedete sich der April mit fast sommerlichen Temperaturen, und sofort brach im Haus wieder die Putzwut aus. Zunächst wurden sämtliche Kokosläufer aufgerollt und die Dielen darunter derartig mit Bohnerwachs bearbeitet, dass man höllisch aufpassen musste, nicht samt den Läufern ins Rutschen zu kommen. Dann fand man, dass die Petroleumlampen es mal wieder bitter nötig hatten, geputzt zu werden. Schirme und Zylinder ließen ja kaum noch Licht durch, und auch die Messingklinken waren stumpf und fleckig. Mamsells Vorschlag, die Wintersachen einzumotten, fand jedoch nur geteilte Zustimmung. »Denken Sie an die Eisheiligen!« Mamsell ließ diesen Einwand nicht gelten. »Motten sind schlimmer.« Man einigte sich auf einen Kompromiss, Fahrpelze ja, Fußsäcke nein. Sie blieben, wo sie waren. Vorsichtshalber warf ihnen Mamsell eine Hand voll Mottenkugeln in den Rachen, so dass wir nach jeder Fahrt stark nach Naphthalin rochen. Pelzgefütterte Westen, Wintermäntel und Handschuhe, Mutters Pelz und ihre beiden Muffs wurden auf die Veranda zum Auslüften geschleppt, und Vaters Uniformen, die sowieso eingemottet waren, gönnte man noch einmal ein bisschen

Sonne, ehe sie wieder in der Dunkelheit der Truhe verschwanden.

Wir wuselten dazwischen herum und spielten Verkleiden, wozu sich Vaters Dragoneruniformen besonders anboten. Mit von der Partie waren zwei entfernt mit uns verwandte gleichaltrige Kinder, ein Junge und ein Mädchen. Sie waren mit ihrer Mutter vor einer Stunde nur auf einen Sprung, wie meiner durch den unerwarteten Besuch etwas überraschten Mutter versichert wurde, herübergekommen. Aber es wurde ein ziemlich weiter Sprung, der sich bis in die Abendstunden erstreckte. Als Ältester nahm sich natürlich mein Bruder heraus, die militärischen Ränge zu bestimmen. Während er, der General, meiner Schwester immerhin noch den Rang eines Leutnants zubilligte, waren wir, der Rest, einfache Muschkoten und wurden von ihm mit einem zackigen »Guten Morgen, Leute!« begrüßt. Nach zehn Minuten allerdings hatte ich es herzlich satt, dauernd angebrüllt zu werden: »Stillgestanden, Augen rechts, linksrum, rechtsrum, rührt euch!« Ich desertierte und verzog mich zu Mamsell. Die hatte zwar keine Baisers für mich, aber Biskuitplätzchen, die sie aus einer Blechdose herausfischte, und während ich sie aß, prägte ich mir den Standort dieser Dose genau ein.

Mamsell ermunterte mich, doch ein bisschen beim Einmotten zu helfen. Es wäre zum Beispiel sehr nützlich, wenn jemand den schweren Deckel der Truhe auf dem Boden für die Mädchen aufhielte, sonst gehe es ihnen, wenn sie Zeitungspapier zwischen die einzelnen

Stücke legten, womöglich wie dem kleinen Jungen im Märchen vom Machandelboom, und der Deckel hackte einer von ihnen den Kopf ab. Ich erklärte mich einverstanden, aber bevor ich die Küche verließ, gab ich ihr ein Rätsel auf: »Es rüttelt sich, es schüttelt sich und macht ein Häuflein unter sich.«

Sie zuckte lachend die Achseln. »Weiß ich nicht, du Neunmalkluge.«

»Das Sieb!«, rief ich triumphierend und gab gleich noch eins zum Besten. »Was ist bei der Mahlzeit das Unentbehrlichste?«

Diesmal hatte ich Pech. »Der Mund«, sagte Mamsell. »Und den hältst du jetzt zur Abwechslung auch mal für 'ne Weile und verschwindest.«

Ehe ich es maulend tat, erkundigte ich mich hoffnungsvoll nach dem Mittagessen, das, wenn wir Gäste hatten, etwas Besonderes zu sein pflegte.

»Königinnenpastete mit Ragout fin.« Aber ehe ich mich freuen konnte, setzte Mamsell hinzu: »Selbstverständlich nur für die Erwachsenen. Ihr Kinder bekommt einen Nudelauflauf.«

Wie meist in diesem Haus wurde nichts so heiß gegessen wie gekocht. Wir bekamen unseren Teil dieser Köstlichkeit, wenn auch nur eine halbe Pastete.

Im Laufe des Vormittags hatte sich noch jemand eingefunden, mit dem wir nicht gerechnet hatten: unser Hauslehrer, der alte Scheel, ein pensionierter Schulmeister aus dem Nachbardorf. Zum täglichen Unterricht pflegte er wie Agnes über den See zu rudern. Von Strenge und Zucht hielt er nicht viel und lobte uns über den grünen Klee, auch mich, obwohl ich man gerade in der Lage war, neben wenigen anderen Buchstaben ein »i« – »Rauf, runter, rauf und ein Pünktchen drauf« – auf die Schiefertafel zu kritzeln. Der Biologieunterricht fand vorzugsweise in den Ställen oder der freien Natur statt, und so brachte er uns zu Vaters Freude auch manches Wissenswerte über Bäume bei, was lange und nicht immer nur dem Unterricht gewidmete Waldgänge erforderte. Auf Schönschrift legte er großen Wert, und während meine Geschwister das Gedicht von Lenau »Lieblich war die Maiennacht, Silberwölklein flogen, ob der holden Frühlingspracht freudig hingezogen« mehr abmalten als abschrieben, um es sich besser einzuprägen, und ich mich mit Aufgaben wie »Eins und eins ist zwei« abmühte, hielt er ein kleines Nickerchen.

In den letzten Tagen war der Unterricht ausgefallen. Er hatte, wie Agnes wichtig vermeldete, die Influenza. »Drei Tage war der Frosch sehr krank«, sagte Vater und nahm freudig den Ziegenkäse entgegen, den der alte Scheel wie meist, so auch heute, mitbrachte. Mutter erkundigte sich besorgt nach seiner Gesundheit, worauf er zu hüsteln begann, aber tapfer sagte, es gehe schon wieder, wenn auch das Rudern noch ziemlich schwer falle. Dann fragte er nach seinen Schülern. Als er hörte, dass wir den Mädchen beim Einmotten halfen, sagte er wie immer: »Die Hauswirtschaft geht vor« und verzog sich in die Küche, um sich von Mamsell ein wenig verwöhnen zu lassen. Von Geschlachtetem verstand er sehr viel, und Mamsell ließ ihn deshalb die Leberwurst probieren, was er sehr sorgsam tat und meinte, sie sei wirklich vorzüglich, allerdings vielleicht ein bisschen viel Thymian dran. Damit legte er den Finger auf die Wunde, und Mamsell begann sich über den Schlächter zu beschweren. Lehrer Scheel hörte sich Mamsells Klagen geduldig an und putzte eine Stulle nach der anderen weg, bis sie plötzlich aufsprang und rief: »O mein Gott, ich muss ja das Mittagessen vorbereiten!« Darauf zog er seine Taschenuhr und meinte: »Mit dem Unterricht wird es wohl heute nichts mehr, da will ich mich mal auf den Heimweg machen.« Während er sich umständlich die Jacke anzog, versicherte er mehrmals, er sei noch gar nicht so recht zuwege und die Fahrt stehe ihm doch sehr bevor, bis Mamsell endlich begriff und rief. »Was denn! Sie wollen nicht zum Mittagessen bleiben?«

»Überredet«, sagte der alte Scheel schnell. »Bis dahin werde ich noch einen kleinen Rundgang machen.«

Mutter hatte sich mit unserem Gast in den seit Ewigkeiten nicht geheizten Salon zurückgezogen, dessen Eiseskälte selbst durch die laue Sommerluft, die durch das geöffnete Fenster hereindrang, kaum gemildert werden konnte. Erst die von Mamsell zum zweiten Frühstück servierte Hühnersuppe mit Eierstich wärmte die fröstelnden Damen ein wenig auf. Während sie aßen, lobte meine Mutter den alten Scheel in den höchsten Tönen. »Ein hochanständiger Mann und so einfühlsam. Und dieses Pflichtbewusstsein. Bei Wind und Wetter, jeden Tag über den See. Und meistens den Wind von vorn.«

»Da hast du wirklich Recht, liebe Kusine«, sagte der Gast und griff herzhaft bei den Käsestangen zu. »Aber meinst du nicht, dass deine beiden Großen jetzt langsam mal mit einer Fremdsprache anfangen müssten?«

Mutter runzelte die Stirn. »Damit hat es schon noch Zeit.«

»Meinst du? Meine beiden sprechen schon recht hübsch Französisch. Ihr Lieblingsbuch ist jetzt *Les Malheurs de Sophie.* Die Lehrerin meint ja, diese Sprache fliege ihnen einfach nur so zu.«

»Fabelhaft«, sagte Mutter. »Wirklich begabt. Stottert deine Kleine noch manchmal? Beunruhigen muss dich das aber nicht. Das verwächst sich wieder.«

»Diese Käsestangen«, sagte der Gast nach kurzem Schweigen, »also einfach superb. Beneidenswert. Deine Mamsell ist eben eine Perle.«

»Aber deine kann es durchaus mit ihr aufnehmen«, wehrte Mutter höflich ab. »Wo hast du sie nur her?«

Vater betrat den Salon. »Na, unterhalten sich die Damen gut?«

Die Augen der Frauen waren auf seine Stiefel gerichtet, von denen, als er sich setzte, ganze Lehmbrocken herunterfielen. Ihre Blicke kreuzten sich schwesterlich: »Männer.«

Die »Giess Wasser in die Suppe«-Suppe

Diese Suppe lässt sich einfach verlängern, wenn es für mehr Hungrige reichen soll. Damit sie nicht zu wässrig wird, tut es aber auch ein Mehr an Sahne.

Zutaten für 4 Personen:

500 g vorwiegend mehlig kochende Kartoffeln
1 kleine Sellerieknolle
1 kleiner Porree
1 Möhre
1 Zwiebel
50 g gewürfelter Magerspeck
1 EL Butter
1 l Fleisch- und Knochenbrühe
1 Lorbeerblatt
6 Pfefferkörner
3 Pimentkörner
0,1 l süße Sahne
1 TL Mehl
Salz, Pfeffer
Weinessig
gehackte Petersilie

Die Kartoffeln und das Gemüse waschen. Kartoffeln und Sellerie schälen, in Scheiben schneiden. Porree von Wurzeln und Grün befreien, den weißen Schaft in Ringe schneiden. Die Möhre schälen und würfeln. Die Zwiebel schälen und fein würfeln. Den Speck in der Butter zerlassen. Zwiebel und Lauch anbraten. Dann das übrige Gemüse zugeben und unter Rühren leicht dünsten. Mit der Brühe angießen, die Gewürze zugeben und alles etwa 30 Minuten weich kochen. Durch ein feines Sieb streichen (oder Gewürze herausfischen, Suppe mit dem Pürierstab kurz pürieren – aber Vorsicht, die Suppe kann bei zu langem Pürieren kleistrig werden). Die Sahne mit dem Mehl verquirlen und unter Rühren in die Suppe geben, nochmals 5 Minuten leicht kochen lassen. Mit Salz, Pfeffer und etwas Essig abschmecken, mit Petersilie garnieren.

Noch besser schmeckt die Suppe mit Speckwürfeln, die mit Zwiebelwürfeln geröstet werden. Oder mit in Butter gerösteten Weißbrotwürfeln. Oder einfach mit Fleischresten, in Würfel geschnitten.

Die Maibutter

Der Mai ist gekommen, die Pferde schlagen aus«, sangen wir, wenn wir sahen, wie es sogar unser altes Milchpferd Liese gepackt hatte. Sie trottete, den Wagen hinter sich herziehend, keineswegs mehr schwerfällig durch den tiefen Sand, sondern tänzelte bereits beim Anspannen wiehernd herum und benahm sich wie ein verspieltes Füllen. Wollte mein Bruder sie mit einer zusätzlichen Portion Hafer beglücken, keilte sie blitzschnell aus, ohne ihn vorher, wie es sich für ein anständiges Pferd gehört, durch angelegte Ohren zu warnen. Sie schlug ihm die Schwinge aus der Hand, und der Hafer prasselte ins Stroh. Eine Stunde später jagte sie mit kämpferischem Wiehern die erschreckten Kühe auf der Koppel auseinander. Dabei kam eine von ihnen so in Fahrt, dass sie mir nichts, dir nichts über den recht hohen Zaun segelte und die ganze Herde hinterdrein. Wir beobachteten es verblüfft, und Vater sagte anerkennend: »Könnte man direkt aufs Turnier schicken.«

Auch das sonst eher phlegmatische Möpschen zeigte plötzlich viel Unternehmungslust und begann, sich herumzutreiben. Einem von unserer Postfrau verbreiteten Gerücht zufolge war er angeblich in Dörfern gesehen worden, die selbst wir Kinder noch nie zu Gesicht bekommen hatten.

Mamsell sang jetzt nicht mehr das Lied von der Rasenbank am Elterngrab, sondern gemeinsam mit den Mädchen: »Geh aus, mein Herz, und suche Freud.« Was diese allerdings an ihren freien Abenden zu Mutters Sorge – »Man hat ja schließlich die Verantwortung den Eltern gegenüber!« – etwas zu wörtlich nahmen und so erst weit nach Mitternacht wieder zurückkamen. Mutter spielte häufiger als sonst mit viel Pedal die Löwe-Ballade vom Nöck: »Komm wieder, Nöck, du singst so schön, wer singt, kann in den Himmel gehn. Du wirst mit deinem Klingen zum Paradiese dringen.« Sie versuchte, Vater zu überreden, doch einmal mit ihr nach Berlin zu fahren: »Endlich mal raus aus diesem Kaff.«

Vater tat mal wieder, als hätte sie von ihm verlangt, eine Expedition zum Nordpol zu starten. »Bei dem schönen Wetter in die Stadt?« Aber schließlich gab er nach. »Wenn du durchaus willst. Aber nur für einen Tag.«

Mehr als zu jeder anderen Jahreszeit genoss er jetzt seinen Wald, der langsam anfing, sich nach den grauen Wintermonaten wieder in seiner ganzen Pracht zu zeigen: Rot- und Weißbuchen, Rüstern, Eichen, Blautannen, Douglasien, Fichten und Kiefern. Es gab das übliche Gezerre um Agnes, die Mutter unbedingt für den Garten haben wollte, Vater aber für den Wald brauchte. Mutter interessierte sich für all das Grünzeug, wie sie es nannte, nur sehr am Rande. Aber ein

Garten war natürlich unentbehrlich. Woher sollte man sonst Gemüse und Obst nehmen? Es in der Gärtnerei zu kaufen wäre niemandem in den Sinn gekommen, mit einer Ausnahme, dem Spargel. Und Mamsell saß Mutter im Nacken, dass zum Einwecken genug da war. Kräuter und natürlich Salat hatten nun ebenfalls zur täglichen Verfügung zu stehen, und in den Sommermonaten war ja frisches Obst wohl eine Selbstverständlichkeit. Doch all das musste gesät, gepflanzt, gehackt und begossen und zum Schluss geerntet werden. Eine Menge Arbeit also, was Vater natürlich genau wusste. Doch wenn Mutter davon anfing, hörte er nie so recht hin. Anders bei Mamsell, und so schickte Mutter sie ins Gefecht. Plötzlich war Agnes' Hilfe im Garten selbstverständlich. Für diese Einsicht versprach ihm Mamsell Kartoffelpuffer zum Mittagessen, die er besonders gern aß, genau wie ich.

Ich durfte beim Reiben helfen, was ich zunächst mit Feuereifer tat, aber schnell wieder aufgeben wollte. Doch Mamsell hatte ihren erzieherischen Tag und meinte, es sei an der Zeit für mich zu lernen, dass man nicht alles und jedes anfangen will und es dann nicht zu Ende bringt. Unnachgiebig hielt sie mich in der Küche fest, bis die letzte geschälte Kartoffel gerieben war. Zur Belohnung durfte ich ein paar Puffer in der winzigen Pfanne aus meiner Puppenstube selbst backen, begleitet von Mamsells warnenden Rufen: »Vorsicht, verbrenn dich nicht!«

Auf einem Puppenteller trug ich die mit Zucker bestreuten und mit reichlich Apfelmus versehenen Puffer nach oben, hatte aber das Kinderzimmer noch nicht erreicht, da waren sie bereits im Magen meines lässig vorbeischlendernden Bruders verschwunden. Ich fragte mich zum wiederholten Mal, warum man eigentlich unbedingt Geschwister haben musste und Einzelkinder so bedauert wurden, und lief heulend zu Mamsell, während mein Bruder sang: »Petze, Petze ging in 'n Laden, wollt für 'n Sechser Käse haben, für 'n Sechser Käse gibt es nich, Petze, Petze ärgert sich.«

Mamsell hörte sich mitfühlend, wenn auch etwas zerstreut, mein Klagelied an, schob meine Zopfspange hoch und sagte tröstend: »Ich hab was viel Schöneres für dich. Dreh dich mal um.«

Ich ahnte, was sie mir spendieren wollte, ihre herrlichen Biskuitküchel, und mir wurde bänglich zu Mute, denn die hatte ich mir längst heimlich so nach und nach aus der Blechdose geholt. Höchstens ein paar Krümelchen waren davon noch übrig. Doch ich hatte Glück, es war etwas anderes, ebenso Köstliches: Quittenbrot, sonst nur den Gästen vorbehalten, das gleichzeitig zuckrig und säuerlich auf der Zunge lag. Meine Erleichterung war so groß, dass ich Mamsell stürmisch um den Hals fiel, was sie teils rührte, teils befremdete.

»Nu mal sachte, Kind, was bist du exaltiert.« Sie fasste nach meiner Stirn. »Brütest du womöglich was aus? Hast du Fieber?«

Jetzt, wo die Kühe auf der Koppel waren, gab es zum Frühstück mit reichlich Zucker bestreute Dickmilch. Ein noch größerer Genuss aber war die Maibutter, die wir uns am liebsten fingerdick aufs Brot gestrichen hätten. Und es wunderte uns nicht, dass Möpschen auf diese Buttermilch besonders scharf war. Auch die Ausflügler, die sich mehr und mehr blicken ließen und zu Vaters Ärger »Märkische Heide, märkischer Sand« singend durch den Wald zogen, lobten Frau Trägenapps Butter über den grünen Klee, wenn sie unter ihrer blühenden Kastanie Rast machten. In manchen Lokalen, sagten sie – man wolle ja keine Namen nennen –, entspreche der Name leider nur zur Hälfte der Wahrheit, die andere Hälfte sei ordinäre eingesalzene Butter. Frau Trägenapp sei da eine große Ausnahme.

»Wat dat all jivt«, staunte Frau Trägenapp und kippte ihnen geschickt die gewünschten frischen Rühreier, die auch nicht gerade von gestern waren, direkt aus der Pfanne auf den Teller. Schließlich mussten die für den Winter eingelegten auch mal aufgebraucht werden. Sie wünschte den Herrschaften guten Appetit und fragte: »Vielleicht noch 'n Bier gefällig oder 'ne Brause?«

Die Herrschaften nickten gnädig: »Wenn's unbedingt sein muss«, horchten plötzlich auf und fragten: »Was summt denn da so komisch?«

»Ach, man bloß 'ne Hummel«, sagte Frau Trägenapp und machte eine scheuchende Bewegung, »davon gibt's dies Jahr besonders ville.« Sie fügte beruhigend hinzu. »Keene Bange nich, die stechen nich.«

Damit hatte sie Recht, nur handelte es sich nicht um eine Hummel, sondern um eine Hornisse auf dem Weg zu einem großen Astloch in der Kastanie. Wahrscheinlich wollte sie auskundschaften, ob das Hornissennest vom vorigen Jahr wieder bezogen werden konnte.

Die Nächte waren voller Leben. Fledermäuse strichen durch die Luft, und es war fast ein Wunder, dass sie nie mit der Himmelsziege zusammenstießen, die über dem Hof ihre Kreise zog. Vom See her konnte man den dumpfen Ton der Rohrdommel hören, Frösche quakten, und sogar der Uhu meldete sich. Aber am meisten spielte sich die Nachtigall in den Vordergrund. Die ersten Tage lauschten wir ihr voll Entzücken, aber wie alles Schöne wurde ihr Gesang erst zur Gewohnheit und schließlich sogar störend. Jedenfalls für Vater. Eines Nachts wachte ich davon auf, dass er die Treppe hinunterging, die Haustür aufriss und mit dem Luftgewehr meines Bruders mehrere Schüsse abgab. Die Nachtigall schwieg tatsächlich erschrocken, und ich hörte Vater murmeln: »Na also.«

Er war noch nicht wieder im Schlafzimmer, da schluchzte und schmetterte sie erneut los und, wie es mir vorkam, lauter als zuvor.

Der duhne Maikäfer

Vater fand, der viel gepriesene Mai habe auch seine Schattenseiten. »Das stimmt«, sagte Mutter. »Die Eisheiligen haben es oft in sich. Ich denke da nur an die Apfelblüte voriges Jahr. Alles erfroren. In der ganzen Gegend waren kaum Äpfel zu kriegen.«

Vater schüttelte ernst den Kopf. »Das meine ich nicht. Das sind Naturgesetze. Ich meine, viel zu viele Vergnügungen.«

»Vergnügungen?« Mutters Stimme hob sich. »Was verstehst du unter Vergnügungen? Wohl doch kaum die so genannte Herrenpartie. Dieses Männerbesäufnis am Gründonnerstag.«

Vater machte sein Teils-teils-Gesicht. Teils war natürlich jede Art von Besäufnis verwerflich, teils gab es doch ganz nette Erinnerungen an diesen Tag. Als junger Leutnant war man im Sommeranzug, die Kreissäge flott in die Stirn gedrückt, den Spazierstock schwingend, mit seinen Kameraden im Kremser durch die Gegend kutschiert, was zu so manchem Erfreulichen führte, zum Beispiel der Biergartenkellnerin mit dem leichten Silberblick.

»Was kuckst du so versonnen?«, fragte Mutter argwöhnisch.

»Ich? Wieso? Mir fiel nur gerade ein Spruch aus meiner Leutnantszeit ein: ›Doch der Jüngling sprach beherzt, ei, wie nett ward das gescherzt.‹ Ich meine, so eine Herrenpartie kann schon ganz lustig sein.«

»Du musst es ja wissen«, sagte Mutter spitz.

»Hast du mich je betrunken gesehen?«, fragte Vater gekränkt. »Beschwipst vielleicht.«

»Ich weiß nur«, sagte Mutter, »dass wir im Luch eine Stunde immer im Kreis gefahren sind und das bei zehn Grad unter Null, weil du, wie du es nennst, einen Schwips hattest.«

Vater grinste ein bisschen verlegen. Glücklicherweise war er eingeschlafen, und Mutter hatte ihm die Zügel aus der Hand nehmen können, zur Erleichterung der vor Kälte prustenden Pferde, die sehr schnell allein nach Haus fanden.

»Intelligente Tiere«, sagte Vater. »Von mir extra danach ausgesucht. Ich weiß schon, was ich kaufe.« Und um von dieser kleinen Peinlichkeit abzulenken, erzählte er wieder einmal die Geschichte von dem »Individuum« im Bienenschauer, die wir fast auswendig konnten. Vor ein paar Jahren nämlich hatte man dort am Freitagmorgen nach Himmelfahrt einen offensichtlich seinen Vollrausch ausschlafenden Mann gefunden mit dem friedlich schnarchenden Möpschen im Arm. Nun war uns ja bekannt, dass Möpschens zweites Lieblingsgetränk nach der Buttermilch leider, leider der Alkohol war, vor allem Bier, das er gern vom Teller leckte, der im Keller die Tropfen des Siphons auffing. Die Fahne der Bierleiche musste ihm also wohl sehr sympathisch gewesen sein, was zu dieser ungewöhnlichen Zutraulichkeit geführt hatte. »Der Mann war natürlich nicht von hier«, fügte Vater hinzu.

Ehe Mutter, die schon die Augenbrauen hochzog, etwas sagen konnte, kam Vater wieder auf die Vergnügungen zurück. Abgesehen von Pfingsten, dem lieblichen Fest, für das seiner Meinung nach Unmengen an Schokolade in Form von Maikäfern gekauft wurden, und das so schnell nach Ostern, und abgesehen von der erwähnten Herrenpartie gebe es da noch das Schützenfest, und Zirkus Sarassani sollte überflüssigerweise auch gastieren. »In Ferchesar sind sie gerade dabei, vor der ›Perle des Westhavellandes‹ ein Karussell aufzubauen, und Frau Trägenapp hat Bockbier bestellt. Wohin soll das alles führen?«

»Bockbier?«, fragte Mutter interessiert. »Ein paar Flaschen könnten wir gut gebrauchen, wo wir heute Abend Gäste haben.«

Vater fuhr ordentlich zusammen. »Gäste? Schon wieder? Warum sagt mir das kein Mensch?«

»Der Mensch, der neben dir sitzt, spricht seit einer Woche davon«, sagte Mutter.

»Tatsächlich?« Vater kuckte erstaunt. »Und was hat uns Mamsell zugedacht?«

»Spargel natürlich. Und dazu eine leichte Bowle, vielleicht Waldmeister.« Und zu uns Kindern gewandt: »Den könnt ihr nachher pflücken. Frau Trägenapp sagt, dieses Jahr gibt es eine Menge davon.«

»Aber man muss schon wissen, wo er steht«, sagte Vater, und so zog er mit uns in den Wald. Möpschen lief eifrig schnüffelnd voran, als wüsste er, was wir suchten, und war bald unseren Blicken entschwunden.

»Da lang«, sagte Vater, und wirklich, wir standen plötzlich vor einem kleinen Teppich dieses würzigen Krautes, auf dem sich Möpschen hingebungsvoll räkelte.

»Waldmeister-Bowle mit Möpschenaroma, eine völlig neue Geschmacksvariante«, sagte Vater. »Aber wir werden schon noch woanders welchen finden.«

Das taten wir auch. Dann setzten wir uns auf einem Baumstamm und ließen uns von der Sonne bescheinen. Wir zerrieben den Waldmeister zwischen unseren Fingern und genossen seinen Duft. Vater zauberte plötzlich Himbeerbonbons in einer braunen Tüte aus seiner Hosentasche. »Jeder einen«, sagte er warnend, als wir danach griffen. Auch Möpschen bedachte er, obwohl er es nicht verdient hatte.

Dann fragte Vater plötzlich: »Habt ihr gehört?«

Wir nickten. Der Kuckuck meldete sich zum ersten Mal in diesem Jahr. Wer jetzt Geld in seiner Tasche hatte, und sei es nur ein einziger Pfennig, würde das ganze Jahr hindurch gut damit versorgt sein. Fieberhaft durchkramten wir unsere Taschen. Aber außer Bleistiftstümpfen, Sicherheitsnadeln, Patronenhülsen, Taschenmessern, Marmeln, einem sandigen, halb abgelutschten Malzbonbon, Schnurresten, Zopfspangen, Haarklemmen und abgebrannten Streichhölzern in einer Schachtel war bei keinem etwas zu finden. Die Folgen zeigten sich auf der Stelle. Als wir nach einem weiteren Himbeerbonbon verlangten, schüttelte Vater nur den Kopf. »Wir müssen sparen, meine Herrschaften. Das seht ihr ja.«

Wir lieferten den Waldmeister in der Küche ab, wo Mutter und Mamsell sich gerade über den Spargel beugten und darüber diskutierten, wie man ihn zubereiten sollte. Statt des vorgesehenen Stangenspargels doch besser mit Holländischer Soße oder in Form von Spargelpudding, den alle Gäste liebten? Eine schwierige Entscheidung, bei der wir Kinder mal wieder sehr störten. So verzogen wir uns schnell, und ich ging in den kleinen Park und machte mich auf die Suche nach Maikäfern. Bis jetzt hatte ich im Gegensatz zum vorigen Jahr noch nicht einen einzigen finden können. Da hatte es geradezu von ihnen gewimmelt, so dass selbst die Hühner, die sie sonst aufpickten, an dieser Art Futter keinen Gefallen mehr fanden. Sie brummten durchs Haus, fielen in brennende Petroleumlampen, wo sie unter fürchterlichem Gestank verkohlten, und krabbelten auf den Kokosläufern herum. Am See unter einer der Eichen fand ich endlich einen Müller, ein stattliches Exemplar, das ich im Kinderzimmer in eine mit frischem Laub gepolsterte und mit Löchern versehene Zigarrenkiste sperrte. Meine liebenswürdige Schwester, die schon ihr Sonntagskleid trug, nannte mich eine olle Transuse, weil ich noch nicht umgezogen war.

Ich wurde trotzdem rechtzeitig fertig, die Gäste kamen pünktlich, und der Stangenspargel, zu dem sich Mamsell und Mutter schließlich doch entschlossen hatten, wurde sehr gelobt. Doch meinem Bruder stand trotz Vaters abschreckender Geschichte von dem Saufkopf im Bienenschauer der Sinn nach anderem. Während die Gäste im Salon ihren Mokka nahmen, einen Cognac tranken und die Männer ihre Zigarre rauchten, kehrte er ins Esszimmer zurück, bevor die Mädchen zum Abräumen kamen, trank erst alle Reste aus den Weingläsern und schenkte sich dann aus der Bowlenkanne von dem inzwischen vom Waldmeister reichlich durchzogenen Getränk nach. Ich stöberte ihn im Kinderzimmer auf, wo er leicht schwankend vor dem Waschtisch stand und sich meinen Müller betrachtete, der in einer kleinen, stark nach Alkohol riechenden Pfütze auf dem Rücken lag und mit den Beinen zappelte.

»Kiek mal«, sagte mein Bruder mit schwerer Zunge. »Völlig duhn, dein Müller. Na, hat er auch ’nen kleinen Spaß gehabt.« Er packte ihn, ging zum Fenster und warf ihn hinaus.

Leider hatte das Schicksal sich gegen meinen Maikäfer entschieden. Ehe er davonfliegen konnte, pickte ihn ein Huhn auf. Doch bevor ich den altbekannten Satz »Das sage ich Vater!« von mir geben konnte, zog mein Bruder blitzschnell etwas unter meinem Bett hervor, Zitronenkrem in einem der Kelchgläser, die von niemandem abgewaschen werden durften außer von Mamsell. Ich aß sie schneller auf, als jeder Maikäfer fliegt.

»Na siehste«, sagte mein Bruder befriedigt. »Bring es schnell ins Esszimmer zurück. Aber lass dich nicht erwischen.«

Erwischen ließ ich mich nicht, aber ich stolperte, und statt der zwölf Wappengläser gab es nur noch elf.

Die Delikatesse

Die Hühner produzierten nun nicht mehr allein für unseren Genuss, für Spiegel- und Rührei, Eierkuchen und Eier in Senfsoße, Omeletts und Soufflees. Jetzt stand ihnen der Sinn nach Nachwuchs. Gluckend liefen sie über den Hof und kündigten damit an, dass sie ein stilles Plätzchen für ihre Eier suchten, um sie zu bebrüten. Mamsell, die allein über Nest oder Bratpfanne bestimmte, suchte sorgfältig die zum Brüten vorgesehenen Eier aus. Die zukünftige Mutter bekam ein schönes Nest in einer ruhigen Ecke der Scheune, die Eier wurden hineingelegt, die verdutzte Henne wurde ergriffen und mit sanfter Gewalt auf das ihr fremde Gelege gesetzt. Begriffsstutzige Tiere, die nicht recht wussten, was sie davon halten sollten, und wieder fortstrebten, so dass Gefahr bestand, die Eier könnten unter dem Hin und Her leiden, bekamen vorsichtshalber für den ersten Tag einen Korb übergestülpt. Danach sah die Henne sehr schnell ein, was von ihr erwartet wurde, und blieb drei Wochen lang auf den Eiern sitzen, die sie nur zum Fressen und Trinken für kurze Zeit verließ. Natürlich konnten nicht alle Hühner in den Stand einer Mutter erhoben werden. Wer aber trotzdem seine Bemühungen nicht aufgeben wollte und weiter vor sich hin gluckte oder gar versuchte, eines der tönernen Nesteier zum Leben zu erwecken, hatte mit drastischen Maßnahmen zu rechnen. Mamsell sperrte das Unglückshuhn in einen Sack und ließ es dort für einen Tag im Dunkeln sitzen. Danach war es zumindest für die nächsten Monate von seinem Bruttrieb geheilt. Bis auf Mathilde. Auch sie hatte einmal diese Tortur über sich ergehen lassen müssen und diesen Schrecken nicht nur für Monate, sondern für immer im Gedächtnis behalten. Nie wieder brüten, das stand für sie fest.

Wir Kinder waren nun damit beschäftigt, junge Brennnesseln zu sammeln und unter Mamsells Anleitung das Kükenfutter zu mischen, in das nicht nur Brennnesseln, sondern auch klein gehackte harte Eier gehörten. Wir sahen zu, wenn die ersten Küken schlüpften, vertrieben fürsorglich den Habicht, der bereits erwartungsvoll über unserem Hof und der Wiese kreiste, und machten uns jeden Tag auf die Suche nach brütenden Enten. Sie legten ihre Eier still und heimlich in verborgenen Schlupfwinkeln längs des breiten Grabens, der zwischen Wiese und Lake lief, und erschienen dann irgendwann mit ihrem Nachwuchs auf dem Hof. Manchmal wurden sie auch von Möpschen aufgestöbert und uns über die Wiese, die an unserem Gartenzaun endete, zugetrieben, wobei die kleinen Entenküken in dem hohen Gras wahre Luftsprünge vollführen mussten, um mit ihrer verschreckten Mutter Schritt zu halten.

Enten und Gänse hielten wir nur in beschränktem

Umfang, weil Vater der Dreck störte, den sie auf dem Hof machten. Allerdings waren es gerade die Gänse, die uns ein herzergreifendes Beispiel von Liebe und Treue liefern sollten. Einer unserer jungen Gänseriche, von dem Mamsell jedes Mal, wenn sie ihn sah, zufrieden meinte: »Genau die richtige Martinsgans und 'ne Menge guter Daunen«, verliebte sich in eine von Frau Trägenapps Junggänsen, der dasselbe Schicksal blühte. Sie war ein vorwitziges Ding, das sich wie unsere Mathilde gern selbständig machte und eines Tages auf unserem Hof erschien. Die beiden wurden ein richtiges Paar, das sich liebevoll beschnatterte oder es sich, eng aneinander gekuschelt, mitten auf der Dorfstraße in einer Sandkuhle gemütlich machte. Natürlich dachten sie nicht im Traum daran, für die Heuwagen den Platz zu räumen, was viel Ärger verursachte und unseren Gartenzaun bei den Ausweichmanövern in Mitleidenschaft zog. Angesichts dieser Liebe brachte es niemand übers Herz, sich kalt und gefühllos an ihren Daunen oder Gänsekeulen zu erfreuen, und so kam die Gans dann ein Jahr später mit ihrem Nachwuchs auf unseren Hof spaziert, um ihn dem stolzen Vater zu präsentieren, der aber nicht das erwartete Interesse zeigte, sondern sich lieber in den Stall verzog. Beleidigt wackelte sie wieder davon und ließ sich erst wieder blicken, als die Gänseküken ihre mütterliche Fürsorge nicht mehr brauchten. Sie kehrte zu ihrem Gänserich zurück, und sie nahmen einträchtig ihre Spaziergänge zu ihren Lieblingsplätzen wieder auf, zum See, in die junge Gerste – ja sogar im Wald begegnete ihnen Vater.

Unsere Sorge, der Fuchs könne sie holen, blieb lange unbegründet. Wahrscheinlich waren ihm zwei so stattliche Gänse doch ein bisschen zu groß. Aber wie so manche menschliche Liebesgeschichte endete auch diese auf tragische Weise. Eines Tages kehrten beide nicht mehr zurück. Mit Möpschens Hilfe suchten wir sie überall vergeblich. Als Erstes hatten wir natürlich wieder den Fuchs im Visier. Aber nirgends waren Federn von einem Massaker zu finden. Dann fiel unser Verdacht auf fahrendes Volk, doch Vater meinte: »Dann hätten sie sich auch im Dorf blicken lassen.« Schweren Herzens gaben wir das Suchen auf. Erst im August fanden wir sie, zwei kleine Skelette, in einer Kiefernschonung. Einer von den beiden, wer, ließ sich nicht mehr feststellen, war in eine Kaninchenfalle geraten, und der andere war, getreu dem Spruch »Bis dass der Tod euch scheidet«, bei ihm geblieben und ebenfalls verhungert. Vater war ganz ergriffen.

Selbstverständlich bekamen beide ein würdiges Begräbnis. Wir legten die in Seidenpapier eingewickelten Skelette in einen ausrangierten, mit schwarzer Tusche bemalten Schuhkarton und gruben ihnen ein sehr schönes Grab am Ende des Gartens, wo schon ein Kaninchen, ein Meerschweinchen, ein Kanarienvogel und ein Laubfrosch ihre letzte Ruhestätte gefunden hatten. Mamsell wusste diesen traurigen Anlass zu würdigen und bescherte uns zum Mittagessen einen Leichenschmaus. Taktvoll hatte sie Ente als Fleisch gewählt, die sie mit Rotkohl und Kartoffelklößen servierte, und zum Nachtisch gab es Grießflammeri mit Erdbeersaft.

Vater fand das Essen für einen Wochentag reichlich üppig. Mutter sah ihn nachsichtig an: »Wäre es dir lieber gewesen, Mamsell hätte zum Andenken an die beiden Gänse mit Quark und Kleie vermischte Kartoffeln und dazu eine Kräutersoße aus Entengrütze angerichtet?«

Doch in diesem Frühjahr drängte sich Mathilde mal wieder in den Vordergrund. Sie war auf einen niedrig hängenden Ast eines hohen Baumes geflogen und aus unerfindlichen Gründen bis zum Wipfel emporgestiegen. Dort, wo die Äste nur noch die Stärke eines Spargels hatten, saß sie nun, vom böigen Wind heftig hin und her geschaukelt. Wir nahmen es gelassen, denn wir dachten, irgendwie wird sie schon herunterkommen. Aber als sie kurz vor Einbruch der Dunkelheit ängstlich gackernd immer noch dort oben saß, mussten wir etwas unternehmen, wenn Vater auch murrte: »Dämliches Huhn. Jetzt können wir uns auch noch das Genick brechen. Ab in den Kochtopf mit ihr, und Mamsell kocht uns eine ihrer vorzüglichen Bouillons mit Eierstich.«

»Nein!«, schrien wir entsetzt.

Vater lenkte ein. »Also gut.« Er deutete auf meinen Bruder. »Dann rauf mit dir!«

Das war nun Mutter wieder gar nicht recht. »Das meinst du wohl nicht im Ernst! Das ist doch viel zu hoch für das Kind!«

»Er soll ja weiter nichts tun, als sie ein bisschen zu erschrecken, damit sie endlich den Abflug findet«, sagte Vater.

Mein Bruder machte sich wieselflink ans Klettern, und er schaffte es tatsächlich, Mathilde herunterzuschütteln. Mit einem lauten Gackern setzte sie zum Sturzflug an und landete genau vor unseren Füßen. Einen Augenblick lang sah sie verdattert vor sich hin und rannte dann davon.

»Was haben wir nur für Tiere«, seufzte Vater. »Eine Kröte in der Küche, ein Huhn auf dem Baum, zwei Gänseskelette im Garten und Kühe, die wir auf jedes Springturnier schicken können.«

In diesem Augenblick begann die Nachtigall zu singen. Seit neuestem hatte sie sich einen ganz eigenartigen Schluchzer zugelegt, der Vater an eine von ihm nicht sehr geschätzte asthmatische Kusine erinnerte.

»Dich hatte ich ja ganz vergessen!«, rief Vater. »Du gehörst auch noch dazu.« Und zu Mutter gewandt: »In südlichen Ländern sollen ja Nachtigallzungen eine Delikatesse sein.«

Die Nachtigall schwieg erschüttert.

Der Pfingstausflug

Pfingsten verlief diesmal bis auf ein paar Pannen ungewohnt friedlich. Der Sonnabend stand ganz im Zeichen des Herausputzens und Schmückens. Die Haustür und die Veranda wurden mit frischem Birkenlaub verschönt, die Gartenwege und die Straße vor dem Haus geharkt, und sogar die Karnickel bekamen ein frisches Bett. Das bedeutete, dass die Ställe vorher ausgemistet werden mussten, eine bei uns Kindern nicht sehr beliebte Tätigkeit, die mein Bruder wie üblich sofort an meine Schwester und mich delegierte: »Nu mal ran, Leute, habt euch nich so!« Worauf ihm meine kämpferische Schwester mit den Worten: »Da haste deine Leute!«, erst mal eine klebte und sich zwangsläufig eine kurze, aber handfeste Kabbelei entwickelte. Danach waren sie sich wieder ganz einig. Sie steckten die Köpfe zusammen und meinten, das sei ja nun genau die richtige Arbeit für mich. Vor mich hin murmelnd: »Das sag ich Mutter, das sag ich Mutter«, gehorchte ich, das kleinste Kind im Haus, widerwillig, denn mein Bruder drohte mir mit Muskelstärken. Da ich mich aber, wie sie meinten, wieder mal selten dämlich anstellte, halfen sie mir dann doch. Bei all dem Hin und Her entwischte uns ein weißes Angorakaninchen, ein prächtiges Exemplar mit Schlappohren, und verschwand im Geräteschuppen. Es war nicht mehr aufzufinden. Auch Möpschen, den wir zu Hilfe holten, richtete nichts aus. Unsere anfeuernden Rufe: »Such, Möpschen, such!«, machten ihn im Gegenteil so konfus und aufgeregt, dass Spaten, Forken, Besen und Gießkannen durcheinander flogen, ihm schließlich eine Harke einen schmerzhaften Schlag versetzte und er sich laut aufjaulend verzog.

Wir mussten die Suche aufgeben, denn Vater kommandierte uns zum Gießen ab. Dummerweise hatte sich eine Kohlmeise die Gartenpumpe zum Brüten ausgesucht und in ihrem Inneren ein Nest gebaut, in dem bereits die Jungen hockten und mit aufgerissenen Schnäbeln nach Futter verlangten. So blieb uns nichts anderes übrig, als einen weiten Weg auf uns zu nehmen und das Wasser von der Pumpe im Hof zu holen. Gießkannen und Eimer besaßen ein beträchtliches Eigengewicht, so dass wir, schon wenn sie nur halb voll waren, damit unsere Last hatten. Während wir uns abplagten, füllte Mutter jede Vase im Haus mit Blühendem, und Mamsell hatte sich Möpschen gegriffen und schamponierte den sich heftig Wehrenden auf dem Rasen mit Persil. »Harry Piel sitzt am Nil, wäscht die Füße mit Persil«, sagte Vater.

Bis er wieder trocken war, sperrte Mamsell Möpschen, damit er sich nicht auf dem nächsten Beet wälzte, in die Küche. Als er wieder zum Vorschein kam, war sein Fell fast so schön wie das Haar von der Dame auf der Packung von Mamsells Pomade »Ich, Anna Csillag«. Vater strich ihm anerkennend über den Kopf, dann warf er einen Blick auf unser Aquarium. »Vielleicht gönnt ihr diesen armen Tieren mal wieder frisches Wasser.« Das taten wir sofort, mussten aber einen weiteren Verlust beklagen. Ein Guppy verschwand mit dem trüben Wasser im Klo.

Trotz der beiden bedauerlichen Vorfälle verbrachten wir alle eine ungestörte Nacht und genossen auch das pfingstsonntägliche Frühstück. Mamsell hatte üppig aufgetischt. Es gab ihre in der Verwandtschaft hoch gelobten Pummelchen, eine besonders lockere, eigelbbestrichene Brötchensorte, einen Hefezopf, Rosinenbrot, dreierlei verschiedene Marmelade, weiche Eier, Mettwurst, Schinken und Bohnenkaffee mit nur ganz wenig Zichorie. Dazu ließ das Pfingstwetter nichts zu wünschen übrig. Schwalben flitzten durch die Luft, Grillen zirpten, Lerchen sangen, und der laue Frühlingswind blähte die Gardinen im Esszimmer.

Nach dem guten Frühstück in Geberlaune, beschloss Vater, mit uns eine Fahrt durch seinen Wald zu machen, und um seine Güte voll zu machen, erlaubte er meinem Bruder, die Füchse zu fahren. Mein Bruder war selig, aber seine Begeisterung hielt nicht lange an, denn Vater bereute sehr schnell, dass er ihm die kostbaren Tiere anvertraut hatte. Die beiden Stuten, deren Namen Majoran und Melisse gut von Tante Herta hätten stammen können, waren sein Ein und Alles. Sobald sie nur einen Huster von sich gaben, musste der Tierarzt nach ihnen sehen, und selbstverständlich wurden sie nach jedem Ritt und jeder Fahrt trocken gerieben.

So konnte es nicht ausbleiben, dass Vater dauernd an der Fahrweise meines Bruders herumnörgelte. Mal ließ er die Zügel zu sehr durchhängen, mal hielt er sie zu straff, mal zog Melisse den Wagen fast allein, bis Mutter schließlich ungeduldig sagte: »Du bist hier nicht auf der Reitschule in Hannover!« Vater war als Leutnant vor dem Ersten Weltkrieg dorthin abkommandiert worden, was als große Auszeichnung galt und deshalb von Mutter in Gesellschaft gern mit Stolz erwähnt wurde. Vater sah sie daher auch ganz verblüfft an, bemängelte dann aber sofort Majorans Zaumzeug, das angeblich zu locker saß. So stieg mein Bruder ab, um den Riemen fester zu ziehen. Während er daran herumnestelte, stellte Majoran den linken Vorderfuß auf seinen Schuh und ließ ihn dort, ohne sich darum zu scheren, dass er sie mit Fäusten bearbeitete, damit sie seinen Fuß freigab. Endlich hatte er es geschafft und humpelte mit schmerzverzerrtem Gesicht zum Wagen zurück. »Armer Junge«, sagte Vater mit Mitgefühl in der Stimme, aber großer Herzlosigkeit im Blick. »Am besten, du gehst jetzt nach hinten und tauschst deinen Platz mit einer deiner Schwestern.«

Meine Schwester kletterte nach vorn, und Mutter sagte unruhig: »Wir müssen jetzt dringend nach Hause, sonst zerfällt Mamsell der Hecht.«

In diesem Augenblick hoppelte etwas Weißes, sehr Großes über den Weg. Es war das Angorakaninchen. Die beiden Stuten erschraken aufs heftigste. Karnickel in ihren natürlichen Erdfarben und Körpergrößen waren ihnen vertraut, bei jeder Fahrt durch den Wald traf man auf sie. Aber ein weißes mit Schlappohren, fast so groß wie ein Hase, hatten sie noch nie gesehen. Und so taten sie das, was zu ihren Lieblingsgewohnheiten gehörte: Sie gingen durch. Leider in die falsche Richtung, so dass wir fast zwei weitere Kilometer von zu Hause entfernt waren, ehe Vater sie wieder zum Stehen brachte. So kamen wir eine halbe Stunde zu spät. Mutter traute sich kaum ins Haus und schon gar nicht in die Küche, denn wie laut Mamsell dort mit den Töpfen herumlärmte, war bereits im Flur zu hören. Vater sah ein, dass er es auf sich nehmen musste, den Frieden wieder herzustellen. Festen Schrittes stieg er ins Souterrain hinunter, nicht ohne bereits auf der Treppe in Lobeshymnen auszubrechen: »Oh, dieser Duft! Und hinterher Weingelee! Welche Verwöhnung!«

»Schließlich ist Pfingsten«, sagte Mamsell, schon milder gestimmt.

»Eben!«, rief Vater. »Ich habe fest mit etwas Einfachem gerechnet, damit Sie auch mal Ihre Ruhe haben.«

»Dafür bin ich nicht hier«, sagte sie und nahm einen Löffel zur Hand. »Wollen Herr Graf nicht mal die Soße kosten?«

Das wollte Vater unbedingt. Er verdrehte verzückt die Augen. »Wunderbar! Wissen Sie noch, die Schnepfe? Ohne Sie wäre ich ganz schön blamiert gewesen!«

»Na, na.« Mamsell lächelte gnädig. »Nun übertreiben Sie aber wirklich. Es kann übrigens gleich gegessen werden.«

Der Einzige, der nach seinem unfreiwilligen Persilbad noch schmollte, war Möpschen. Wie uns Mamsell erzählte, war ihr ein Sahnetöpfchen umgekippt und die Sahne auf den Fußboden getropft. Aber zum ersten Mal hatte der Bernhardiner sich geweigert, wie gewohnt die Sahne aufzulecken. »Er ist in seinen Korb gekrochen«, berichtete Mamsell, »und hat mich angesehen, als wollte er sagen: ›Ich bin noch lange nicht dein Aufwischlappen.‹«

Den Abend verbrachten wir einträchtig auf der Veranda, und die Eltern ließen sich Vaters Lieblingsgetränk, eine Kalte Ente, schmecken. Der scheidende Mai zeigte sich in seiner ganzen nächtlichen Pracht. Am Himmel funkelten die Sterne, der Duft von Flieder und frischem Grün vermischte sich mit Vaters aromatischem Zigarrenrauch, ja sogar die ersten Glühwürmchen funkelten in den Büschen. Mutter verschwand im Haus, und kurz darauf hörten wir sie spielen: »Komm wieder, Nöck, du singst so schön.« Der Nöck folgte dieser Aufforderung nicht. Dafür kam plötzlich das weiße Kaninchen angehoppelt und tat, als sei es nie weg gewesen. Und dann meldete sich die Nachtigall. Diesmal war ihr Gesang rein und klar und ganz ohne asthmatischen Schlenker.

»Recht ordentlich«, sagte Vater.

Der Schrotthaufen

Der Juni begann mit einem Donnerschlag, den aber nicht ein Gewitter hervorrief, sondern mein Bruder. Wie üblich trieben wir Kinder uns an unserem Lieblingsort, in der Küche, herum und überhörten geflissentlich Mamsells mehrfache Aufforderung, uns zu verziehen. Die Mädchen waren gerade beim Abwasch und Mamsell beim Buttern, so dass sich sechs Personen in der engen Küche im Souterrain drehten, ganz zu schweigen von unserem Bernhardiner Möpschen, der, mal wieder seiner geliebten Buttermilch harrend, Mamsell schwanzwedelnd umkreiste.

Sie war gerade dabei, sie in einem Topf schäumen zu lassen, als es meinen Bruder überkam, wie er sich immer zu entschuldigen pflegte, wenn er Unfug getrieben hatte – »Ich weiß auch nicht, es hat mich so überkommen.« Plötzlich zog er zwei Teschingpatronen aus der Hosentasche, öffnete die Ofentür und warf sie hinein. Einen Augenblick lang verhielt sich der Herd ruhig. Es war die Stille vor dem Sturm. Dann gab es einen ohrenbetäubenden Knall, es zischte und spuckte, glühende Asche und Kohlenstücke flogen durch die Gegend, Qualm kroch aus allen Ritzen, und eine dicke schwarze Wolke stieg aus dem Schornstein zum Himmel empor, von Frau Trägenapp ungläubig betrachtet, die gerade im Garten ihre Beete durchhackte. In der Küche entstand ein heilloses Durcheinander. Unsere Hauskröte hüpfte vor Schreck von ihrem Stammplatz unter dem Spülstein in die falsche Richtung und landete in der Buttermilch, Möpschen suchte Schutz unter Mamsells Röcken, die fuhr aufgeregt durch ihr Haar, und ihr stattlicher Dutt, den sie uns bislang als das Resultat des Haarwuchsmittels von »Ich, Anna Csillag« angepriesen hatte, fiel auf die von Buttermilch umspülte Kröte, die nun zu allem Schrecken auch noch im Dunkeln saß. Währenddessen floss aus einer der Abwaschschüsseln das Wasser auf den Fußboden, weil irgendetwas die Schüssel durchschlagen hatte. Uns gegenseitig beiseite schubsend, drängten wir nach draußen, allen voran Möpschen, der in seiner Angst etwas fertig brachte, was ihm bisher noch nie gelungen war: Er sprang über den Gartenzaun.

Als alles vorbei war, sagte Mamsell mehrmals: »Ich finde keine Worte!«, die Mädchen malten meinem Bruder aus, was man mit so einem Lümmel in ihrer Jugend – sie waren siebzehn und achtzehn – angestellt hätte, und Mutter sagte klagend: »Kind, wie konntest du nur!«

Meine Schwester und ich warteten mit angenehmem Gruseln auf Vaters Strafgericht, das allerdings auf den nächsten Tag verschoben werden musste, weil Vater nach Berlin gefahren war. So blieb Zeit genug, um darüber zu spekulieren, wie es wohl ausfallen würde. Ich vermutete Arrest im Keller, was meinen Bruder eher fröhlich stimmte, denn dort gab es genug Stärkungsmittel, mit denen man sich die Zeit vertreiben konnte.

Meine liebenswürdige Schwester tippte sich an die Stirn. »Bist du malle? Auf die Idee ist Vater doch noch nie gekommen.«

Sie hatte viel unangenehmere Dinge in petto, wie eine Woche lang im Garten Unkraut zupfen oder junge Bäume gegen den Wildverbiss mit Stinköl bestreichen, wonach man so stank, dass einem selbst Möpschen auswich. Oder, noch schlimmer, ein Gedicht lernen, für meinen Bruder, der es mit dem Lesen nicht so hatte, eine der härtesten Strafen. »Die Glocke« zum Beispiel, was ihm von Vater schon mehrfach angedroht worden war, das letzte Mal vor einer Woche, weil er sich, anstatt ihm beim Einschlagen junger Fichten zu helfen, im Kahn auf dem See herumtrieb und sich taub stellte, als Vater nach ihm pfiff.

Doch von meiner Schwester ließ sich mein Bruder noch lange nicht in Angst und Schrecken versetzen. »›Die Glocke‹? Pah«, sagte er, »kann ich längst auswendig!« Und er gab sogleich eine Kostprobe seines großen Wissens: »Der Mann muss hinaus ins feindliche Leben.« Allerdings war auch uns dieses von Vater gern vor seinen Berlinfahrten benutzte Zitat bekannt.

»Na, und weiter?«, sagte meine Schwester. Sie bekam keine Antwort. Mein Bruder hatte sich pfeifend verzogen.

Doch Vater zeigte sich unerwartet milde. Er verweigerte ihm lediglich seinen Anteil an den Katzenzungen, die er uns mitgebracht hatte. Mein Bruder nahm es gelassen. Während Vater sie zwischen meiner Schwester und mir aufteilte, wanderte sein Blick von einem Schokoladenhäufchen zum anderen. Ich legte meine Hand schützend über meinen Anteil. Doch ich wusste, dass es mir wenig nützen würde.

Danach begab sich Vater in die Küche. Die Mädchen und Mamsell waren noch immer beschäftigt, Küchenbuffet, Geschirrschrank und Herd von Ruß zu säubern. Vater sprach beruhigend zu der Kröte, die wieder ihren Stammplatz unter dem Spülstein neben der Pumpe eingenommen hatte, deren Hals sich aber nach der Aufregung immer noch heftig blähte. Er streichelte den sich wimmernd an ihn drängenden Möpschen, schaute in die Runde und sagte: »Sieht ja wirklich schlimm aus.«

»Besonders der Herd«, sagte Mamsell. Sie deutete auf die verbeulte Ofentür, durch die der Herd grimmig glühte. Offensichtlich keimte in ihr die Hoffnung, Vater werde nun endlich über seinen Schatten springen und ihr einen neuen spendieren. Angesichts der vielen Blessuren, die der Herd davongetragen hatte, kam Vater zwar diesmal nicht wie sonst auf den Rehrücken zurück, den die Frau des Försters anno dazumal, als das Ehepaar noch hier gewohnt hatte, auf diesem Herd so einmalig zubereitet hatte, aber Mamsell sah seinem Gesicht an, dass es auch diesmal nicht klappen würde. Trotzdem machte sie noch einen Versuch. »Herr Graf sehen doch selbst: der reinste Schrotthaufen!«

Vater versprach, ernsthaft darüber nachzudenken. Zunächst müsse aber der Ofensetzer ran und natürlich

Maler Blumenthal. »Wissen Sie vielleicht, wo er steckt?«

»Keine Ahnung«, sagte Mamsell mürrisch, die sich das Resultat von Vaters Nachdenken an zehn Fingern abzählen konnte. Der ging mit einem bestrickenden Lächeln über ihre sich verfinsternde Laune hinweg, zuckte aber dann doch beim Hinausgehen zusammen, als ihm Mamsell halb laut jenen Kindervers hinterherfeuerte, der das Signal dafür war, dass ihre schlechte Laune den Höhepunkt erreicht hatte: »Ich sitze hier und schneide Speck, und wer mich liebt, der holt mich weg.«

Niemand konnte Vater sagen, wo sich Maler Blumenthal aufhielt. Der kam und ging, wie es ihm passte, war oft monatelang aus der Gegend verschwunden und tauchte dann plötzlich wieder auf, arbeitete längst nicht für jeden und verhielt sich im Allgemeinen wie ein eigenwilliger Künstler, vor allem, was die Wahl der Farben betraf. Auch diesmal war er wieder für eine Überraschung gut und stand unerwartet vor unserer Haustür, als ahnte er, in welchen Nöten wir steckten. Der Ofensetzer erschien ebenfalls, begutachtete den Herd von allen Seiten und meinte ungläubig: »Wollen Herr Graf wirklich, dass ich da noch mal rangehe?«

Vater nickte, und Blumenthal warf Mamsell einen mitleidigen Blick zu. Beide Herren Handwerker waren sich einig, dass sehr viel Arbeit auf sie wartete, die ihre Zeit brauchte. Natürlich musste man sich zu Beginn erst einmal mit einem kräftigen Mittagessen stärken, was seine Schwierigkeiten hatte, weil der Herd viel

Qualm und wenig Hitze von sich gab und Mamsell nur Rührei und Bratkartoffeln zustande brachte, wenn auch mit reichlich Schinken und Speck.

Wie gewohnt bei solchen häuslichen Unbequemlichkeiten, überließen die Eltern uns unserem Schicksal und fuhren zu Verwandten. Während sie es sich dort schmecken ließen, mussten wir uns mit in der Kochkiste warm gehaltener, noch dazu reichlich mit dem Gewürz der Seligen versehener Linsensuppe begnügen und lebten den Rest der Woche hauptsächlich von Butterbroten, die uns Mamsell allerdings mit Leberwurst, Schlackwurst und Schinken servierte oder mit Johannisbeergelee und Erdbeermarmelade versüßte.

Schließlich war der Herd wieder so einigermaßen zusammengeflickt, die Küchenmöbel waren gestrichen, und zur Feier des Tages ließ Mamsell etwas Ordentliches in der Pfanne brutzeln, es gab große Koteletts mit frischem Salat und hinterher, bei uns Kindern besonders beliebt, arme Ritter.

Am nächsten Tag kehrten die Eltern zurück und besichtigten die Küche, die nun in einem laubfroschfarbenen Grün prangte. Neben der Pumpe hatte Blumenthal eine etwa zehn Zentimeter große Seejungfrau, natürlich entsprechend entblößt, gemalt, deren Gesicht eine gewisse Ähnlichkeit mit Mutter nicht abzusprechen war, was diese im Gegensatz zu Vater sehr verlegen machte. Nicht so angetan war er allerdings von dem Spruch, der in schnörkelreicher Schrift über dem erneuerungsbedürftigen Herd prangte: »Jeder Mensch ist anders albern.« Dazu blickte dem Betrachter aus dem schwungvollen »a« des Wortes »albern« ein Gesicht entgegen, das uns vertraut schien, nämlich Vaters. Der drehte jedoch wie immer sofort den Spieß um.

»Siehst du, mein Junge«, sagte er zu meinem Bruder, »da hat's dir der Blumenthal mal ordentlich gegeben. Wobei ja das Wort ›albern‹ noch schwach ist für das, was du angerichtet hast.« Aber er war von seinem Konterfei begeistert. Kein Gast kam ihm ins Haus, dem es nicht vorgeführt wurde, obwohl sich das Bild durch Küchendämpfe, Qualm und Fliegenkleckse allmählich stark veränderte und mehr Ähnlichkeit mit unserer Hauskröte als mit Vater bekam.

Auf einen neuen Herd kam Mamsell in der nächsten Zeit nicht mehr zurück. Aber es gab jetzt häufiger als sonst ein Gericht, das Vater hasste: Hefeklöße mit Backobst.

Tischlein deck dich

Jedes Mal, wenn Mamsell ihren Urlaub nahm und in ihren schlesischen Heimatort fuhr, gab es im Haus ein großes Lamento. In diesem Jahr war es nicht anders. Die Eltern taten, als fielen sie aus allen Wolken. Dabei hatte Mamsell, je näher der Zeitpunkt ihrer Abfahrt rückte, immer häufiger davon gesprochen, denn sie fuhr ungern weg und litt an heftigem Reisefieber.

»Ausgerechnet im Juni«, rief Vater, »dem herrlichsten Monat, den die Natur hier zu bieten hat!« Das stimmte. Schon durch die kurz vor dem Schnitt stehenden blühenden Wiesen zu streifen war ein Hochgenuss.

Aber Mamsell beharrte darauf, dass es im Interesse des Hauses der beste Monat sei. »Wenn ich wieder zurück bin, geht's mit dem Einwecken los. Außerdem, knappe zwei Wochen, die sind doch schnell rum.« Sie tat, als gönnten wir ihr diese Zeit nicht, wäre aber aufs Höchste beleidigt gewesen, wenn wir sie nicht für unentbehrlich gehalten hätten. »Und außerdem, Baronesse Herta wird's schon richten. Sie kocht doch recht ordentlich.«

»Ordentlich?«, rief Vater. »Ach, wir werden kannenweise Kräutertee zu trinken bekommen und Hungerpoten saugen. Und ihre Bratklopse! Liegen wie Wackersteine im Bauch.«

Mamsell strahlte geradezu. »Nun, vielleicht ein bisschen scharf gebraten«, nahm sie großzügig ihre Vertretung in Schutz. »Aber das lag bestimmt wieder an dem verdammten Herd.« Diese Beleidigung wurde von ihrem Erzfeind sofort quittiert. Die Milch kochte über.

»Mamsell hat Recht«, sagte Mutter. »Ich finde es rührend von Herta, dass sie sich angeboten hat, Mamsell und mich zu vertreten.«

»Dich?«, rief Vater ungläubig. »Du hast doch wohl nicht auch die Absicht, uns im Stich zu lassen?«

Doch, die hatte Mutter und viele handfeste Gründe, um wieder einmal ihre Schwester zu besuchen. Worauf Vater sofort beschloss, es ihr gleichzutun und für ein paar Tage nach Berlin zu entfliehen. Unaufschiebbarer Geschäfte wegen natürlich.

Kurz vor Mamsells und Mutters Abreise brach die gewohnte Hektik aus. Erst musste Mamsell zur Bahn gebracht werden, dann kam Tante Herta angereist, und danach verabschiedete sich Mutter in einem Aufzug, wie wir ihn nur selten zu sehen bekamen. Mit Schmuck behängt, in einem Modell von Gerson und mit einem kecken Hütchen auf dem Kopf schwebte sie die Treppe herunter.

»Eine Würde, eine Höhe entfernte die Vertraulichkeit«, sprach Vater andächtig und rettete Mutters Kostüm noch im letzten Augenblick vor Möpschens Sabbermaul, der sich auf seine Weise von ihr verabschieden wollte.

Zu unserer großen Überraschung hatte sich unsere Tante auf angenehmste Weise verändert. Zwar trug sie immer noch mit Hilfe einer goldenen Hirschhakennadel hochgeschlossene Blusen und war auch sonst wie üblich recht burschikos, aber es ging etwas Berauschtes, Glühendes von ihr aus, was wir uns nicht erklären konnten. Aber anscheinend nahm der Herd es wohlwollend zur Kenntnis. Jedenfalls tat er unter ihrer Regie keinen Mucks, sondern brav alles, was von ihm erwartet wurde. Und das war eine Menge. Tante Herta nämlich war von einer jähen Leidenschaft fürs Kochen ergriffen, ausgelöst durch einen Kochkurs, den sie in einem Feinschmeckerrestaurant absolviert hatte. Auf diese Mitteilung hin hatte Vater es plötzlich gar nicht mehr so eilig, nach Berlin abzureisen.

Die Mädchen waren etwas skeptisch und warteten erst mal ab, wie die Baronesse sich so anließ, ob sie sich womöglich in ihre Belange einmischte und an ihnen herumerzog oder sich sonstwie aufspielte. Vielleicht wie ihr Dackel, der sich bereits recht bramsig benahm, sich in Möpschens Korb breit machte und ihn anknurrte, während der winselnd davor stand und sich nicht traute, sein Hausherrnrecht in Anspruch zu nehmen. Aber Tante Herta lag es fern, sich unbeliebt zu machen, was die Mädchen erleichtert zur Kenntnis nahmen. Sie waren nun täglich bis weit nach Mitternacht auf der Sause und brauchten nicht zu befürchten, wie bei Mamsell niederschmetternde Strafpredigten anhören zu müssen.

Auch wir blieben von erzieherischen Maßnahmen

verschont, denn Tante Herta hatte nur eins im Sinn: uns allen zu zeigen, was in ihr steckte. Aus einer halben Vegetarierin, die gern an rohen Mohrrüben und Ähnlichem herumknabberte, war eine Feinschmeckerin geworden, die unbedingt ihre Umwelt an ihren neu entdeckten Sinnesfreuden teilnehmen lassen wollte. Wer diese an ein Wunder grenzende Verwandlung vollbracht hatte, blieb im Dunkeln. Es war uns auch gleichgültig. Lange waren wir nicht mehr so verwöhnt worden. Rücksichtslos plünderte sie die Vorräte im Keller, briet, köchelte und buk und hielt ständig immer neue köstliche Überraschungen für uns bereit. Und nicht nur für uns, sondern auch für Möpschen und den Dackel, denen Tante Herta unauffällig, damit Vater es nicht merkte, beim Essen dicke Happen unter den Tisch reichte.

Vater, der gern klagte, in diesem Hause herrsche eine ungeheure Verschwendung, wurde zum Topfkucker und stieß nur ein teils erfreutes, teils erschrockenes »Donnerwetter!« hervor, als ein Glas Orangenmarmelade auf dem Frühstückstisch stand. Es gab nämlich nur wenige Gläser davon und war für Mamsell das Kostbarste, was sie zu bieten hatte. Den von uns sowieso sehr geschätzten Milchreis mit Zimt und Zucker steigerte Tante Herta zum Reis à la Trautmannsdorf, den uns Mamsell nur bei Diners als Nachtisch gönnte. Zur Vesper standen nun nicht mehr Brot und Pflaumenmus an erster Stelle, sondern feinstes Gebäck, darunter auch eine Schichttorte, der Vater das in seinen Augen höchste Lob spendete: »Schmeckt wie bei Smolinsky gekauft.« Smolinsky war unsere Konditorei in Rathenow. Es gab nun Vorspeisen wie pochierte Eier in verschiedenen Variationen, ebenso variantenreiche Käseaufläufe, darunter einen mit frischem Spinat, was uns diesem sonst wenig geschätzten Gemüse näher brachte. Es gab an gewöhnlichen Wochentagen Sonntagsgerichte wie Rehgulasch mit Pfifferlingen, Kartoffelpüree und Preiselbeeren.

Den Mädchen schmeckte es ebenso gut wie uns, wenn sie auch manchmal hinter Tante Hertas Rücken über den vielen Abwasch klagten. Und wenn sie aus dem Keller kamen, blickten sie sich viel sagend an und machten ein Auweia-Gesicht. Denn Tante Herta behandelte den Vorratskeller wie ein Tischlein-deckdich, das sich von allein wieder auffüllt. So zierten die von Mamsell gehüteten Sauerkirschen den Mürbteigboden, zu jedem Flammeri gab es abwechselnd reichlich Erdbeerkompott oder Schwarzkirschen und täglich zum Frühstück ein weiches Ei. Die Fahrt nach Berlin hatte Vater nun völlig vergessen, und ungewöhnlich geduldig ertrug er Tante Hertas ewiges Vorsichhingesumme, das ihm sonst auf die Nerven zu gehen pflegte.

Zwei Tage vor Mutters und Mamsells Rückkehr verabschiedete sich unsere Zauberköchin. Vater ließ es sich nicht nehmen, sie mit den Füchsen selbst zur Bahn zu bringen, und wir fuhren alle mit. Dagegen ging die Rückkehr unserer beiden Gebieterinnen, wie Vater sie gelegentlich nannte, ziemlich sang- und klanglos über die Bühne. Zwar sagte Vater seinen Standardsatz:

»Schön, dass ihr wieder da seid«, aber es klang nicht sehr überzeugend.

Mutter wollte natürlich sofort wissen, wie wir mit Tante Herta zurechtgekommen waren. »Keine besonderen Vorkommnisse«, sagte Vater. Mutter gab sich damit zufrieden. Allerdings fielen ihr ein paar Kleinigkeiten auf, dass Möpschen neuerdings Quartier unter dem Esszimmertisch bezogen hatte, zum Beispiel, oder dass ich, anstatt wie gewohnt während des Mittagessens meinen Durst mit Wasser zu löschen, quengelig nach Himbeersaft verlangte. Worauf meine Schwester tatsächlich, ohne zu fragen, aufstand, eine Flasche davon aus dem Keller holte und wir drei Kinder uns reichlich davon bedienten, wobei wir das Verhältnis Wasser zu Himbeersaft gegen jede Regel umdrehten, so dass die Flasche in kurzer Zeit leer war. Zu ihrem Erstaunen nannte Vater bei der Vesper Mamsells Kaffeemischung wiederum eine grauenhafte Plörre, schob dann das Pflaumenmus beiseite und wollte wissen, ob noch von der Schichttorte da sei.

Mutter sah grübelnd vor sich hin, was sie stets tat, bevor sie Unangenehmes erörterte. »Herta muss euch ja sehr verwöhnt haben«, sagte sie.

»Nun ja, sie kocht wirklich recht nett«, meinte Vater.

»Bist du deswegen nicht nach Berlin gefahren? Du hattest doch sehr wichtige Termine.«

»Stimmt. Aber der Direktor von der Dresdner Bank ist plötzlich krank geworden.«

»Krank?«, sagte Mutter gedehnt. »Als ich auf dem

Lehrter Bahnhof umstieg, kam es mir so vor, als hätte ich ihn dort gesehen. Jedenfalls winkte mir jemand heftig zu, der ihm sehr ähnlich sah.«

Vater blieb es erspart, sich weiter verteidigen zu müssen, denn es klopfte an der Esszimmertür, und Mamsell kam schwer atmend herein. Ihr Gesicht verhieß nichts Gutes. »Frau Gräfin, Sie glauben es nicht!«

»Was denn, um Himmels willen!«, rief Mutter. »Was ist passiert?«

»Die Vorräte! Alles weg! Kaum noch was da!« Ohne auf den besserwisserischen Hinweis meines Bruders zu achten, wenn alles weg sei, könne nicht kaum noch was da sein, zählte sie auf »Fleisch, Kompott, Pilze, Butter, Sahne, Eier und« – ihre Stimme hob sich – »kein einziges Glas mehr von der Orangenmarmelade!«

Mutter eilte in den Keller. Ganz so schlimm, wie Mamsell es geschildert hatte, war es Gott sei Dank nicht, wenn auch der Verlust der Orangenmarmelade schmerzlich war. Doch Mamsell hatte nicht nur die Vorräte zu beanstanden, sondern zum Beispiel auch den Umgang mit den gusseisernen Pfannen. Diese wurden stets mit Hilfe von Salz und dem dafür sehr geeigneten »Westhavelländer« von Fett und Angebranntem gereinigt. Aber Tante Herta hatte die Todsünde begangen, sie regelrecht auszuscheuern, noch dazu mit Ata!

Es dauerte seine Zeit, bis Mamsell sich wieder beruhigte. Auch Möpschen zeigte sich renitent. Er hatte wieder die Unart angenommen, sich auf den frisch bepflanzten Gartenbeeten zu wälzen, und steckte dauernd seinen dicken Kopf in den Schweineeimer, wohl in der Hoffnung, noch etwas von Tante Hertas übrig gebliebenen Köstlichkeiten zu finden, wobei er den Fußboden voll kleckerte. Er musste zweimal den Teppichklopfer zu spüren bekommen, bis er endlich begriff, dass wieder strengere Sitten herrschten.

Vater schien der Begriffsstutzigste zu sein, denn zu Mutters Erstaunen setzte er sich täglich eine kalte Ente an. Aber Mutter war langmütiger als Mamsell. Sie glaubte fest daran, dass wir schnell wieder auf den Pfad der Tugend zurückfinden würden. Und das taten wir auch notgedrungen.

Aber nicht nur wir. Der Familienklatsch machte mal wieder die Runde, und wir erfuhren nicht nur von Tante Hertas Liebe zu dem Restaurantbesitzer, bei dem der Kochkurs stattgefunden hatte, sondern auch ihr trauriges Ende. Angeblich hatte er unzumutbare Dinge von ihr verlangt. »Was denn?«, fragte Vater interessiert. *»Attention, les enfants«*, sagte Mutter. Und so kehrte auch Tante Herta zu den preußischen Tugenden der Sparsamkeit zurück und damit auch zu den Kräutern.

»Einmal im Leben die Sonne sehn, und dann im Schatten der Nacht vergehn«, sagte Vater melancholisch und stocherte lustlos in den Béchamelkartoffeln herum.

Der große Angler

Noch hatte der Frühling das Sagen, und die Natur zeigte sich in verschwenderischer Blüte. Doch der Sommer stand schon in den Startlöchern, und Mamsell bereitete sich auf das Einwecken vor, denn die Erdbeeren röteten sich. Sie hatten prächtig angesetzt, was, wie wir Kinder meinten, allein unser Verdienst war. »Meines nicht?«, fragte Vater beleidigt. Nein, das fanden wir nicht, denn er pflegte zu sagen: »Fangt schon mal mit Gießen an, ich komme auch gleich.« Und dabei blieb es dann meist.

Mamsell inspizierte die Weckgläser und konnte sich wieder einmal nicht erklären, wo eigentlich die Gummiringe geblieben waren. Sie sah uns scharf an. »Na, wisst ihr es vielleicht zufällig?« Diesen Verdacht wiesen wir weit von uns. Dabei benutzten wir sie gern, um Katapulte herzustellen.

»Ihr könnt mir viel erzählen«, murrte Mamsell, »besonders du.« Sie bedachte meinen Bruder, auf den sie im Augenblick nicht gut zu sprechen war, mit einem finsteren Blick. Sie behauptete sogar, er sei ein Nagel zu ihrem Sarg, weil er dauernd mit seinen geangelten Fischen in der Küche erschien und bettelte, Mamsell solle sie ihm braten. Sie betrachtete missmutig die mickrige Beute an Barschen, Rotfedern, Plötzen oder Brassen. Sie waren nicht größer als Ölsardinen und sahen aus, als seien sie schon ziemlich lange tot. »Die sind ja nicht das Fett in der Pfanne wert.« Aber seltsamerweise konnte sie so gut wie nie den halb bettelnden, halb unverschämten Blicken meines Bruders widerstehen. Teils schimpfte sie, teils lachte sie und tat am Ende doch, was er wollte, verlangte allerdings von ihm, dass er diese »Prachtstücke« selber ausnahm und schuppte. Bei Tisch machte ihm keiner von uns dieses herrliche Essen streitig, sooft er auch großzügig davon anbot. »Kostet doch wenigstens mal.« Wir aber spürten allein vom Aussehen schon die Gräten im Hals. Tatsächlich blieb ihm häufig eine in seinem gierigen Rachen stecken, so dass Vater auf seinem Rücken herumtrommeln musste und, wenn das nichts half, ihm eine ganze Pellkartoffel zu schlucken gab.

Wann immer man fragte: »Wo steckt eigentlich der Junge?«, bekam man von Vater die Antwort: »Na, wo schon?« Und wir wussten, er war mal wieder auf dem nahe gelegenen See, seinem bevorzugten Revier. Er wusste genau, welche Fischarten an welchen Stellen zu finden waren und wo man Reusen und Aalkörbe auslegen musste. Er verbrachte Stunden um Stunden im Kahn, ohne sich zu langweilen, auch wenn die Fische nicht bissen.

Ebenso wie Katapulte, Flitzbogen, Weidenflöten und Borkenschiffchen stellten wir auch unsere Angeln selbst her. Nur Haken und Schnur rissen große Löcher in unsere Ersparnisse. Die Pose bastelten wir aus einem

Weinkorken, durch den wir einen Gänsekiel steckten oder, nach einem Besuch im Berliner Zoo, Stacheln von Stachelschweinen, die es dort zu kaufen gab. In die Schnur oberhalb des Hakens klemmten wir Schrotkörner aus Schrotpatronen. Sie sorgten für das nötige Gewicht. Und die Angelrute schnitten wir aus Haselnuss- oder Weidensträuchern zurecht.

Gelegentlich begleiteten meine Schwester und ich meinen Bruder zum See, um gemeinsam mit ihm vom Ufer aus zu angeln. Doch es war ratsam, sich eine Stelle in gehörigem Abstand von ihm auszusuchen, denn seine schwungvoll ausgeworfene Angel kostete mich eines Tages fast mein Auge. Glücklicherweise blieb der Haken in meiner Augenbraue stecken. Mein Bruder zeigte sich sehr besorgt, allerdings mehr um den Haken als um mich.

Die viel versprechende übel riechende Paste »Anglerglück« hielt zu seinem Verdruss nur selten, was die Werbung versprach. Die Fische zeigten sich eher uninteressiert an dieser phänomenalen Erfindung. Meist bestupsten sie nur das damit durchtränkte Brotkügelchen und schwammen davon. So mussten die armen Regenwürmer wieder ran, die wir hinter der Scheune ausgruben.

Wie alle Angler träumte auch mein Bruder vom Fisch aller Fische, einem haiähnlichen Tier, wie es das Dorf noch nicht gesehen hatte. Aber unzählige Angelhaken, die sich im Schilf verhedderten, und viele zerrissene Schnüre mussten daran glauben, bis er einen Zipfel dieses Traums zu fassen bekam. Es war an einem jener Tage, an dem ein Gewitter in der Luft lag und die Fische nach allem schnappten, was sich bewegte, in diesem Fall auch eine arglose Rotfeder nach dem Regenwurm an der Angel meines Bruders. Ehe er sie herausziehen konnte, löste sich ein Schatten aus dem Schilf, und in Sekundenschnelle hatte sich die Rotfeder in einen kräftigen Hecht verwandelt, der in rasendem Tempo mit dem Schwimmer davonzog. Mein Bruder hatte alle Mühe, ihn vorsichtig an den Kahn heranzuziehen. Und während sich die für Fische dieser Größe nicht vorgesehene Angel bereits bedenklich bog, schob er blitzschnell den Kescher unter den sich heftig wehrenden Hecht.

Aufgeregt kam er in die Küche gerannt, wo Mamsell gerade mit Mutter um die Erdbeeren kämpfte, von denen ihrer Meinung nach gar nicht genug eingeweckt werden konnten, während wir mehr dafür waren, so viele wie möglich frisch zu essen. Wie die meisten Mütter bemühte sich auch unsere, es möglichst allen recht zu machen, was dazu führte, dass sie ein schwankendes Rohr war, mal auf unserer, mal auf Mamsells Seite. Aber meist blieb beim Einmachen Mamsell Siegerin, was wir dann im Winter gar nicht genug loben konnten.

Als mein Bruder hereingestürmt kam und triumphierend den Hecht auf den Tisch warf, zuckten beide erschreckt zusammen und hörten sich seine herausgesprudelte Geschichte etwas skeptisch an. Mamsell schnitt den Fisch auf, und tatsächlich: Nicht nur die Rotfeder, sondern auch ein zweiter, kleinerer Fisch glitschte heraus. Mamsell war beeindruckt und zum ersten Mal sofort bereit, den Hecht mit einer besonders delikaten Soße zu servieren. Diesmal lehnten wir nicht ab. Wir teilten seine Beute gern mit ihm und hörten ihm höflich zu, während er diese unglaubliche Geschichte dreimal zum Besten gab.

Hin und wieder, wenn ich genug gebettelt hatte, ließ mein Bruder sich herab, mich auf den See mitzunehmen, wenn er morgens nach den Reusen sah. Meist war er allerdings zu dieser Güte nur bereit, wenn er mich als Packesel brauchte. Wie stets, war der am Abend zuvor so heiß gehegte Wunsch am nächsten Morgen nicht mehr ganz so dringlich, und ich wäre viel lieber im warmen Bett geblieben. Aber mein Bruder kannte kein Pardon, und meine liebenswürdige Schwester, die vom Nebenbett das Gerangel mit ansah, sagte, ehe sie sich auf die andere Seite drehte: »Am besten, du schmeißt sie gleich ins Wasser.«

Angekleidet mit einer hastig über das Nachthemd gezogenen Trainingshose und meinem Lodenmantel, stolperte ich, mich ständig in dem Netz, das er mir über den Arm gehängt hatte, verheddernd, barfuß mit dem kläglichen Ruf »Warte!« durch das taunasse Gras hinter ihm her.

Für Besucher und Gäste war unser ziemlich morscher, undichter Kahn nicht gerade ein behagliches Plätzchen, zumal man auf dem glitschigen Boden leicht ausrutschen konnte. Uns störte es nicht. Wie mein Bruder strengte ich mich an, beim Rudern möglichst wenig Geräusche zu machen. Begleitet von dem schmetternden Gesang des Rohrspatzes und dem dumpfen Ruf der Rohrdommel, glitten wir fast lautlos über den See. Er war noch von einem leichten Dunst wie von Hauchpapier bedeckt, und keine Welle kräuselte sich. Die Sonne hatte sich gerade erst auf den Weg gemacht und die durch die Eichen schimmernde Frühgerste in ein rötliches Licht getaucht. Wir ruderten an einem Teppich von Seerosen vorbei, auf deren Blättern ein behäbiger Frosch saß und nach kurzem Blickwechsel mit einem »Quak« ins Wasser sprang. Die Seerosen waren eine wahre Pracht, aber es war uns streng verboten, sie zu pflücken und in eine Vase zu stecken, weil Mamsell behauptete, sie brächten den Tod ins Haus. Dem sah man aber eher ins Auge, wenn man ihnen beim Schwimmen leichtsinnigerweise zu nahe kam und sie einen wie Seejungfrauen so fest umschlangen, dass man sich kaum wieder von ihnen befreien konnte.

Die Ausbeute der Reusen war spärlich. Nur in einem der Aalkörbe rappelte es fürchterlich, und als mein Bruder den Korb anhob, kam ein armdicker Aal ans Tageslicht. Wir waren so aufgeregt, dass der Kahn ins Kippeln kam, aber wir schafften es dann doch, den Aal in den Kescher zu bugsieren. Wir steckten ihn nicht wie üblich erst in den Fischkasten, sondern brachten ihn gleich in die Küche, wo Mamsell gerade dabei war, das Frühstück zu richten. Natürlich mussten sich auch die Eltern dieses Prachtexemplar unbedingt ansehen. Mein Vater war des Lobes voll. »Das hast du gut gemacht, mein Junge. Mir läuft schon jetzt das Wasser im Mund zusammen.«

»Mir nicht«, sagte Mutter und sah mit leichtem Ekel auf den sich windenden Aal. Vater bot sich an, ihn zu töten, was Mamsell sichtlich erleichterte.

Vor dem Mittagessen versammelten wir uns alle in der Küche, um uns zu überzeugen, dass der Aal nun auch wirklich tot war. Und Gott sei Dank, er regte sich nicht mehr. Mamsell hatte einen kräuterduftenden Sud hergestellt, ließ den Aal zum Sieden hineingleiten und schloss den Deckel. Einem gelungenen Mittagessen schien nichts mehr im Wege zu stehen. Mamsell erklärte Vater gerade die für das Gericht vorgesehene Kräutersoße, als es im Topf zu rumoren begann und der Deckel sich hob. Die Mädchen schrien, Möpschen schoss aus der Küche, und auch wir wichen respektvoll vom Herd zurück.

»Das Tier wird uns doch wohl nicht den Appetit verderben!«, sagte Vater, aber es lag auch Bewunderung in seiner Stimme.

Doch genau das tat es. Ich starrte auf die mir zugedachte Portion und fühlte bereits im Voraus, wie mein Magen reagieren würde. Den anderen schien es ähnlich zu gehen. Nur Vater griff herzhaft zu und prophezeite meinem Bruder großes Anglerglück. Vielleicht gelinge es ihm ja sogar, den Nöck zu fangen oder zumindest ein Kind von ihm.

Meine in Gang gesetzte Phantasie sah den kleinen Nöck mit seinen Froschfüßchen schon wimmernd und klagend in einer Reuse sitzend. Ich bekam eine Gänsehaut.

»Iss, Kind, iss!«, sagte Vater.

Von Mücken und Menschen

Heile, heile Gänschen, es wird schon wieder gut. Das Kätzchen hat ein Schwänzchen, heile, heile, Mäusespeck, in hundert Jahr'n ist alles weg.

Nach wie vor gefiel es mir, auf Mamsells Schoß zu sitzen und von ihr getröstet zu werden, obwohl ich doch schon das schwierige Wort »Der Luchgrabenschaudirektor« auf der Tafel an der Kornhorstbrücke lesen konnte. Ich nahm den Daumen aus dem Mund und betrachtete mit wissenschaftlichem Interesse, wie mein mageres rechtes Knie anschwoll, denn der Schmerz war durchaus erträglich. An meiner Blessur war Mamsell nicht ganz schuldlos. Sie hatte mich in den Keller beordert, um neue Weckgläser zu holen. Begleitet von Möpschen, hatte ich mich gehorsam, wenn auch maulend, auf den Weg gemacht, war auf einer glitschigen Erdbeere ausgerutscht und die Treppe hinuntergefallen, nicht zum ersten Mal übrigens. Zwar hatte Möpschen mir tröstend das Gesicht geleckt, sich aber dann doch schnell verzogen in der nicht immer ganz unberechtigten Befürchtung, dass man ihm wieder die Schuld geben würde. Heulend war ich in die Küche gehumpelt, um Mamsell mit anklagender Stimme von meinem Missgeschick zu berichten. Dann kam Mutter, machte mir einen Umschlag mit essigsaurer Tonerde, und ich musste mich hinlegen, denn sie witterte bereits eine Gehirnerschütterung. »Ist dir auch wirklich nicht schwindlig oder übel?« Aber mein Kopf hielt eine Menge aus und gab keinerlei Signale von sich, dass er gelitten haben könnte. Trotzdem wurde mir ein nasser Lappen auf die Stirn und einer ins Genick gelegt, das Zimmer verdunkelt und mir aufgetragen, mich möglichst ruhig zu verhalten. Auch fiel für mich der morgige Ausflug in den Berliner Zoo ins Wasser, was niemanden allzu sehr erstaunte, denn es war eher die Regel als die Ausnahme, dass ich unmittelbar vor lange geplanten Amüsements irgendetwas »hatte«. Ich fiel vom Heuboden, trank auf Kirschen Wasser, verstauchte den Knöchel oder bekam Grippe.

Da die Familie früh aufbrechen wollte, wurde meine Schwester, die mit mir das Zimmer teilte, ermahnt, leise zu sein und mich nicht zu wecken. Sie tat es, wenn auch ungern, und streckte mir nur die Zunge heraus, bevor sie aus dem Zimmer hüpfte. Meine Mutter, die kurz vor der Abfahrt noch einmal nach mir sah, war erleichtert, dass ich noch alle meine fünf Sinne beisammen hatte und das Knie abgeschwollen war. Sie verabschiedete sich mit einem liebevollen Kuss und ermahnte mich, vernünftig zu sein.

Kaum hatte ich die Haustür hinter der Familie zuklappen und den Wagen davonrollen gehört, sprang ich voller Tatendrang aus dem Bett und ging in die Küche, wo ein kräftiges Frühstück auf mich wartete. Sogar die Haut auf dem Kakao hatte Mamsell sorgsam entfernt. Ich langte ordentlich zu, und Mamsell, die der Meinung war, Mutter sei überängstlich mit uns, denn Unkraut vergehe nun mal nicht so schnell, meinte: »Der Appetit scheint ja nicht gelitten zu haben, und mit dem Laufen geht es auch recht flott.« Ich ahnte schon, worauf diese Feststellung hinauslaufen sollte, denn eines der Mädchen hatte Urlaub, und Mamsell war auf der Suche nach helfenden Händen. Ich legte deshalb das Messer aus der Hand und griff mit einer Leidensmiene nach meinem Kopf. »Ich glaube, ich geh jetzt wieder ein bisschen ins Bett.«

Aber Mamsell hörte gar nicht zu, sondern fragte, was ich lieber tun wolle, Kartoffeln abkeimen, Wäsche legen, Rhabarber aus dem Garten holen und schälen oder Messer putzen. Letzteres tat ich ganz gern, aber dieser herrliche Tag, an dem ich endlich mal wieder ganz allein zu Haus sein konnte, war mir viel zu schade dafür. Ich murmelte etwas von »die Liese auf die Koppel lassen«, das habe mir Vater extra aufgetragen. Mamsells Hinweis, da sei sie doch schon längst, überhörte ich geflissentlich und verzog mich mit betontem Humpeln aus der Küche. Es schien heute entschieden ratsam, sich von dort fern zu halten. Wer weiß, auf was für Ideen Mamsell sonst noch kam. So beschloss ich, zu Frau Trägenapp zu gehen, in der Hoffnung, eine Flasche Malzbier von ihr spendiert zu bekommen. Die Chancen dafür standen immer gut, wenn man die Geduld aufbrachte, sich zum x-ten Mal die Geschichte ihrer Reise nach Königs Wusterhausen anzuhören.

Wie für fast alle im Dorf war auch für Frau Trägenapp lange Zeit Rathenow die einzige Stadt, die sie kannte. Aber dann machte sie sich eines Tages zu unser aller Erstaunen auf den Weg, um eine Kusine in Königs Wusterhausen zu besuchen, eine Expedition, die das ganze Dorf beschäftigte. Der Milchwagen nahm sie bis zur Kleinbahn mit, und alle bangten, ob wir sie je wieder sehen würden. Das taten wir schneller als gedacht. Vom Heimweh überwältigt, kam sie noch am selben Abend zurück, zu Fuß von Rathenow, denn die Kleinbahn fuhr nicht mehr. Doch auch die wenigen Stunden, die sie in Königs Wusterhausen verbracht hatte, boten nicht enden wollenden Gesprächsstoff. Sie hatte das Schloss Friedrich Wilhelms I. bestaunen können, wenn auch nur von außen, die Enten auf dem Nottekanal gefüttert, die hohen Masten des Rundfunksenders betrachtet und, Wunder aller Wunder, den Zeppelin gesehen!

»Gegen Königs Wusterhausen«, schloss Frau Trägenapp wie stets ihren Bericht, »ist Rathenow, sagt Mamsell immer, die reinste Kuhpleeke.«

»Aber da ist doch die Konditorei Smolinsky und das Kaufhaus Konitzer«, wandte ich pflichtgemäß ein.

»Oh, die«, sagte Frau Trägenapp wegwerfend und spendierte mir nicht nur die verdiente Flasche Malzbier, sondern auch ein großes Stück Marmorkuchen.

Zufrieden vor mich hin rülpsend, trottete ich nach Haus. Ziel war die Veranda. Doch kaum hatte ich mich dort gemütlich niedergelassen, waren sofort die Mücken zur Stelle, die sich in diesem Jahr besonders hartnäckig zeigten. Vater behauptete immer, sie hätten ebenso wie unsere Familie alles überlebt, Pest und Cholera, die Askanier, den Dreißigjährigen Krieg und die Hohenzollern, und wären deshalb eigentlich auch viel passender für unser Wappen als der Steinbock. Sie habe es schon gegeben, als im Mittelalter ein Geschütz, die Faule Grete genannt, die Burg in Friesack beschoss. Wir hatten uns an diese Plage gewöhnt und nahmen ihre Stiche stoisch hin, im Gegensatz zu manchem Gast. »Wie haltet ihr das nur aus?«

»Leben und leben lassen«, sagte Vater dann immer und schnippte sich ungerührt gleich mehrere dieser Viecher vom Handrücken.

Aber heute teilte ich mehr die Ansicht der Gäste und beschloss, mich ins Kinderzimmer zu verziehen. Doch im Flur lief ich Mamsell in die Arme, die mich fragte, ob ich nicht Lust hätte, den Teig für die Sandtorte zu rühren. »Du darfst auch die Schüssel auslecken.« Damit hatte sie mich überredet. Aber nach einer halben Stunde erlahmten nicht nur meine Kräfte, sondern ich hatte so viel von dem Teig genascht, dass ich auf das Auslecken der Schüssel gut verzichten konnte. Mamsell ließ mich laufen.

Ich trollte mich, nicht ohne ein Stück des frisch gebackenen Prasselkuchens vom Blech mitzunehmen. Um mich so weit wie möglich aus der Gefahrenzone zu begeben, machte ich mich auf den Weg in den Wald, wo Agnes Heidepriem mit dem Durchhacken der jungen Kiefernpflanzen beschäftigt war. Doch kurz vor Trägenapps Haus entdeckte ich plötzlich am Himmel, was ich bisher nur von Bildern kannte: den Zeppelin.

Auch Frau Trägenapp hatte ihn bemerkt, und wir rannten zu Mamsell, die aus dem Haus stürzte, um ihn sich anzukucken. Alles, was Beine hatte, versammelte sich auf der Dorfstraße und starrte in den Himmel, an dem das mächtige Luftschiff lautlos dahinzog, über Koppeln und Luch, bis es schließlich am Horizont verschwand. Inzwischen nutzte Möpschen die Gunst der Stunde und machte sich über den Prasselkuchen her, was ihm in jeder Hinsicht nicht sehr gut bekam. Mamsell holte den Teppichklopfer, und ihm wurde sichtlich sehr schlecht, denn er lag den Rest des Tages nur noch schwer atmend und vor sich hin jaulend unter dem Flieder.

Gegen Abend kam die Familie aus Berlin zurück. Meine liebenswürdige Schwester erzählte mir sogleich, was ich alles verpasst hatte: spuckende Lamas, kreischende Papageien, trompetende Elefanten, brüllende Tiger und Löwen und Hirsche und Rehe, die sie gefüttert hatten.

»Wie schön für dich«, sagte ich mit falschem Lächeln, so, als ob ich es ihr von Herzen gönnte. Meine Reaktion machte sie stutzig.

»Was grinst du so blöd?«

»Zankt euch nicht«, sagte Mutter automatisch und wollte wissen, ob es bei uns etwas gegeben habe.

»Wir«, sagte ich mit vor Triumph fast überschnappender Stimme, »wir haben den Zeppelin gesehen.«

Meine Schwester tippte sich an die Stirn. »Das glaubst du ja wohl selbst nicht.«

Ich suchte Beistand bei Mamsell. Sie bestätigte es,

und auch Frau Trägenapp nickte. »Aber«, sagte sie, »als er über Königs Wusterhausen flog, hat mir Kapitän Eckener zugewinkt.«

»Ätsch!«, sagte meine Schwester.

Kartoffeln mit Stippe

Das märkische Nationalgericht ist ein sparsames Essen, zum Sattwerden. Doch mit guten Zutaten wird es zur Delikatesse. In der Sparversion gab's natürlich keine Butter, und statt Fleischbrühe kam Wasser an die Stippe!

Am besten schmecken neue Kartoffeln – sie wurden in der Schale gekocht, als Pellkartoffeln. Im Winter und Frühling, wenn die Winterkartoffeln schrumpelig wurden und auszukeimen begannen, wurden sie geschält und als Salzkartoffeln serviert.

Zutaten für 4 Personen:

1,2 kg Kartoffeln (mehlig kochende wie Bintje oder Aula)
Salz
150 g Magerspeck (durchwachsener Speck)
2 Zwiebeln
2 EL Butter
2 gestrichene EL Mehl
1/4 l Fleischbrühe
1/4 l Milch
1/8 l Sauerrahm (20 % Fett)
Pfeffer aus der Mühle
frisch geriebene Muskatnuss
ein Schuss Essig
3–4 EL Schnittlauchröllchen

Die Kartoffeln waschen, wenn sie alt sind, schälen, sonst in der Schale in wenig Wasser mit Salz garen.

Den Schinkenspeck und die geschälten Zwiebeln in kleine Würfel schneiden. Den Speck in der Butter glasig angehen lassen, die Zwiebeln zugeben und rösten, bis sie Farbe annehmen. Dann das Mehl darüber stäuben und goldgelb schwitzen. Den Topf vom Herd nehmen, mit dem Schneebesen nach und nach die kalte Brühe und die kalte Milch unterschlagen. Etwas Pfeffer und Muskatnuss zufügen. Dann bei kleiner Hitze die Soße eine Viertelstunde leise kochen lassen, dabei ab und zu umrühren. Zum Schluss den Sauerrahm unterziehen, weitere 5 Minuten köcheln und mit Salz und Essig abschmecken. Die Kartoffeln, wenn nötig, pellen und in der Stippe anrichten. Mit Schnittlauchröllchen bestreuen – wenn es sie gerade gibt.

Der Regenmacher

In diesem Jahr schien der Sommer geradewegs aus Afrika zu kommen. Bereits Anfang Juli war es unerträglich heiß. Die Luft flimmerte über dem Luch, im Sand verbrannte man sich fast die nackten Sohlen, und sogar die Hühner zogen vor, ihr Staubbad im Schatten zu nehmen. Rosen, Rittersporn, Phlox und Schwertlilien mahnten uns täglich mit hängenden Köpfen, das Gießen nicht zu vergessen. Und wie gewohnt sagte Vater jeden Abend: »Fangt schon mal an, ich komme gleich.«

»Gleich« bedeutete bei Vater meist irgendwann, was Mutter rasend machte, besonders, wenn das Mittagessen auf dem Tisch stand. Gott sei Dank waren die jungen Meisen in der Pumpe inzwischen flügge geworden, und wir mussten das Wasser nicht mehr vom Hof herbeischleppen.

Vater klopfte alle Augenblicke gegen das Barometer, dessen Zeiger sich aber nicht von der Stelle rührte, und war voller Optimismus, sobald sich nur ein Wölkchen am Himmel zeigte. »Ich sage euch, über dem Witzker See zieht sich was zusammen.«

Das Gras begann sich schon gelb zu färben, und ein heftiger Ostwind sorgte dafür, dass sich der märkische

Sand gut im Haus verteilte. So oft wie möglich flüchteten wir zum See, und sogar Mamsell nahm hin und wieder ein Bad, für sie ein eher zweifelhaftes Vergnügen, dank Möpschen, der sich, sobald sie zu schwimmen begann, in dem Wahn, seine gütige Ernährerin sei am Ertrinken, vor Aufregung japsend in die Fluten stürzte und versuchte, sie aus dem Wasser zu ziehen.

Noch herrschte Ruhe im Beritt, wie Vater sich ausdrückte. Noch hatten die Sommerferien nicht begonnen, noch tobten nicht Kinder jeden Alters durchs Haus, und Mutter brauchte nicht zu befürchten, dass es womöglich so unverzeihliche Kränkungen gab wie im letzten Jahr, als die lärmende Schar beim Indianerspiel Mamsell, die sie in die Beete zum Bohnenpflücken scheuchen wollte, mit den Worten begrüßte: »Was will das Bleichgesicht in unserem Kreis?« Noch wurde niemand von uns um- und ausquartiert, und Vater musste sich nicht um sein kostbares Beil sorgen, weil wieder irgendjemand es verschleppt hatte.

Der einzige Gast in dieser Zeit war Onkel Fips. Er eröffnete traditionsgemäß den Reigen der Sommerbesucher. Onkel Fips war ein anspruchsloser, zufriedener, in sich ruhender Mensch, der selbst Gerichte wie Brotsuppe oder Steckrüben superb nannte. Er war durch so gut wie nichts aus der Fassung zu bringen, weder durch Mücken oder Bremsen noch gar durch eine Hornisse, die sich in seinen Schuh verirrt hatte. Als mein Bruder ein Glas umwarf und der Rotwein auf die neue Leinenhose des Onkels tropfte, sagte er nur nachsichtig: »Musst nicht, mein Junge.« Und das war bereits das Äußerste an Ermahnung, was er sich gestattete.

Onkel Fips war seinem Schicksal ständig dankbar. »Ich danke meinem Schicksal, dass ich einen früheren Zug genommen habe. Der danach hatte eine Stunde Verspätung, und ich hätte die Kleinbahn nicht mehr bekommen.«

Er dankte seinem Schicksal, dass sein ziemlich betagter Hausarzt gerade im Urlaub war, als er starke Bauchschmerzen bekam und seine Vertretung ihn schleunigst ins Krankenhaus einwies, wo man ihm den entzündeten Blinddarm entfernte. »Der alte Trottel hätte doch bestimmt wieder nichts gefunden und mir wie immer nur Bullrichsalz verordnet.«

Er, der notorische Junggeselle, dankte dem Schicksal, dass es ihn zweimal daran gehindert hatte, sich in einen Ehemann zu verwandeln. Einmal war ihm ein anderer Verehrer zuvorgekommen, ein andermal hatte die Putzfrau vergessen, seinen Brief zur Post zu bringen, in dem er den Vater der Erwählten formvollendet um die Hand seiner Tochter bat. Zu seiner Erleichterung fand er den Brief auf dem Küchentisch, und die Putzfrau war höchst erstaunt, dass sie anstatt einer Strafpredigt einen Geldschein bekam. Doch am dankbarsten war er dem Schicksal für Murkel, ein zunächst von ihm ziemlich skeptisch betrachtetes Geschenk seiner Nachbarin, die den Welpen loswerden wollte. Aber Murkel, ein Hund undefinierbarer Rasse, entwickelte sich nach Onkel Fips' Aussage zu einem wahren Wunder an Intelligenz, Wachsamkeit und Instinkt. Er konnte die Zeitung holen, hatte bereits einen Einbrecher in die Flucht geschlagen, einen Brand in der Küche rechtzeitig bemerkt und ein verloren gegangenes Kleinkind wiedergefunden.

Onkel Fips sagte sich grundsätzlich schon ein halbes Jahr vorher an, in Sorge, ein anderer Gast könne ihm diesen Termin streitig machen. Der Onkel liebte nun mal die Ruhe, und allzu viele Menschen waren ihm ein Gräuel. Selbstverständlich wurde er von seinem Hund begleitet, von dem er sich nie trennte, was nicht allen Gastgebern gleichermaßen gefiel, denn auch der sonst eher unauffällige Murkel hatte so seine Tricks. Er öffnete mühelos jede Tür und hatte sich angewöhnt, nachts durchs Haus zu tigern und in den Schlafzimmern aufzutauchen, wobei er kleine seufzende Klagetöne von sich gab, für zarte Gemüter eine gruselige Erfahrung. Wir waren da nicht so empfindlich und zu sehr an Nachtgeräusche jeder Art gewöhnt, wobei Möpschens gewaltiges Schnarchen jedes Käuzchen, jeden Uhu, ja, sogar den wilden Schrei eines kämpferischen Hirsches in der Brunftzeit, also auch Murkels sanfte Seufzer, mühelos übertönte. Wir fanden Murkel pflegeleicht, und auch Möpschen hatte nichts gegen ihn einzuwenden, vorausgesetzt, er respektierte seinen Futternapf.

An einem dieser schwülen Sommertage, von denen Vater mal wieder optimistisch behauptete, der Regen liege förmlich in der Luft – wo er dann auch blieb –, reisten Herr und Hund an.

Verblüfft starrten wir auf Murkel.

»Himmel!«, rief Vater. »Wie sieht der denn aus? Den kannst du ja als Hungerkünstler vermieten!«

Onkel Fips reagierte gekränkt. »Der Hund war sehr, sehr krank. Das habe ich euch doch geschrieben.«

»Hast du«, entschuldigte sich Vater. »War mir ganz entfallen. Aber, ehrlich gesagt, auf eine Art indische Miniaturkuh war ich nun doch nicht gefasst.«

Mutter warf ihm einen warnenden Blick zu. »Wie lieb er schaut. Sicher hat er Hunger, der Arme. Los, Kinder, bringt ihm was zu fressen.«

Trotz der Hitze hatte sich Mamsell angestrengt und ließ uns gebratene Hähnchen mit Gurkensalat und als Nachtisch Stachelbeergrütze mit Vanillesoße servieren. Bei Tisch drehte sich das Gespräch ausschließlich ums Wetter, und Vater malte uns in düsteren Farben aus, was diese frühzeitige Dürre für den Wald nach sich ziehen werde.

Nachts schien es Vater so, als habe es geblitzt und als sei ein ferner Donner zu hören gewesen. Er stand auf und tappte im Dunkeln hoffnungsfroh auf die Veranda, um nach dem Wetter zu sehen. Dabei stolperte er über den herumgeisternden Murkel, der einen wehen Laut von sich gab und ihn aus seinen tief liegenden Augen vorwurfsvoll anstarrte. Vater flüchtete ins Bett zurück. Mutter wollte wissen, was passiert war. »Ich bin einem Skelett begegnet«, sagte Vater, »und das tut man schließlich nicht jeden Tag.«

Zu unserer Erleichterung zeigte sich Murkel tagsüber eher phlegmatisch, verließ kaum die Veranda und schaute sich höchst selten auf dem Hof um, wobei er

Hühner und Enten jedes Mal aufs Höchste erschreckte, und sogar Liese galoppierte bei seinem Anblick auf der Koppel in Panik davon. Doch das Ungewohnte wird bald alltäglich, und wir beachteten das wandelnde Knochengerüst kaum mehr. Bis Murkel sich an einem Sonntag merkwürdig schwankend auf der Veranda einfand, einen Augenblick stehen blieb, uns anstarrte, dann umfiel – es klang, als wenn man einen Korb Holz ausschüttete – und leblos liegen blieb. »Nu is er hin«, sagte Vater, der, wenn ihm etwas an die Nieren ging, taktlos wurde. Mutter holte das Riechsalz herbei, ein damals bewährtes Mittel für bleichsüchtige, leicht in Ohnmacht fallende junge Mädchen, und hielt es Murkel unter die Nase. Doch der gab keinen Mucks von sich. Onkel Fips hatte sich neben ihn gekniet und streichelte ihn. »Musst nicht, Junge«, sagte er mit bebender Stimme. Aber Vater tröstete ihn: »Noch ist Polen nicht verloren. Sein Herz schlägt recht kräftig. Vielleicht ist es ja nur ein kleiner Schwächeanfall.«

Sie beschlossen, den Hund an den kühlsten Ort im Haus zu bringen, in den Keller. Vater trug ihn hinunter und legte ihn, vor sich hinmurmelnd: »Jetzt weiß ich, was ›Blei in den Knochen‹ bedeutet«, auf einen Kartoffelsack. Alle halbe Stunde wurde einer von uns in den Keller geschickt, um nach Murkel zu sehen. Aber sein Zustand blieb unverändert. Wir lenkten uns ein wenig ab, spielten »Mensch ärgere dich nicht« und gerieten uns traditionsgemäß in die Haare. Vater behauptete gerade, so wie an diesem Abend sei noch nie gemogelt worden, da hörten wir etwas wie ein merkwürdiges

Niesen. Wir beugten uns über die Verandabrüstung und erblickten Murkel, der mit schief geneigtem Kopf pomadig zu uns hinaufsah. Er trottete zur Treppe, nahm die Stufen recht flott und ließ sich mit einem Gähnen zu Onkel Fips' Füßen fallen.

Lange rätselten wir, was dem Hund wohl passiert sein könnte. Eine Herzattacke? Ein kleiner Schlaganfall? Unterernährung? Mamsell fühlte sich in ihrer Ehre getroffen. Noch nie hatte es so etwas gegeben, dass ein Gast, und sei es auch nur ein Hund, unter ihrem Regime den Hungertod gestorben war. Sie tat alles, um dieses Knochengerüst wieder mit etwas Fleisch zu bedecken. Als Erstes forderte sie von meinem Bruder eine seiner Tauben, was er nicht abzulehnen wagte, weil Mamsell so manches wusste, wovon die Eltern keine Ahnung hatten. Sie kochte Murkel ein richtiges Krankensüppchen, zusätzlich noch angereichert mit Zwiebackklößen. Sie beschnitt Möpschens Buttermilchration, brockte in Murkels Portion Reste von Dampfnudeln und fütterte ihn mit Grießschnitten und Rindfleischklößchen. Um Murkels angegriffene Nerven zu stärken, schmuggelte sie ihm einen Schuss mit Zucker versüßten Veilchenessig, den uns Tante Herta hinterlassen hatte, unter sein Fressen. Tatsächlich wurde Murkel zusehends munterer, und wer genau hinsah, konnte sogar ein kleines Bäuchlein entdecken.

Unser Gast bedankte sich dafür auf seine Weise. Eines Nachts hörten wir aus dem Garten ein fürchterliches Bellen. Vater ging nach draußen, um nach dem Rechten zu sehen. Mitten auf dem Rasen stand Murkel und bellte und bellte. Vater konnte nicht entdecken, warum. Während er noch darüber nachdachte, begann sich der Himmel zu beziehen: Bald darauf fielen die ersten Tropfen eines sanften, gleichmäßigen, ruhigen Regens, der drei Tage anhielt. Für Onkel Fips war es sonnenklar, wem wir dieses Wunder zu verdanken hatten. In Afrika schlugen sie die Trommeln und tanzten, um den Regengott gnädig zu stimmen, und Murkel hatte dasselbe durch sein Bellen erreicht. Vater ließ ihn in dem Glauben, obwohl er annahm, dass es eher Trägenapps Katze gegolten hatte, die sich gern in unserem Garten herumtrieb.

Nach Onkel Fips' Abreise entdeckte Mutter im Gastzimmer ein halb unter den Teppich geschobenes völlig zerkautes Tütchen, dessen Aufschrift nur noch mit Mühe zu entziffern war: Veronal.

»Von wem stammt denn das? Doch nicht etwa von Herta?«, fragte Mutter erstaunt.

»Die Liebe und der –«, begann Vater.

»Schon gut«, sagte Mutter.

Lange Fädchen, faule Mädchen

Mutter besaß eine Begabung, uns Dinge, die ihr für unsere Entwicklung wichtig erschienen, schmackhaft zu machen. So hatte sie es zum Beispiel einmal auf die unser Verantwortungsgefühl fördernde Pflege eines eigenen Stückchens Erde abgesehen und schilderte uns in glühenden Farben, wie sehr sie sich als Kind einen eigenen kleinen Garten gewünscht habe, mit wunderschönen Blumen und, da ihr unsere Gier nach Süßem nicht unbekannt war, voller riesiger süßer Erdbeeren und Himbeeren. Aber niemals sei ihre flehentliche Bitte erhört worden.

Wir waren gleich Feuer und Flamme und wollten unbedingt jeder ein Beet für sich haben, verschwendeten aber natürlich keinen Gedanken daran, wie viel Arbeit das bedeutete. Sofort begaben wir uns zu Vater und lagen ihm mit unserem Wunsch in den Ohren. Er zeigte sich ebenso überrascht wie skeptisch und erinnerte uns an unser ständiges Lamento, wenn es ums Gießen ging. Aber gut, warum nicht. Darüber lasse sich durchaus reden.

Mit großem Eifer machten wir uns ans Werk und steckten erst einmal ein Stück Garten ab. Mutter konnte nicht umhin, Vater einen triumphierenden

Blick zuzuwerfen. Der sah sie nachdenklich an. »Einen eigenen Garten? Das ist ja das Allerneueste! Du hast doch noch nie Interesse für Gartenarbeit gezeigt.«

»Ich hasse sie.« Summend ging Mutter ins Haus zurück.

Unsere Begeisterung bekam bereits den ersten Dämpfer, als Vater, der viel von muskelstärkender Tätigkeit hielt, uns aufforderte, die Beete umzugraben, und wir im Kampf mit den kräftigen märkischen Quecken, die sich wie überdimensionale Regenwürmer durch das Erdreich schlängelten und bereits beim ersten Spatenstich zum Vorschein kamen, bald Blasen an den Handflächen davontrugen. Dann mussten die Beete mit Mist versorgt werden, was sich als ebenso mühsam erwies. Mehr Spaß machte uns dagegen das Säen und Pflanzen, wenn wir auch des Guten zu viel taten, so dass sich alles beim Sprießen gegenseitig in die Quere kam. Noch zeigten wir viel Schwung. Entzückt über die praktische Bereicherung des Biologieunterrichts, ließ Lehrer Scheel meine Geschwister einen Aufsatz über das Thema »Ich lege ein Beet an« schreiben und erhielt zwei sachkundige, gelungene Arbeiten, war allerdings von den vielen orthographischen Fehlern leicht erschüttert.

Wie Vater vorausgesehen hatte, verloren wir danach schnell die Lust und waren immer weniger bereit, Unkraut zu zupfen und Pflanzen durchzuhacken und zu gießen, so dass die Beete bald versteppten und sich Agnes Heidepriem ihrer annehmen musste, um sie wieder in vernünftiges Gartenland zu verwandeln.

Als Nächstes versuchte Mutter, die geschickt mit der Nadel umgehen konnte, meine Schwester und mich dazu zu bringen, unsere Puppenkleider selbst zu nähen. Um uns den Mund wässrig zu machen, erzählte sie uns, wie sie mit einem für ihre Käthe-Kruse-Puppe selbst geschneiderten Abendkleid den ersten Preis in einem Wettbewerb gewonnen und dafür eine Puppentruhe voller Konfekt bekommen hatte. Sie machte so viel Grün um die an sich belanglose Geschichte, dass wir es gar nicht abwarten konnten, es ihr gleichzutun. Sogar mein Bruder versuchte sich, sehr zum Entsetzen meines Vaters, an einem Nachthemd für seinen Teddy, obwohl er ihn nur noch hin und wieder mit ins Bett nahm, um ihn genüsslich zu dergeln. Vater, der noch sehr altmodische Vorstellungen davon hatte, womit Jungen spielen sollten und womit nicht, brachte ihm daraufhin zu unser aller Verblüffung aus Berlin einen Stabil-Baukasten mit, ein Geschenk, das eher auf den Weihnachtstisch gehörte.

Leider muss gesagt werden, dass unsere Begeisterung fürs Schneiderhandwerk sehr schnell erlahmte. Der Spruch »Lange Fädchen, faule Mädchen« schien wie eigens für uns erdacht, und so verhedderten wir uns beim Umsäumen in Schlingen oder produzierten Knoten. Auch gingen die von Mutter spendierten hübschen Fingerhüte und das aparte Nadelkissen sehr schnell verloren, und die Stickschere war unauffindbar. Mutter nahm betrübt unser wachsendes Desinteresse zur Kenntnis, blieb aber, wie alle Mütter, unbelehrbar und deshalb fest davon überzeugt, dass versteckte Talente in uns schlummerten, die es zum Nutzen unserer Entwicklung zu wecken galt.

Sie konzentrierte sich erst einmal auf meine Schwester, deren zeichnerische Begabung sie phänomenal nannte, nachdem sie von ihr zum Geburtstag mit einer Zeichnung überrascht worden war, die, wie sie fand, es durchaus mit Dürers Hasen aufnehmen konnte, der selbstverständlich auch in unserem Kinderzimmer hing. Das von meiner Schwester aufs Papier gebrachte Konterfei dieses Tieres war zwar nur von hinten zu sehen, weil wir von Vater gelernt hatten, dass Katzen und Hasen sich so am leichtesten zeichnen ließen, und besaß abnorm lange Ohren, aber Mutter meinte, es komme weniger auf Ähnlichkeit an als auf das, was ein Bild ausdrücke. Und in diesem Fall sei das eine außerordentliche Melancholie. Vater sagte, melancholisch wäre er an Stelle des Hasen auch, wenn man ihn auf diese Weise zeichnete, räumte dann aber ein, dass das ganze Drum und Dran, die hohen Tannen, sich bauschende Wolken und ein kleines Häuschen, wirklich ganz passabel anzusehen sei. Mutter redete so lange auf meine Schwester ein, bis sie sich tatsächlich als eine Nachfahrin des berühmten Malers fühlte und, anstatt mit uns zum Baden zu gehen, den ganzen Tag vor sich hin kritzelte und pinselte. Erst einige hämische Bemerkungen meines Bruders über ihre Kunstwerke brachten sie wieder auf die Erde zurück. Es gab eine wüste Prügelei, wonach die beiden einträchtig mit ihren Angeln abzogen und Buntstifte, Tuschkasten und Pinsel im Schrank verschwanden.

In diesem Sommer schürfte Mutter nicht nach verborgenen Talenten bei uns. Diesmal hatte sie es auf Mamsells Weiterentwicklung abgesehen und bot alles auf, um sie endlich davon zu überzeugen, dass Konservendosen fortschrittlich und für Gemüse genauso geeignet seien wie Weckgläser. Doch Mamsell ließ sich von ihr nicht so schnell gewinnen wie wir. Grundsätzlich lehnte sie erst einmal alles ab, was sie nicht kannte und deshalb nicht wollte. Sie allein entschied in ihrem Bereich, was nützlich und was unnütz war, da konnte Mutter ihre Argumente noch so überzeugend vorbringen. Was nicht hieß, dass sie ihre Meinung nicht irgendwann änderte, wie bei dem Messerputzer der Weltmarke Kobold, dem Waffeleisen und Liebigs Fleischextrakt, alles inzwischen unentbehrlich für sie. Mutter tat natürlich dann stets, als wären diese Neuerungen allein Mamsells Idee gewesen. Nur Mutters Vorschlag, unsere ziemlich mickrigen, aber süßen blauen Weintrauben, die am Schweinestall wuchsen, zu trocknen und als Korinthen zu verwenden, lehnte sie weiterhin strikt ab, genau wie die Konservendosen.

Doch dieses Thema wurde wieder brandaktuell, als wir uns alle auf der Veranda zum Erbsenauspalen eingefunden hatten, einschließlich einer wenig beliebten Tante, die gar nicht genug den Kopf darüber schütteln konnte, dass Mamsell grundsätzlich nur Weckgläser verwendete. »Habt ihr denn noch nie etwas von diesen wundervollen Dosen gehört?« Sie tat, als lebten wir noch hinter dem Mond, und das konnte Mutter nun nicht auf sich sitzen lassen. Sie begab sich stante pede in die Küche, obwohl es kurz vor dem Mittagessen war und Mamsell zusätzlich alle Hände voll mit Einwecken zu tun hatte, also in einem an sich äußerst unglücklichen Moment. Mamsell hatte gerade Möpschen aus der Küche gejagt, weil er die Kröte, die er gern ein wenig neckte, mal wieder besabberte, einem Ferienkind, das ausgerechnet über einer Stachelbeerkaltschale seine Pusteblumen ausprobierte, eins auf die Finger gegeben und den Schaden beseitigt, der durch ein gerissenes Seihtuch entstanden war, so dass der Johannisbeersaft nicht in eine Schüssel tropfte, sondern auf den Küchenboden. In Dampf gehüllt, stand sie vor dem Herd und war schwer atmend dabei, den Wecktopf herunterzuheben, als Mutter von den Konservendosen anfing. Mamsell war viel zu erschöpft, um sich wie üblich zu wehren. Sie hörte nur halb hin, sagte resigniert: »Meinetwegen. Von mir aus, Frau Gräfin, wenn Sie es durchaus wollen«, und wandte sich den Kartoffeln zu.

Ziemlich verblüfft über diesen schnellen Sieg, verließ Mutter die Küche, wartete aber vorsichtshalber noch ein paar Tage, ehe sie die bereits vor langem gekauften Dosen einweihen ließ. Jetzt, wo Mutter sich durchgesetzt hatte, war es ausgerechnet jene Tante, die uns einen ganzen Abend lang anschaulich schilderte, was alles passieren konnte: Das Blech rostete leicht, das Gemüse schimmelte, oder es bildeten sich andere Gifte – bis Vater aufstand und meinte, bei solchen interessanten Gesprächen wolle er die Damen nicht stören. Er für seine Person gehe jetzt zu Bett.

Nachdem sich eine stattliche Anzahl von Gemüsedosen im Keller gesammelt hatte, geriet das Dosenthema in Vergessenheit, und Mamsell konzentrierte sich ganz auf die Herstellung von Gelee, Marmelade, Saft und Kompott.

Doch dann weckte uns eines Nachts ein dumpfes »Wumm«.

»Feuer einstellen!«, rief Vater schlaftrunken und tastete nach den Streichhölzern.

Er ging nach unten, und bereits auf der Treppe konnte er das zweite »Wumm« orten, dem schnell ein drittes und viertes folgten. Offensichtlich kamen die Explosionen aus dem Keller. Dort angelangt, rutschte er beinahe auf Bergen von Erbsen und Bohnen aus. Als Mutter das hörte, stöhnte sie: »O Gott! Die Dosen sind explodiert!«

Und Vater sagte: »Da wird sich Mamsell aber freuen.«

Das tat sie. Ihre Stimmung war lange nicht mehr so gut gewesen. Großmütig verlor sie kein Wort über die Schweinerei im Keller, sondern verwöhnte uns zum Mittagessen mit einem völlig neuen Gericht: Schinken in Madeirasoße und als Nachtisch Tuttifrutti. Wir ließen es uns so richtig schmecken, und Vater nahm sogar noch zum dritten Mal eine ordentliche Portion. Dabei sah er Mutter an und sagte: »Vielleicht solltest du es noch mal mit diesen Konservendosen versuchen. Das Resultat ist doch sehr zufrieden stellend.«

Wünschen kann man sich alles

Merkwürdigerweise häuften sich im Juli die Geburtstage, nicht nur bei uns, sondern auch in der weiteren Verwandtschaft. Anscheinend hatte man auf den üblicherweise im Oktober stattfindenden Familientagen nachdenklich in die Runde geschaut und dabei festgestellt, dass nicht genug Nachwuchs vorhanden war, um die seit 600 Jahren bestehende Familie am Leben zu erhalten. Das Resultat dieser Überlegungen war eine Menge munterer Krebse.

So wurden wir denn im Juli zu Kindergeburtstagen durch die Gegend gekarrt. Natürlich ging es bei diesen Festlichkeiten sehr viel bescheidener zu als heute. Niemand wäre auf die Idee gekommen, sich vorher den Kopf zu zerbrechen, womit man uns amüsieren könnte.

Auch die Kaffeetafel zeichnete sich nicht gerade durch Üppigkeit aus. Die übliche Torte, um deren Mittelstück es jedes Mal ein Geheule gab, weil es dem Geburtstagskind zustand, es ihm aber jemand anders weggeschnappt hatte, war von der einfachsten Sorte und nur durch etwas Zuckerguss und Schokoladenstreusel herausgeputzt. Es gab den mit Puderzucker bestreuten obligaten Marmorkuchen und manchmal schon etwas muffig schmeckenden, mit einer Glasur überzogenen Zwieback.

In unserer Standarduniform Matrosenkleidung kamen wir angerückt, drückten dem Geburtstagskind eine Rolle saure Drops in die Hand und bestaunten den wirklich sehr überschaubaren Gabentisch, den ein Kreisel, eine Mundharmonika, ein Jojo, Knetgummi und eine Trillerpfeife zierten. Im Laufe der Jahre kamen auch Bücher dazu, »Pu, der Bär« oder »Der letzte Mohikaner«. Zwar war der Wunsch der Jungen ein Luftgewehr Marke Flaubert und der der Mädchen ein Puppenwagen. Aber wenn überhaupt, war für solche Kostbarkeiten der Weihnachtsmann zuständig.

Mit unserer Wohlerzogenheit, an die wir uns später so gerührt erinnerten, war nicht immer Staat zu machen. Mein Bruder und ein Vetter bekamen sich wegen einer Kleinigkeit derartig in die Haare, dass jeder von ihnen einen der im Flur des Schlosses aufgehängten Säbel, mit denen bereits ihre Vorfahren auf ihre Todfeinde losgegangen waren, herunterriss und damit auf den anderen eindrosch. Der mit einem Silbertablett voller Sherrygläser vorbeischreitende Diener griff keineswegs ein, sondern meldete den ahnungslosen Eltern mit gewohnter Würde: »Die jungen Herrschaften duellieren sich.« Ein feuriges, mit einem gewaltigen Haarschopf gesegnetes Mädchen schlug mit dem früheren Koppel ihres Vaters, auf dessen Schloss »Gott mit uns« stand, so wütend um sich, dass es »mit Gott« ein Kind fast das Auge gekostet hätte, und das nur, weil niemand widerstehen konnte, herzhaft in ihre

Mähne zu greifen und sie ordentlich zu ziepen. Ein Junge namens Franz, der bis dahin nie besonders hervorgetreten war, kam plötzlich auf die Idee, sich das Waldhorn des Gastgebers zu schnappen. Er rannte damit auf den Dachboden, kletterte aus dem Fenster und versuchte, ziemlich kippelig auf einem Sims stehend, dem Instrument so etwas wie eine Melodie zu entlocken, während unten die aufgeregte Familie wild gestikulierend hin und her lief. Auf der Rückfahrt war diese Ruhmestat natürlich *der* Gesprächsstoff. Nur Vater meinte, so müsse das letzte Röcheln der Dinosaurier vor ihrem Aussterben geklungen haben.

Damals war der Geburtstag der einzige Tag, an dem man einem Kind gestattete, Mittelpunkt zu sein. Nur mich hatte das Schicksal mal wieder benachteiligt, denn ich hatte einen Tag nach Vater Geburtstag, und am Tag davor kam erst Mamsell dran, deren Geburtstag selbstverständlich der wichtigste im Haus war. Es gehörte zum jährlich wiederkehrenden Ritual dieses hohen Festes, dass Mamsell vorher mehrfach betonte, wie sehr ihr dieses ganze Tamtam um so einen Tag zuwider sei. Ja, sie drohte sogar, wegzufahren, falls wir uns nicht daran hielten. »Vielleicht ja sogar nach Königs Wusterhausen«, murmelte Vater.

Doch je nachdrücklicher sie auf die Unwichtigkeit dieses Tages hinwies, umso mehr strengten wir uns an, denn sie wäre tödlich beleidigt gewesen, wenn wir diesem Hinweis gefolgt wären.

Diesmal läuteten wir ihren Ehrentag mit einem Morgenständchen vor ihrem Schlafzimmer ein. Ziemlich verschlafen krächzten wir Kinder und die Mädchen »Geh aus, mein Herz, und suche Freud«. Dann öffneten wir leise die Tür und schoben das frisch gewaschene Möpschen hinein, das einen blumengeschmückten Korb mit unseren kleinen Geschenken apportierte. Mit einem Frisiermantel bekleidet auf dem Bett sitzend, nahm Mamsell unsere Gaben gnädig entgegen und packte sie vor unseren erwartungsvollen Augen mit vielen Ahs und Ohs aus. Hatte die Welt jemals einen so hübschen Tintenwischer oder eine so schön beklebte Streichholzschachtel gesehen?

Im Gegensatz zu unseren Gabentischen war der ihre reichlich bestückt, und in der Mitte prangte eine der teuersten Torten der Konditorei Smolinsky, deren Zuckerguss eine große rote Marzipanrose zierte. Mamsells gerührtem, wenn auch kritischem Blick hielt Vater natürlich sofort entgegen, dass diese Torte den von ihr gebackenen nicht das Wasser reichen könne. Nach dem Mittagessen fuhren wir Mamsell spazieren und kehrten wie üblich in der »Perle des Westhavellandes« ein, wo wir uns an einer Weißen mit Schuss stärkten. Aber dann drängte Mamsell zum Aufbruch, denn das Diner, das am nächsten Abend zu Vaters Geburtstag stattfinden sollte, benötigte einige Vorbereitung. Und die Mädchen seien sicher wieder baden gegangen, anstatt das Silber zu putzen.

Natürlich wurde auch für Vater der rote Teppich ausgerollt. Ihn in aller Frühe mit einem Lied zu begrüßen, hatte er sich allerdings energisch verbeten. Doch selbstverständlich wurde sein Stuhl im Esszimmer bunt bekränzt, und um Frühstücksteller und Kaffeetasse rankten sich Rosen. Mamsell ehrte ihn mit einer Schichttorte, die sie nur selten buk, weil sie so viel Arbeit machte.

Am Abend lief alles hektisch durcheinander, um das Haus für die Gäste festlich vorzubereiten. Von der allgemeinen Nervosität angesteckt, rannte Möpschen von einem Zimmer ins nächste, bis er plötzlich von der Bildfläche verschwunden war. »Wo steckt der Köter denn nun wieder?«, rief Vater. Und Mutter sagte besorgt: »Er muss unbedingt eingesperrt werden! Seine feuchte Begrüßung ist nicht jedermanns Sache.«

Die Gäste kamen pünktlich, das Diner begann, die Kerzen im Kronleuchter kleckerten vor sich hin, und eines der Mädchen verhedderte sich beim Servieren im Fliegenfänger. Der Rehrücken wurde sehr gelobt und eine Rede auf das Geburtstagskind gehalten, die allerdings durch eine erdbebenartige Erschütterung ein jähes Ende fand. Alle blickten verdutzt, bis man die Ursache entdeckte. Möpschen hatte es sich, vom tief hängenden Tischtuch verborgen, unter dem Esstisch gemütlich gemacht und begonnen, sich ausgiebig zu kratzen. Nachdem er unter allgemeinem Gelächter verlegen davongeschlichen war, wandte man sich dem Nachtisch zu, Weingelee mit Vanillesoße.

Mutter hob die Tafel auf, und die Gäste verteilten sich auf der Veranda und in den Zimmern, während wir Kinder und die Mädchen Mokka, Zigarren, Cognac und Likör herumreichten. Dabei konnte ich nicht umhin, jeden Gast darauf aufmerksam zu machen, dass morgen mein Geburtstag sei, eine Mitteilung, die auf nicht allzu großes Interesse stieß. »Da freust du dich sicher, Kind«, war die einzige Reaktion. Nur ein Onkel strich mir übers Haar und fragte, was ich mir denn wünsche. Doch meine Antwort rief ein Stirnrunzeln hervor. »Einen Puppenwagen? In der heutigen Zeit! Ganz schön anspruchsvoll das Kind.« Mutter nahm mich in Schutz. »Wünschen kann man sich alles«, sagte sie lächelnd. Und dann schickte sie mich ins Bett.

Ich erwachte früher als sonst, bezwang mich aber und blieb im Bett, denn meine Schwester schlief noch fest, und nichts war unpassender für ein Geburtstagskind, als zu früh aufzutauchen. Während ich in meiner Phantasie bereits mit einem Puppenwagen durchs Dorf fuhr, schlief ich wieder ein. Als ich zum zweiten Mal aufwachte, war es schon halb neun und das Bett meiner Schwester leer. Sicher warteten sie längst mit dem Frühstück auf mich.

Doch davon konnte keine Rede sein. Statt des erwarteten »Da ist ja unser Geburtstagskind!« war gerade erst eines der Mädchen gähnend dabei, den Tisch zu decken. »Du bist aber früh«, war alles, was sie sagte. Schweigend setzte ich mich an meinen ungeschmückten Platz und sprach wie so oft, wenn ich mich unverstanden fühlte, den ersten Satz des Buches »Heimatlos« vor mich hin: »Meine Eltern kenne ich nicht«, und meine Mundwinkel zogen sich bedenklich nach unten. Doch Mutter und Vater schienen mich nach wie vor für ihr leibliches Kind zu halten. Sie kamen mit dem erwarteten Satz »Da ist ja unser Geburtstagskind schon« ins Zimmer, nur zum Schmücken hätten sie noch keine Zeit gehabt, aber zum Glück sei ich ja in diesen Dingen sehr vernünftig. Mein Bruder raste in die Küche, um das mir zustehende weiche Ei zu holen, meine Schwester reichte mir unaufgefordert meine Lieblingsmarmelade, und die Eltern begaben sich eiligst ins Wohnzimmer, um den Geburtstagstisch zu richten. Auch die Mädchen gratulierten mir jetzt, und Mamsell schenkte mir etwas Wunderbares: eine zeigefingerlange Badewanne aus Messing für die Puppenstube. Dann hieß es: »Augen zu und nicht aufmachen, bis wir es sagen«, und ich wurde feierlich an den Tisch geführt.

»Du wirst staunen«, sagte Mutter verheißungsvoll, und damit hatte sie Recht. Statt der obligaten Sandtorte gab es den immer vorrätigen Napfkuchen, weil Mamsell nicht mehr zum Backen gekommen war, meine Schwester, die hoch begabte Malerin, hatte mich mit einer nicht sehr glücklichen Zeichnung älteren Datums bedacht, mein Bruder mit einer Hand voll Marmeln, die ich ein paar Tage vorher an ihn verloren hatte, und wie immer bekam ich einen Kasten Buntstifte und zwei Bögen mit Ausschneidepuppen. Aber tatsächlich stand da auch der Puppenwagen, allerdings nicht mein Traum mit hohen Rädern, verchromt, und aufklappbarem dunkelblauen Verdeck, wie ich ihn bei Wertheim gesehen hatte, sondern ein hölzernes Gestell, das eher wie ein blau gestrichener Stuhl auf winzigen Rädern aussah.

»Kuck mal, ein Sportwagen!« Mutter legte liebevoll den Arm um mich. »Du sagst ja gar nichts.«

Vater sah mich an. Ein gewisses Verständnis lag in seinem Blick. »Die Freude hat ihr eben die Sprache verschlagen.« Er zog sein Portemonnaie, drückte mir unter den neidischen Blicken meiner Geschwister einen Taler in die Hand und fügte hinzu: »Nicht für das Sparschwein, zum Verprassen!«

Des Hauses Ehr

Die Linden blühten, was Vater zu der Bemerkung veranlasste, nun sei der Sommer wohl bald vorbei. Doch klang es keineswegs bedauernd, sondern eher hoffnungsvoll, wahrscheinlich, weil er sich heimlich nach dem Ende der Ferien sehnte und die Maxime »Des Hauses Ehr ist Gastlichkeit« allmählich als lästig empfand. Immer im Dienste der Gäste und ihrer Marotten zu sein – der eine konnte nur im Stockdunkeln schlafen und tat das bis in den Mittag hinein, der andere saß schon vor Tau und Tag im Esszimmer und wartete auf sein Frühstück –, war doch recht anstrengend.

Außerdem war Mutter mehr als sonst hinterher, dass er nicht wie ein Waldschrat herumlief, und beantwortete seine in klagendem Tonfall vorgebrachte Frage »Muss ich mich wirklich noch rasieren?« jedes Mal mit einem knappen Kopfnicken, nicht ohne noch hinterherzurufen: »Und zieh dir bitte eine andere Jacke an!« Denn die Abendmahlzeiten fanden nun bei Kerzenlicht statt, das gute Porzellan wurde aus dem Schrank geholt, und die praktischen Messerbänkchen neben den Tellern verschwanden, weil Mutter sie plötzlich spießig fand. Blumen schmückten den Tisch, und Mutter achtete darauf, dass die Mädchen beim Servieren weiße Schürzen trugen.

Während Vater auf das Vorrecht der erwachsenen Gäste, es so gemütlich und bequem wie möglich zu haben, Rücksicht nahm, war er keineswegs zimperlich, wenn es um unsere sommerlichen Spielgefährten ging. Nach dem Motto »Kinder sind zum Helfen da« nahm er sie ordentlich ran. Brennholz aufstapeln, Reusen flicken, Aalpuppen aufwickeln, Schnüre entwirren und Beete gießen gehörten zum selbstverständlichen Pensum. Vor allem aber setzte er sie gern bei den nie enden wollenden Arbeiten im Wald ein, für den die Jungen im Alter meines Bruders natürlich am besten geeignet erschienen. Sobald so ein ahnungsloses Geschöpf fröhlich aus dem Wagen geklettert war und Vater mit festem Händedruck begrüßte, prüfte er so ganz nebenbei seine Muskeln, was die Mütter etwas misstrauisch beobachteten. Doch das darauf folgende Lob »Prächtiger Bursche« oder der Ausruf »Klein, aber oho!« ließ sie geschmeichelt nicken, nicht ahnend, dass sie mit dieser Zustimmung das Schicksal ihres Herzepimpels besiegelten. Arglos ließen sich die kleinen Lieblinge auf den Bretterwagen, vor den die Liese gespannt war, locken und fuhren mit uns in den Wald, um Alleebäume anzubinden, junge Kiefernpflanzen von Unkraut zu befreien oder Zäune zu errichten. Allerdings merkten sie ziemlich schnell, worauf sie sich da eingelassen hatten. Ameisen kletterten ihnen in die Hosenbeine, Mücken und Bremsen ernährten sich von ihrem Blut und verwandelten ihre Haut in einen roten, unerträglich juckenden Streuselkuchen, und Beine und Arme machten schmerzhafte Bekanntschaft mit Dornen und Brennnesseln. Doch Vater hielt sie mit großem Geschick bei der Stange, indem er alles, was sie taten, über den grünen Klee lobte – etwas, was er sich bei uns völlig sparte. Wenn sie dann von ihren besorgten Müttern zu Haus wieder in Empfang genommen wurden, die Schrammen gepflastert und die juckenden Insektenstiche mit heilender Salbe bestrichen waren, erzählten sie völlig überdreht und mit überschnappender Stimme von ihren Erlebnissen. Eine Kreuzotter – »Ringelnatter«, murmelte Vater – hatte sie angezischt, sie hatten ein gefährlich grunzendes Wildschwein gesehen, bei dem es sich wohl eher um einen Dachs gehandelt hatte, und ein Riesenraubvogel, wahrscheinlich ein Adler, wahrscheinlicher aber doch eine Krähe, war ganz tief über ihre Köpfe geflogen. Die Mütter wussten nicht recht, was sie von alldem halten sollten. Aber da die Kleinen trotz der davongetragenen Blessuren quietschvergnügt waren, machten sie gute Miene zum bösen Spiel.

Nicht nur wir hatten in der Ferienzeit Besuch. Fast jedes Haus im Dorf beherbergte jetzt blasse, pickelige Stadtkinder, die man zur Erholung auf die Weide geschickt hatte. Es war schwer zu sagen, wer die größeren Vorurteile besaß, wir gegen die Städter oder sie gegen uns. Aber das glich sich aus, je nachdem, wer sich auf dem ihm vertrauten Terrain bewegte. Die Stadtkinder hatten keine Ahnung vom beschaulichen Landleben und tobten in den Ställen und auf dem Hof herum, dass die Kühe sich verjagten und keine Milch mehr gaben, die Pferde wild zu schnauben begannen und die Hühner mit wildem Gegacker durcheinander stoben. Sie waren wie Babys, sie stopften sich alles in den Mund, was sie für essbar hielten, Tollkirschen zum Beispiel, was viel Aufregung nach sich zog, denn die Gastgeber mussten unter großen Mühen und oft mit sehr rüden Methoden das einmal in den Magen Gelangte wieder ans Licht bringen. Die Stadtkinder verletzten sich beim Spielen an den landwirtschaftlichen Maschinen, rammten sich Mistgabeln oder Spaten in den Fuß, gingen sorglos mit Sense und Sichel um, so dass sie einem armen kleinen Gänseküken den Kopf abmähten, buddelten sich auf dem Heuboden Höhlen, in denen sie dann fast erstickten, kamen beim Schwimmen in gefährliche Nähe der Seerosen und versuchten, mit Brenngläsern den staubtrockenen Wald ein wenig aufzuheizen. Kurz gesagt, sie waren zu nichts Vernünftigem zu gebrauchen, und nach jedem Sommer sagte Mutter höchst erleichtert: »Gott sei Dank, es ist nicht viel passiert.« Dafür waren sie fixer als wir, schneller von Kapee und schlugen uns haushoch bei jedem kniffligen Spiel.

Wenn wir dann bei unseren Verwandten in Berlin zu Besuch waren, fanden die uns gehemmt und einfältig. Wir waren noch nie im Theater gewesen, konnten uns unter dem geheimnisvollen Wort Kinematograph nichts vorstellen und verstanden immer »Prärie«, wenn von der Peripherie der Stadt die Rede war, stolperten neben unseren Gastgebern über den Kurfürstendamm und rempelten, verwirrt von den vielen Menschen, dauernd jemanden an – »Mensch, haste Tomaten uff de Oogen?« Wir bestaunten die gekachelten Wände der öffentlichen Toiletten und waren unter dem herablassenden Lächeln unserer Vettern und Kusinen fasziniert von den Spucknäpfen auf den Bahnsteigen, neben denen man sich an einer kleinen Wasserfontäne nach dem Spucken den Mund ausspülen konnte.

Unter den vielen Kindern, die im Lauf der Jahre durch unser Haus zogen, gab es auch einen entfernten Vetter namens Kurt, ein freundliches Schlitzohr, der es verstand, sich überall beliebt zu machen, und deshalb allmählich schon fast ein Stammgast bei uns war. Nach der Begrüßung bedankte er sich erst einmal artig bei meiner Mutter, dass er zu den Auserwählten gehörte, die bei uns die Sommerferien verbringen durften, brachte Vater schnell dazu, ihm einen Vortrag über die Gefahren von Kiefernspannern, Rüsselkäfern und anderen Schädlingen, die den Wald bedrohten, zu halten, erkundigte sich höflich, wie es der Liese gehe, fütterte Möpschen mit einem mitgebrachten Wiener Würstchen und machte Mamsell nicht nur Komplimente über den ihm zu Ehren gebackenen Schokoladenkuchen, sondern jedes Mal auch ein kleines Geschenk. Obwohl wir es ungern zugaben, fanden wir ihn eigentlich ganz nett, denn er kam uns nie in die Quere, war weder rechthaberisch noch streitsüchtig, zeigte keinerlei Neigung, sich mit meinem Bruder darüber zu zanken, wer die Füchse kutschieren durfte, und lag am liebsten irgendwo im Garten und las. Trotzdem fanden wir, dass reichlich viel Gewese um ihn gemacht wurde. Er konnte sich vor jeder unangenehmen Pflicht drücken, denn er war – das wusste jeder – das »arme Kind mit dem gebrochenen Arm«. Dieser Vorfall lag zwar schon drei Jahre zurück, es ließ sich aber immer noch Kapital daraus schlagen. Eine Gießkanne tragen – unmöglich. Vater im Wald helfen – ausgeschlossen. Das Ruder in die Hand nehmen – wie denn, bitte? Bei jeder erbetenen Hilfe, die ihm zu mühsam war, brauchte er nur mit einem um Verständnis bittenden Blick auf seinen Arm zu tippen, und schon entschuldigte sich jeder, weil er nicht gleich daran gedacht hatte.

Auch in diesem Jahr zeigte sich Kurtie bei seiner Ankunft wieder von der besten Seite und hatte außerdem ein ganz außergewöhnliches Geschenk für Mamsell: einen Kanarienvogel. Prompt fingen wir an, uns zu ärgern, dass wir nicht schon längst auf so eine tolle Idee gekommen waren. Denn ein Kanarienvogel war auch für unser Sparschwein erschwinglich und machte eine Menge her. Dieser jedenfalls bestimmt. Mamsell konnte sich vor Rührung nicht lassen, und mehr als je zuvor mampfte Kurtie Köstlichkeiten wie Sahnebonbons, Baisers und Schokoladenkekse vor sich hin. Der Vogel war wirklich allerliebst. Er sang und trällerte, dass es eine Freude war, Vater allerdings manchmal etwas zu viel. Doch dann brachte es der berühmte »Irgendjemand« fertig, das Käfigtürchen offen zu lassen. Der Vogel flatterte hinaus und in die Küche, wo er neben Möpschens Kopf landete, der gerade seine geliebte

Buttermilch schlabberte und ihn verdutzt betrachtete. Nun muss gesagt werden, dass Möpschens Augen und Geruchssinn nicht mehr besonders gut waren, so dass er den Kanarienvogel anscheinend mit einem beweglichen Klumpen herrlicher Butter verwechselte und Anstalten machte, ihn zu verspeisen. Kurtie warf sich dazwischen und versuchte, Möpschen wegzuziehen. Es gab ein kurzes Gerangel, bei dem Kurtie ins Stolpern kam und hinfiel. Als endlich wieder Ruhe in der Küche eingetreten war, gab es keinen Kanarienvogel mehr, aber dafür einen gebrochenen Arm.

Das Liebesnest

Der Hochsommer war die Zeit der kalten Küche. Niemand hatte Lust, sich bei Temperaturen um die dreißig Grad den Magen mit schwer Verdaulichem zu füllen. Es gab Kartoffelsalat mit Würstchen, Geflügelsalat, Quark mit Schnittlauch und frischen Kartoffeln, Hähnchen in Aspik und als leichte warme Gerichte Omeletts aux fines herbes oder Aufläufe mit Blattsalat, dazu Obstgrütze oder Kaltschalen in allen Variationen und jetzt, im August, vor allem aus Kirschen. An unseren Fingern war zu sehen, wie fleißig wir beim Aussteinen geholfen hatten. Leider waren nicht nur wir, sondern auch die Stare sehr hinter diesen Früchten her. Sie ließen sich weder durch Böllerschüsse noch durch die von uns künstlerisch gestalteten Vogelscheuchen abhalten. Sie machten es sich auf ihnen mit viel Gekrächze bequem und ließen uns nur noch die an den Stängeln hängenden Kerne übrig.

Leider stieß unser Verlangen, den Durst mit Obstsäften zu löschen, bei Vater nicht auf das rechte Verständnis. Er war davon nicht abzubringen, dass das Brunnenwasser von der Hofpumpe für unsere Gesundheit das Bekömmlichste sei, ja geradezu ein Lebenselixier und köstlicher als jede Limonade, was er besonders betonte, wenn uns der Sinn mal wieder sehr nach Frau Trägenapps Brause stand.

Das Haus hatte sich inzwischen so aufgeheizt, dass wir Kinder uns tagsüber am liebsten im Esszimmer aufhielten, dem kühlsten Raum, von dem man einen weiten Blick über die Wiese bis zum See hatte. Dort spielten wir mit den Gastkindern »Tod und Leben«, »Mensch ärgere dich nicht« und »Ich sehe was, was du nicht siehst« oder stellten die berühmten drei Fragen hinter der Tür, bis Mamsell erschien, jedem von uns eine Haarnadel in die Hand drückte und uns in die Küche zum Kirschenaussteinen beorderte. Nachts schliefen wir nur noch bei offenen Fenstern und Türen, um auch den leisesten Windhauch einzufangen, der vielleicht ein wenig Abkühlung brachte. Sogar die Haustür stand weit offen, was Mutter ziemlich unbehaglich fand. Aber Vater zitierte: »›An Stehlen und Plündern kann ich niemand verhindern, Gott verzeih ihm die Sünde, der Schnaps steht im Spinde.‹ Außerdem«, fügte er hinzu, »haben wir ja noch Möpschen. Der wird einem Einbrecher schon Beine machen.«

»Da bin ich mir nicht so sicher«, sagte Mutter skeptisch, denn unser Bernhardiner begrüßte jeden Bettler und Landstreicher stets mit großer Herzlichkeit, während er anderen, offensichtlich in geordneten Verhältnissen lebenden Fremden knurrend die Zähne zeigte.

War man mit Mühe und Not eingeschlummert, hatte man im Morgengrauen schon wieder mit den Mücken zu kämpfen, die sich um diese Zeit besonders angriffslustig zeigten. Ach, diese Hitze war schon eine rechte Last. Aber ein paar Wochen später, wenn von Hitze schon längst keine Rede mehr war, trauerten wir ihr nach und diesen herrlichen, windstillen Nächten, in denen sogar wir Kinder uns noch spät draußen herumtreiben durften. Wir planschten im Witzker See herum, während sich so mancher Dorfbewohner, mit Seife ausgerüstet, dort ausgiebig wusch, und machten einen Heidenlärm, neugierig von den Kühen beglotzt, die ebenfalls im Wasser Kühlung suchten.

Der Sommer war auch die Zeit vieler Katastrophen und sorgte so für den nötigen Gesprächsstoff. Was für die Gutsnachbarn und Bauern, die mit der Getreideernte beginnen wollten, ein Unglück war, war für uns ein Segen: wenn es endlich mal richtig regnete. Während bei uns dann eine äußerst heitere Stimmung herrschte, waren sie am Verzweifeln. Im umgekehrten Fall konnte Vater uns nicht genug Schreckensbilder malen: vertrocknete Schonungen, Waldbrände und jede Menge Ungeziefer. In manchen Jahren waren wir nur damit beschäftigt, Gräben zu errichten, damit die Rüsselkäfer auf ihrem Vormarsch hineinpurzelten, so dass wir sie einsammeln konnten. Wenn wir von all diesem Schrecklichen verschont wurden, sorgte unsere Postfrau dafür, dass unsere Gänsehaut konstant blieb. Ein Kindermörder trieb sich in den Wäldern herum, ein verbrecherisches Subjekt spannte Seile über die Straße, in denen sich die Autos verfingen, ein kleines Mädchen war auf Nimmerwiedersehen verschwunden, ein tollwütiger Hund gesichtet worden.

Als ich eines Nachts nicht schlafen konnte, schlich

ich mich in der Morgendämmerung in die Küche, löffelte eine Schale mit Dickmilch, die auf dem Fensterbrett stand, in mich hinein und verließ leise das Haus. Auf meinen geliebten Pantinen, die Mutter mich ungern tragen ließ, weil sie angeblich schädlich für die Füße waren, schlurfte ich durch das noch schlafende Dorf und fand zu meiner großen Freude im Sand eine Glasmarmel mit einem Häschen darin. Sie musste mindestens das Zwanzigfache einer ordinären Marmel wert sein.

Danach gab ich mich meiner Lieblingsphantasie hin, alle Welt sei gestorben und ich sei als Einzige übrig geblieben, und nie, nie wieder würde ich eine menschliche Stimme hören. Im gleichen Augenblick sagte jemand dicht hinter mir: »Da fress mir doch gleich eener een Storch! Wo kommst du denn her?«

Ich schrie, aber es war nur eines unserer Mädchen, das mir ungehalten befahl, nicht so einen Krach zu machen und niemandem zu Haus zu erzählen, dass ich sie zu dieser Stunde auf der Straße getroffen hatte. Ich versprach es hoch und heilig. Doch nach ein paar Tagen hatte ich mein Versprechen vergessen und berichtete es wichtigtuerisch meiner Schwester, die es auf der Stelle meiner Mutter erzählte, von der es wiederum an Mamsell weitergegeben wurde, was zur Folge hatte, dass das Mädchen mich keines Blickes mehr würdigte.

Inzwischen sorgte Mamsell dafür, dass wir uns nicht zu lange auf der Veranda gemütlich in den Korbstühlen räkeln konnten. Im Haus gab es genug Beschäftigung. Die Silberbestecke waren nicht mehr vollzählig, und auch sonst fehlte dies und jenes an Silbersachen. Höchste Zeit also, sich darum zu kümmern und nachzukucken, wo sie geblieben sein konnten. Maulend machten wir uns auf die Suche, denn wir hatten uns gerade dazu durchgerungen, anstatt auf der Veranda rumzuhängen, zum See zu gehen. Wir waren den ganzen Tag beschäftigt, und es war wirklich erstaunlich, wo sich diese Kostbarkeiten überall versteckt hatten. Das Silberkörbchen einer ehemaligen Hofdame fanden wir im Schweinestall auf dem Kartoffeldämpfer, eine Suppenkelle war im Bienenschauer gelandet, zwei Gabeln lagen in der Waschküche auf dem Fenstersims und ein rabenschwarz angelaufener Teelöffel im Pferdestall auf dem Brett über der Futterkiste. Doch wirklich fündig wurden wir erst in einer Ecke der Scheune, allerdings weniger mit dem, was Mamsell vermisste. Hinter mehreren aufgestapelten Strohballen hatte sich jemand eine gemütliche Lagerstatt mit zwei Kissen von den Verandastühlen und einer aus dem Gastzimmer stammenden Wolldecke eingerichtet. Aus dem Stroh ragte der Hals einer Flasche von Vaters Lieblingswein, und daneben glitzerte eine strassbesetzte Haarspange.

Mamsell schäumte, das Mädchen würdigte nun auch meine Geschwister keines Blickes mehr, und Mutter machte ihr »Das geht nun aber wirklich zu weit«-Gesicht. Nur Vater blieb gelassen. »Oh, dass sie ewig grünen bliebe, die schöne Zeit der jungen Liebe«, sagte er und schenkte sich den kärglichen Rest aus der Weinflasche ein.

Der aufmüpfige Bulle

Zwei Tugenden, die man uns Kindern gern abverlangte, waren Einsicht und Verständnis, gleichgültig, ob es sich dabei um die verhasste Brotsuppe handelte – »Ihr müsst doch einsehen, dass Brotreste nicht in den Schweineeimer gehören!« – oder um das Pferd des Onkels. Der drückte meinem Bruder die Zügel in die Hand, um den Eltern nur mal ganz kurz guten Tag zu sagen, und erschien eine Stunde später wieder, in der mein Bruder das Pferd im Nieselregen auf der Dorfstraße notgedrungen auf und ab geführt hatte. Zwar entschuldigte sich der Onkel und sagte: »Hat wohl doch etwas länger gedauert«, worauf Vater sofort antwortete: »Aber das macht doch nichts. Dafür hat dein Neffe doch großes Verständnis«, nicht ohne ein drohendes »Nicht wahr, mein Junge?« hinzuzufügen. Wir mussten für Vaters schlechte Laune Verständnis haben und auf Zehenspitzen gehen – »Euer Vater hat den ganzen Tag im Wald gearbeitet, da braucht er jetzt seine Ruhe.« Und wenn wir einen Flunsch zogen, weil eine etwas bigotte Tante, anstatt uns, wie es sich für einen Gast gehörte, etwas Anständiges mitzubringen, jedem eine Losung zur Erbauung in die Hand drückte, hieß es: »Seid doch nicht so unbescheiden. Sie ist eben ein frommer Mensch. Dafür werdet ihr wohl doch noch Verständnis haben.«

Mit der berühmten Einsicht war es ebenso – »Du musst doch einsehen, dass ich dir nicht so mir nichts, dir nichts eine neue Puppe kaufen kann!« – »Du musst doch endlich einsehen, dass du zu groß bist, um noch am Daumen zu lutschen.« – »Du musst doch mal einsehen, Junge, dass das Leben nicht nur aus Angeln besteht.«

Wir Kinder fanden wiederum, dass sich die Erwachsenen lieber selber an die Nase fassen sollten, denn mit ihrem Verständnis und ihrer Einsicht war es unserer Meinung nach auch nicht weit her, vor allem uns gegenüber. Bei Mutter zum Beispiel haperte es oft sehr mit dem Verständnis – »Dass du jedes Mal vergisst, dir vor dem Essen die Hände zu waschen, dafür fehlt mir wirklich jedes Verständnis.« Und mit Mutters Einsicht stand es nicht anders. Es war für sie einfach nicht einzusehen, dass ich mit den Türen knallte, mit vollem Mund sprach, nie richtig zuhörte und allen dauernd ins Wort fiel. Mein Einwand, gerade dafür müsse sie doch Verständnis haben, das tue sie doch bei Vater auch, fand ein negatives Echo. Sie beklagte sich bei Mamsell, wie vorlaut ich doch in letzter Zeit geworden sei. Und Mamsell, anstatt mich in Schutz zu nehmen, bestätigte das mit der überflüssigen Bemerkung, mich steche wohl der Hafer.

Doch der stach den Jungbullen meines Onkels entschieden mehr. Er war gerade erst zum Herrn der Kühe gekürt worden, weidete auf der Nachbarkoppel und machte einen besonders angriffslustigen Eindruck. Brüllend stampfte er im Kreis herum und versuchte, sich von dem Pflock zu befreien, an dem er angekettet war. Damit war er für uns genau das Richtige, und wir konnten unseren Gastkindern aus der Großstadt endlich etwas ebenso Aufregendes bieten wie einen Löwen im Zoo. Mit roten Tüchern bewaffnet liefen wir zur Koppel, kletterten über den Zaun, wedelten mit den Tüchern und reizten ihn mit höhnischen Worten, obwohl Vater uns das streng verboten hatte. Vergeblich versuchte er, uns klar zu machen, wie arm dieses Tier dran sei. »Und«, fügte er warnend hinzu, »irgendwann reißt er sich los und kriegt euch!«

In einer dieser heißen Augustnächte sah ich einen Geist. Meine Eltern genossen noch die Sommernacht auf der Veranda, während wir schon in unseren Betten lagen. Aber da alle Türen offen standen, lauschte ich im Halbschlaf ihren Gesprächen. Vater hatte einen Kullerpfirsich angesetzt und versuchte, einer unserer jungen hübschen Tanten den Komplex auszureden, dass Männer sich nichts aus ihr machten, und das nur, weil sie so ganz anders als andere Mädchen war. Sie sei eben irgendwie zu ehrlich, und oberflächliches Flirten liege ihr nun mal nicht. Begleitet wurde dieses Bekenntnis von der mehrmals aufgelegten Platte »O Donna Klara, ich hab dich tanzen gesehn«. In Vaters Stimme lag Mitgefühl, in Mutters eine mir wohl bekannte leichte Gereiztheit. Ich kühlte meine zahlreichen Mückenstiche gerade mit Spucke, als ich von draußen ein merkwürdiges Geräusch hörte, das ich mir nicht erklären konnte. Ich lief zum Fenster, beugte mich hinaus und blickte in eine schnaubende Fratze. Mein Aufschrei weckte meine Schwester, die von mir wissen wollte, was denn nun schon wieder los sei, sich dann aber auf die andere Seite drehte und weiterschlief. Ich stürmte auf die Veranda. Vater, der gerade der trostbedürftigen Tante von dem Kullerpfirsich nachgoss, erschrak so heftig, dass ein Teil der Bowle danebenfloss. »Himmel noch mal! Was machst du denn hier?« Eine, wie Mutter fand, sehr berechtigte Frage.

»Ein Geist im Garten«, stammelte ich.

Die Tante fühlte sich sichtlich durch mich gestört. »Deine blühende Phantasie möchte ich auch haben«, sagte sie unfreundlich.

Vater erhob sich seufzend. »Na, dann will ich mal nach dem Rechten sehen.«

Von mir begleitet, ging er zur Haustür und ließ seinen Blick über Garten und Dorfstraße, die direkt an unserem Haus vorbeiführte, wandern. Aber nichts war zu sehen. Das Gespenst war verschwunden. Außer einem fernen Schnauben, das wahrscheinlich von der auf der Koppel gebliebenen Liese stammte, war kein Geräusch zu hören. »Nun aber schleunigst ins Bett mit dir und endlich geschlafen«, befahl Vater. Und das tat ich auch ohne Widerrede.

Der nächste Morgen verlief friedlich, bis die Postfrau völlig außer Puste bei uns ankam und erst nach einer Tasse von Tante Hertas Beruhigungstee die Sprache wiederfand, um uns zu schildern, was ihr unterwegs passiert war. Wie immer war sie ganz damit beschäftigt gewesen, nicht mit dem Rad auf dem märkischen Sand auszurutschen oder von den herausragenden Kiefernwurzeln zu Fall gebracht zu werden. »Und wie ick hochkieke, steht doch der Viech direkt vor mir.« Natürlich hatte sie sich fürchterlich verjagt, aber der Bulle anscheinend auch: Jedenfalls war er nach einem erschreckten Brummen wieder im Unterholz verschwunden.

Wir hatten gerade Waschtag, und der entlaufene Bulle war natürlich Thema Nummer eins in der Waschküche. Denn obwohl er erst vor wenigen Stunden aufgetaucht war, kursierten bereits die aufregendsten Geschichten.

Der Bulle hatte den Milchwagen attackiert, so dass die Kannen nur so durch die Gegend flogen, in der Nachbarkoppel hatte er sich über zwei verdutzte, aber dann doch wiederum recht willige Kühe hergemacht, er hatte Opa Trägenapps Handwagen mindestens zehn Meter weit geschleudert. Jetzt trieb er sich irgendwo herum, und größte Vorsicht war am Platz. Agnes Heidepriem war gerade dabei, sehr anschaulich zu schildern, wie ihr Vetter von so einem Tier zu Tode getrampelt worden war, als sie hinter sich ein Schnauben hörte. Sie drehte sich um und fand sich Aug in Aug mit dem Bullen, der versuchte, seinen Kopf durch das enge Waschküchenfenster zu zwängen. Kaltblütig schlug sie ihm ein kochend heißes Handtuch auf die Nase, was ihn veranlasste, den Kopf schleunigst wieder zurückzuziehen.

Schnaubend hielt er Ausschau nach weiteren Möglichkeiten, es den Menschen heimzuzahlen. Dabei kamen wir Kinder ihm in die Quere. Wir waren dabei, am Backofen unter der Anleitung meines Bruders Flitzbögen und Pfeile herzustellen, als er vor uns auftauchte. Geistesgegenwärtig schubste mein Bruder uns inklusive Möpschen in den Holzschuppen und befahl dem Bernhardiner, die Klappe, und uns, die Tür zuzuhalten. Blind und taub vor Wut, rannte der Bulle am Schuppen vorbei, über den Hof, wobei er unsere Mathilde, das Wunderhuhn, fast mit dem Horn erwischte, über die Straße, hinunter zum See, wo er erst den Kahn bearbeitete und dann ins Wasser stampfte und dort prompt im Modder stecken blieb. Es erforderte großen Aufwand, ihn mit Hilfe der Feuerwehr und eines Treckers wieder herauszuziehen. Allerdings war bei diesem Unternehmen der Fischkasten zu Bruch gegangen, und mehrere prächtige Hechte entgingen dem Schicksal, auf einer porzellanenen Schüssel, mit Petersilie umkränzt, zu enden. Das Ufer war beschädigt, der Trecker hatte die Eiche geschrammt, und der Kahn war so leck, dass er nicht mehr benutzt werden konnte.

Es gab ein großes Palaver mit meinem Onkel, der nicht, wie von Vater erwartet, einsehen wollte, dass er die Zerstörungen zu verantworten habe, sondern etwas flapsig meinte, so was passiere eben, wir seien ja schließlich auf dem Lande. Nur der Bulle zeigte Einsicht. Er gab keinen Pieps mehr von sich und trottete kleinlaut, fest am Nasenring geführt, neben dem Schweizer her, bedeckt von Wasserpflanzen und

Schlamm. Doch trotz seiner Demut und seines von nun an äußerst friedfertigen Verhaltens verlor mein etwas wetterwendischer Onkel die Lust an diesem Zuchttier, und so fand dessen Leben ein jähes Ende. Sein Nachfolger machte von Anfang an keine Schwierigkeiten. Er war ein sanftes, träumerisches Tier, das niemand zu fürchten brauchte, aber uns um ein herrliches Vergnügen brachte.

»Gott sei Dank«, sagte Mutter, »man hatte ja jedes Mal Angst, an der Koppel vorbeizugehen, so rabiat, wie diese Bestie war.«

Vater war anderer Ansicht. Ein so prachtvolles Tier, so voller Saft und Kraft, einfach dem Metzger auszuliefern, nur weil es gewagt hatte, aufzumucken und auszureißen! Er jedenfalls habe für das Verhalten des Tieres großes Verständnis.

»Ich nicht«, sagte Mutter und ließ sich Mamsells pikante Ochsenschwanzsuppe schmecken.

Die Bildungsreise

Mutter war der Meinung, auch ihre Kinder müssten mal raus, andere Tapeten sehen, nicht immer der gleiche Trott. Und so wurden erst mein Bruder und meine Schwester zu unseren Verwandten nach Schlesien geschickt. Meine Schwester fand das knorke, doch mein Bruder fragte: »Kann man da auch angeln?«

»Du und dein Angeln«, sagte Mutter irritiert. »Das ist ja schon die reinste Manie.«

Eine Woche später war es dann so weit. Wir brachten die beiden zur Kleinbahn. Sie hatte wie üblich Verspätung, und es blieb Zeit genug für Mutter, meine Geschwister mit Mahnungen einzudecken. »Verliert eure Fahrkarten nicht! Bleibt weg von der Tür! Hängt euch nicht aus dem Fenster!«

Lange winkten wir ihnen hinterher. Als wir wieder zu Hause waren, hüpfte mein Herz. Endlich, endlich ein Einzelkind. Eine Freude, die mir nur kurz vergönnt war. Ich hatte es mir gerade auf der Veranda gemütlich gemacht und war dabei, meine Papierpuppen neu einzukleiden, als Mutter erschien und mir in dem Jubelton, den sie meistens anschlug, wenn sie mich von etwas überzeugen wollte, verkündete: »Ich hab heute einen Brief von Tante Armgard bekommen. Sie würde sich rasend über deinen Besuch freuen.« Der Schreck fuhr mir so in die Glieder, dass ich einer meiner Puppen ein Bein abschnitt. »Tante Armgard?«, rief ich, als hätte ich diesen Namen noch nie gehört.

»Ja.« Mutter reagierte mit leichter Ungeduld. »Du weißt doch, sie wohnt in Potsdam. Sie muss dich wohl ins Herz geschlossen haben. In jedem Brief erkundigt sie sich nach dir. Du fandest sie doch auch immer besonders nett.«

»Ich?« Vor mir tauchte vage das Bild einer schon etwas schrumpligen Tante auf, die zum Abendbrot ein grauseidenes Kleid mit weißem Krägelchen trug, im Adelsblatt am liebsten die Todesanzeigen las, alles erschütternd fand – »Der arme Vincent, ihr wisst schon, der mit dem einen Bein, hat sich das andere nun auch noch gebrochen – erschütternd!« – und ständig auf der Suche nach ihrem Haarnetz war. Sie führte ein beschauliches Witwenleben in Potsdam und ließ sich leicht etwas aufschwatzen, insbesondere von Verkäuferinnen. So erschien sie einmal bei uns mit einem viel zu kleinen Hut und in einem offensichtlich teuren, aber viel zu mächtigen Mantel, in dem sie wie ein Kaffeewärmer aussah.

Mit dem Talent der Verkäuferinnen konnte Mutter es durchaus aufnehmen, und so war der von Tante Armgard ersehnte Besuch wohl eher ihre Idee. Mein Sträuben half mir nichts, Mutter blieb eisern. »Sei bitte nicht schwierig, Potsdam ist eine so schöne Stadt. Du wirst staunen, was du da alles zu sehen bekommst. Du weißt doch, das berühmte Glockenspiel: ›Üb immer

Treu und Redlichkeit / bis an dein kühles Grab / und weiche keinen Fingerbreit / von Gottes Wegen ab‹«, zitierte sie.

Ein paar Tage später brachte Vater Mutter und mich zur Kleinbahn. Er hatte uns sogar die zweite Klasse spendiert, wenn auch nur bis Rathenow. Ich fand das doof. In der dritten war immer viel mehr los. Gänseküken watschelten piepsend durch den Gang, oder ein Betrunkener grölte herum. Die zweite Klasse war so staubig, dass ich dauernd niesen musste, und völlig leer. Kaum hatten wir Platz genommen, verlangte es mich nach einer Stärkung, denn Mamsell hatte uns herrlichen Reiseproviant zurechtgemacht. Mutter pellte mir seufzend ein hartes Ei. »Wir sind noch nicht mal in Rathenow, und schon geht's wieder mit der Esserei los.«

Ich inspizierte inzwischen, was Mamsell uns so in die Reisetasche eingepackt hatte, und beschnupperte all die Köstlichkeiten. »Pummelchen mit Leberpastete, oh! Schokoladenkekse, mmmh! Stullen mit Schlackwurst, auch sehr gut!«

»Ein Ei und nicht mehr!«, sagte Mutter energisch. »Du weißt, hier gibt's kein Klo.«

Der Schaffner, der draußen von Abteiltür zu Abteiltür turnte, schwang sich herein, um die Fahrkarten zu kontrollieren.

»Wohin soll's denn gehen?«

»Nach Potsdam«, sagte ich.

»Potsdam«, wiederholte er so andachtsvoll, als hätte ich Honolulu gesagt. »Na denn, gute Fahrt.«

Im D-Zug fuhren wir selbstverständlich Holz-Klasse, und das letzte Stück legten wir mit der Straßenbahn zurück, das Nonplusultra für mich Landkind.

Die Tante wohnte im zweiten Stock einer ehemaligen Villa, deren Treppenflur mit roten Läufern, blinkenden Messingstangen, viel Marmor und großen Spiegeln ausgestattet war. Ich konnte mich von meinem Spiegelbild gar nicht trennen, bis Mutter ungeduldig wurde. »Nun komm endlich! Wir wollen hier nicht auf dem Flur übernachten!«

Wir klingelten, knarrende Schritte näherten sich, und Tante Armgard öffnete die Tür. Die von Mutter angekündigte rasende Freude über meinen Besuch schien sich in Grenzen zu halten. »Ach ja, das Kind«, sagte die Tante, tätschelte aber dann doch freundlich meine Wange. Geübt schlängelte sie sich durch die mit geschnitzten und gedrechselten Möbeln voll gestopfte Wohnung, während Mutter und ich uns an all dem Zierrat blaue Flecken holten, ehe wir uns aufatmend an einem niedrigen Tischchen zur Vesper niederließen. Für mich gab es einen Becher ziemlich wässrige Milch und für die Damen Kaffee, der, nach Mutters Gesichtsausdruck zu urteilen, eine ziemliche Plörre sein musste, dazu trockenen Kuchen. Das Gespräch drehte sich überwiegend um Familienmitglieder, die im letzten Jahr das Zeitliche gesegnet hatten, wie Tante Armgard sich ausdrückte, und natürlich um meinen Onkel, den viel zu früh und so erschütternd Dahingeschiedenen, der während der Trauung einer Nichte bei den Worten des Pastors »... bis dass der Tod euch scheidet« einen

Herzschlag erlitten hatte. Ich brannte darauf, auch etwas zu dieser Unterhaltung über Todesfälle beizusteuern und die Geschichte mit dem Bullen loszuwerden, der ja traurigerweise nun auch den Weg alles Irdischen gegangen, aber im Gegensatz zu dem Onkel noch für die menschliche Ernährung von Nutzen gewesen war, zum Beispiel in Form von Ochsenschwanzsuppe. Aber Mutter gab mir mal wieder keine Chance. Bereits nach den ersten, zugegebenermaßen etwas wirren Sätzen unterbrach sie mich. »Das gehört nun wirklich nicht hierher.« Und im Übrigen sei es höchste Zeit für sie, aufzubrechen, wenn sie den Zug noch rechtzeitig kriegen wollte.

Das Abendbrot bestand für mich aus einer dünnen Grießsuppe und einer Scheibe Pumpernickel mit einem Hauch von Schmelzkäse. Die Tante spielte liebenswürdigerweise noch eine Partie Mühle mit mir, und dann schickte sie mich ins Bett, obwohl es selbst für mein Alter viel zu früh war und ich die anderen Kinder noch auf der Straße lärmen hörte. Aber ich widersprach nicht. Ich hatte, von Mutter unbemerkt, einiges von Mamsells köstlichem Proviant in meinen Puppenkoffer gerettet, und nach meinem kärglichen Abendbrot lief mir allein schon bei dem Gedanken daran das Wasser im Munde zusammen. Leise knurpste ich in meinem riesigen Kastenbett so lange vor mich hin, bis der Magen jeden weiteren Bissen verweigerte. Ich hörte auf, an der Nachttischlampe herumzuspielen, und schlief, ein ungepelltes hartes Ei in der Hand, nach einem satten Rülpser auf der Stelle ein. Ich erwachte erst wieder von dem Rattern der schweren Jalousie, die jemand in die Höhe zog. Die Sonne schien mir ins Gesicht, und ich richtete mich auf. Vor mir stand eine kräftige Person etwa in Mamsells Alter und sagte: »Ick bin Anna. Nu sieh mal zu, dass du aus dem Bette und in die Puschen kommst. Aber Zähne putzen nich vergessen und ooch nich beim Waschen die Ohren.«

Anna war Tante Armgards Mädchen für alles und sollte meine Lebensretterin werden, als ich drohte an Langeweile zu sterben. Die Tante nämlich hielt weder etwas von einem Stadtbummel noch von Besichtigungen. Sie zog es nur zu einem Ort, dem Friedhof, der letzten Ruhestätte des Onkels. Zuerst fand ich es noch ganz interessant. Während sie an dem Grab des Onkels herumpusselte und sich mit anderen Trauernden, die das Gleiche taten, von dem immer wiederkehrenden Schmerz erschüttern ließ, schlenderte ich auf dem Friedhof herum, sah den Karnickeln zu, wie sie durch die Anlage flitzten, und hatte ein hochinteressantes Gespräch mit dem Kuhlengräber. Er erklärte mir genau, wie tief ein Grab sein musste und wie lange man im Winter bei starkem Frost dafür brauchte. Er stammte wie ich vom Lande, und in seinem Dorf waren die Toten noch in der Scheune oder im Stall aufgebahrt worden, zwischen Schafen, Schweinen und Hühnern. Am dritten Tag jedoch langweilte ich mich so, dass ich, gegen einen Grabstein gelehnt, einschlief, was die Friedhofsbesucher außerordentlich unpassend fanden. Außerdem spürte ich etwas, was ich noch nie gekannt hatte: wirklichen Hunger.

Nachdem Anna mich dabei ertappte, wie ich mich gerade über die Pellkartoffeln von gestern hermachte, hatte sie ein Unter-vier-Augen-Gespräch mit der Tante und nahm mich, wenn sie mit dem Abwasch vom Mittagessen fertig war, mit zu sich nach Haus, wo Töchterchen Erika, nur wenig älter als ich, bereits gespannt auf mich wartete. Ich bekam erst einmal ordentlich was zu futtern, und dann ging es ab in den Schrebergarten der Familie. Bei den Laubenpiepern fühlte ich mich sofort wie zu Hause. Es ging bei ihnen so ähnlich wie in unserem Dorf zu, jeder kannte jeden, dauernd wurde man ermahnt: »Tritt nicht aufs Geharkte«, und das Gespräch drehte sich um Ernte und Wetter. Kinder zum Spielen gab es reichlich, bewacht von Müttern, Großmüttern und Tanten, die bereits am frühen Morgen, bewaffnet mit Thermosflaschen, kalten Klopsen, Heringssalat, Kartoffelsalat und Kuchen, in der Schreberkolonie Einzug hielten und die hungrigen Mäuler mit Obst aus eigener Ernte und Mitgebrachtem voll stopften.

Erikas Vater war Kutscher in einer Bierbrauerei und war diesem Produkt sehr zugetan. »Willste 'n Schluck von meiner Weißen mit Schuss?«, fragte er mich alle Augenblicke, und Anna sagte tadelnd: »Nu mach aber mal halblang, Willi.«

Wir fachsimpelten über Vollblüter und Kaltblüter und dass ein guter Kutscher seine Pferde nur mit einem Zungenschnalzen zum Antraben bringen sollte und nicht mit der Peitsche. Erika besaß ein eigenes kleines Planschbecken, einen Laubfrosch und als besondere

Attraktion eine schwanzlose Katze, ein großer Anziehungspunkt für die Kinder der Nachbarn – »Wo is denn nu dein Katzenvieh mit dem ab'n Schwanz?« –, bis Erika rief: »Haut ab, ihr Piesepampels! Wir sind hier nich im Panoptikum!« Als sie meinen verständnislosen Blick sah, fügte sie hinzu: »Da jibt et Menschen aus Wachs.« Dann lüftete sie unter meinen neidischen Blicken zum x-ten Mal ihre Kittelschürze, um ihren rosa Schlüpfer hochzuziehen. Meiner war noch am Leibchen angeknöpft, und rosa war er auch nicht.

Ehe ich es mich versah, war meine Zeit um, und ich fuhr wieder nach Haus. Ich war in prächtiger Verfassung, und Mutter konnte Tante Armgard gar nicht genug loben, wollte aber dann genau wissen, wo ich überall gewesen war und was ich alles gesehen hatte. Sie zog mich liebevoll an sich. »Was hat dir denn nun am besten gefallen? Sanssouci oder die Linde mit den Bittschriften? Ich weiß, sicher das Glockenspiel.«

Ich schüttelte den Kopf. »Am schönsten war's im Schrebergarten von Anna«, sagte ich. Als sich herausstellte, dass ich mich ausschließlich dort aufgehalten hatte, war Mutter wirklich erschüttert, und Tante Armgard wurde nicht mehr sehr häufig erwähnt. Dafür fand ein Geschenk meiner Freundin Erika Vaters höchste Bewunderung: eine Büste von Bismarck aus Ton. In den Rillen auf dem Kopf, über den Augen und über dem Mund konnte man Gras säen, das tatsächlich nach kurzer Zeit zu sprießen begann. Stolz zeigte ich es meiner Familie. »Und neues Leben blüht aus den Ruinen«, sagte Vater.

Die Schlafwandlerin

Meine Schwester war mir in allem voraus. Sie konnte die Zungenbrecher »Die Katze tritt die Treppe krumm« und »Fischers Fritze fischte frische Fische« doppelt so schnell wie ich aufsagen, doppelt so viele Klimmzüge mit Überschlag an der Teppichstange machen und mit geschlossenen Augen, ohne das Gleichgewicht zu verlieren, auf einem schmalen Baumstamm balancieren, was ich trotz beharrlichem Üben nicht fertig brachte. Sie war eine Meisterin im Mogeln beim Kartenspiel, dem Erfinden von Ausreden und handelte stets nach dem Spruch: »Bescheidenheit, Bescheidenheit, verlass mich nicht bei Tische und mach, dass ich zur rechten Zeit das größte Stück erwische.« Sie vermöbelte meinen Bruder, wenn ihr danach war, und packte den knurrenden und wild nach ihr schnappenden Möpschen beim Schlittschuhlaufen am Schwanz, um sich von ihm übers Eis ziehen zu lassen. Sie jagte auf Vaters Fahrrad, Marke Brennabor, mit fliegenden Zöpfen über Stock und Stein und stemmte beim Bergabfahren sogar die Füße auf die Lenkstange, während ich schon daran scheiterte, beim Anfahren mein Bein über den Sattel des Herrenrades zu schwingen. Und nun hatte sie sich noch eine Fähigkeit zugelegt, die mich vor Neid erblassen ließ: Sie schlafwandelte. Mamsell hatte diese »erschütternde« Feststellung gemacht und an Mutter weitergegeben.

Ich war bei Vater gerade mal wieder in Ungnade gefallen, weil ich mich über die strenge Regel hinweggesetzt hatte, den »Havelländer« nicht anzufassen, ehe ihn Vater von vorn bis hinten gelesen hatte. Vater waren zerknitterte und von uns durcheinander gebrachte Seiten ein Gräuel. Ärgerlich zeigte er auf die von mir mit Fratzen verzierten Ränder und rief ungehalten: »Nun haben wir schon eine zweite Zeichenkünstlerin im Haus! Womit habe ich nur so viel Talent verdient!«

Er drohte mir, mich nach Neuruppin zu schicken. Ich sah ihn perplex an. »Neuruppin?«

»Ja, Neuruppin. Dort werden nämlich die Bilderbogen von Gustav Kühn hergestellt, die du so sehr schätzt. Und früher mussten Kinder in deinem Alter sie kolorieren, acht Stunden am Tag für fünf Pfennig die Stunde. Die haben bestimmt zu Hause keinen Pinsel mehr angerührt.«

Unser Gespräch wurde jäh von Mutter unterbrochen, die völlig aufgelöst auf der Veranda erschien und sagte: »Ich bin sehr beunruhigt.«

»Worüber denn, um Himmels willen?«, fragte Vater.

»Über unsere älteste Tochter. Sie ist mondsüchtig.«

Vater stöhnte mit gespieltem Entsetzen. »Ist man denn in dieser Familie vor keiner Verdrehtheit mehr sicher? Und wer hat das festgestellt?«

»Mamsell hat sie gefunden. Oder vielmehr Möpschen. Er hat jedenfalls wie verrückt gebellt, so dass Mamsell aufgestanden ist, um zu sehen, was los ist. Und weißt du, wo das Kind war? In der Vorratskammer neben der Küche saß sie ganz verstört auf einem Korb Äpfel und wusste nicht mehr, wie sie dahin gekommen war.«

Vaters Vermutung, die magnetischen Kräfte des Mondes hätten sie vielleicht zu dem Rest der Buttercremetorte geleitet, wies Mutter weit von sich. »Von der hast du doch gestern das letzte Stück gegessen. Dich geopfert, hast du gesagt, damit sie keinen Stich bekommt. Ich mach mir wirklich Sorgen.«

»Nicht doch«, versuchte Vater sie zu beruhigen.

Meine Schwester war mondsüchtig, und ich versank in Schwermut. Nachts durchs Haus zu streifen oder ein wenig durchs Dorf zu spazieren war bisher mein Privileg gewesen, und niemand in der Familie hatte sich deswegen besorgt gezeigt. Und nun lief mir meine Schwester den Rang ab. Mondsüchtig! Mit so etwas Ausgefallenem konnte ich nicht konkurrieren.

»Sitzt du mal wieder auf deinen Ohren?«, wollte Vater wissen. »Wir haben dich was gefragt. Wieso hast du eigentlich nichts bemerkt? Ihr schlaft schließlich im selben Zimmer.«

Unmöglich für mich, zuzugeben, dass ich im Gegensatz zu Mutters Meinung, ich sei ein übersensibles Kind und litte an Schlafstörungen, in der Regel bombenfest schlief. Und so erfand ich eine Geschichte, die jedem das Gefühl geben musste, meine Schwester sei im Oberstübchen nicht mehr ganz richtig. »Und einmal«, beendete ich meine Ausführungen, »hat sie sich nachts ein Glas geholt und das Wasser aus dem Aquarium getrunken. Den Goldfisch hat sie aber rechtzeitig wieder ausgespuckt.«

Zu meinem Leidwesen reagierten die Eltern keineswegs mit Entsetzen. Sie sahen sich nur an und verließen die Veranda gemeinsam, wobei Vater nicht versäumte, noch einmal anklagend auf den »Havelländer« zu zeigen und »Neuruppin« zu murmeln. An diesem Tag war das Thema erst einmal vom Tisch, aber nur kurz, denn als die Eltern spätabends von einem Diner zurückkamen, geisterte ihre Tochter im Nachthemd barfuß über den Hof, ohne auf Mutters Zuruf zu reagieren. Mutter weinte fast: »Das ist ja schlimmer, als ich dachte! Was sollen wir nur tun?«

»Na, erst mal dafür sorgen, dass sie sich die Füße wäscht, bevor sie wieder ins Bett geht«, sagte Vater. »Bei dem Entendreck hier auf dem Hof.«

»Füße waschen, Entendreck«, wiederholte Mutter empört. »Deine Sorgen möcht ich haben.«

Doch dann kam Möpschen angetrottet, gab meiner Schwester einen ordentlichen Schubs mit seinem dicken Kopf, und sie erwachte auf der Stelle aus ihrem somnambulen Zustand. Wie eine Schwerkranke wurde sie ins Schlafzimmer geführt und ins Bett gebracht, wo sie auf der Stelle weiterschlief.

Von jetzt an drehte sich das Gespräch nur noch um unsere Schlafwandlerin. Niemand interessierte sich für meine Erlebnisse bei Tante Armgard, weder dafür, dass ich dort fast den Hungertod gestorben wäre, noch für meine neue Freundin Erika mit dem rosa Schlüpfer und der Katze mit dem »ab'n Schwanz«. Warum konnte ich nicht wie sie ein Einzelkind sein und einen Vater haben, der mich huckepack durch die Schreberkolonie trug, im Unterhemd im Garten saß und mich von seiner Weißen mit Schuss trinken ließ? Auch mein Bruder fand, dass reichlich viel Wind um meine Schwester gemacht wurde, und das, wo er doch gerade mal wieder einen Hecht von sagenhafter Größe gefangen hatte. »Steck ihn in den Fischkasten«, war Vaters einziger Kommentar gewesen.

Es gab keine beschaulichen Gespräche mehr über den sich langsam verabschiedenden Sommer mit den kühler werdenden Nächten, keinen Rückblick auf die vielen lustigen Begebenheiten mit unseren Sommergästen, sondern immer nur das Rätseln über das merkwürdige Verhalten meiner Schwester und was dahinter stecken könnte.

»Na, was schon?«, sagte Vater, dem das Thema allmählich zum Hals heraushing, ungeduldig. »Wir sind doch alle mal schlafgewandelt.«

»Ich nicht«, sagte Mutter und fuhr mit meiner Schwester nach Rathenow zu unserem Hausarzt, um sie gründlich untersuchen zu lassen. Der horchte sie ab, ließ sie mehrmals »neunundneunzig« sagen, betrachtete eingehend ihre Zunge und sprach stirnrunzelnd von Plattfüßen und von Polypen in der Nase, hörte sich Mutters Bericht über die Schlafwandelei an und entließ beide mit dem Satz: »Das sind so Lebenssachen, das verwächst sich wieder.«

Nur wenig getröstet, kehrte Mutter zurück, denn sie bekam von allen Seiten grausige Geschichten serviert – »Mein Neffe ist dabei vom Dach gestürzt und war auf der Stelle tot« –, gewürzt mit guten Ratschlägen. Der Scherenschleifer, der wie jedes Jahr um diese Zeit durch die Dörfer zog und dafür sorgte, dass man auf unseren Messern nicht reiten konnte, wie Vater sich auszudrücken pflegte, schlug vor, zwei Scheren so im Bett zu platzieren, dass ihre Spitzen am Kopfende und an den Füßen nach draußen ragten. Das halte todsicher jeden bösen Geist davon ab, mit meiner Schwester Schabernack zu treiben. Mamsell war mehr dafür, ihr eine mit eiskaltem Wasser gefüllte Wanne vors Bett zu stellen. Ich fand den Vorschlag phänomenal. Leider jedoch wurde mir der Anblick meiner aus dem Bett in die Wanne platschenden Schwester nicht vergönnt, so oft ich auch, mich mühsam wachhaltend, im Mondlicht zu ihr hinüberblinzelte. Sie schlief und rührte sich nicht.

Ein paar Tage später weckte mich Möpschens Bellen. Das Bett meiner Schwester war leer, die Wanne unberührt. Jedenfalls war kein Tropfen Wasser auf dem Bettvorleger zu entdecken. Schlaftrunken lief ich Möpschens Bellen nach in den Keller.

Dort saß meine Schwester wimmernd in einer Pfütze süßer Sahne. »Was hat sie denn?«, fragte ich.

»Den Fuß verstaucht«, sagte Mamsell, von der meine Schwester anscheinend gefunden worden war.

Nicht so recht geklärt werden konnte, ob meine Schwester oder Möpschen in seiner Erregung den Sahnetopf umgeworfen hatte. Mutter fand das Ganze sehr beunruhigend, Vater eher dubios.

Das Ende vom Lied war, dass das bedauernswerte Kind, das acht Tage seinen Fuß ruhig halten musste, nach allen Regeln der Kunst verwöhnt wurde und von Mamsell nur noch seine Lieblingsgerichte wie Apfel im Schlafrock serviert bekam.

Kurioserweise hatte dieser Unfall meine Schwester plötzlich von ihrer Mondsüchtigkeit geheilt. »Ja, ja«, sagte Vater, »ein kleiner Schock wirkt manchmal Wunder.«

Mutter runzelte die Stirn. »Was soll denn das nun wieder heißen?«

Das Interesse meiner Eltern an mir kehrte zurück, wenn auch nicht unbedingt auf angenehme Weise. War ich früher für alles zu klein gewesen, war ich plötzlich für alles Mögliche groß genug, zum Beispiel, mir einen Knopf anzunähen, einen Strumpf zu stopfen oder anstelle meines Bruders das Pferd des Onkels auf der Dorfstraße auf und ab zu führen.

Marzipantorte à la Smolensky

Zutaten für eine 28-cm-Springform:

500 g Mandeln
15 Bittermandeln oder 1 Tropfen Bittermandelextrakt
375 g feiner Zucker
12 frische Eier, getrennt
1 Zitrone
1 TL geriebener Mazis (Muskatblüte)
2 gehäufte EL Stärkemehl

Für die Glasur:
150 g Quittengelee
200 g Puderzucker
2–3 EL Rosenwasser
1 Marzipanrose

Die Mandeln in einem Topf mit Wasser bedecken, zum Kochen bringen und dann mit kaltem Wasser abschrecken. Mandeln aus der Haut drücken, trocknen lassen und sehr fein mahlen. Den Zucker mit den Eigelb sehr weiß-cremig schlagen, den Saft der Zitrone zufügen, dann die Mandeln und die Muskatblüte. Weiterschlagen, bis die Masse weißlich-cremig ist.

Die Springform mit Backpapier auslegen und den Backofen auf 180 Grad vorheizen. Die Eiweiß zu sehr steifem Schnee schlagen, auf die Eigelbmasse geben, das Kartoffelmehl darüber sieben und alles unterheben. Die Schaummasse sofort in die Form füllen und in die mittlere Schiene des Backofens schieben. In der ersten Stunde die Backofentür geschlossen halten. Wird der Kuchen dann zu dunkel, mit Backpapier abdecken.

Die Torte ist gar, wenn einem Holzspießchen nach dem Einstechen keine Teigspuren anhaften. Dann die Torte aus dem Ofen nehmen und etwas abkühlen lassen. Erst dann aus der Form lösen. Das Quittengelee glatt rühren und die Torte damit dünn bestreichen. Den Puderzucker mit dem Rosenwasser verrühren und die Torte damit überziehen. Mit der Rose krönen. Torte am besten 1 Tag durchziehen lassen, damit sich das Aroma entfaltet.

SERIE PIPER

Ilse Gräfin von Bredow

Glückskinder

Roman einer märkischen Adelsfamilie. 288 Seiten. Serie Piper

Waren es Glückskinder, die zu Beginn des Jahrhunderts aufwuchsen? Komtesse Feli von Flottbach war es sicherlich nicht unbedingt: Nach einer unbeschwerten Kindheit auf preußischen Landgütern wird sie nach Berlin geschickt. Dort soll sie sich zur Säuglingsschwester ausbilden lassen, gerät aber an ihren Vetter, einen Luftikus und Frauenhelden, der sich, als Feli schwanger ist, aus dem Staub macht. Schließlich heiratet sie den Gutsherren Viktor von Wiedenbrück und gründet eine Familie. Doch durch den Zweiten Weltkrieg verliert sie alles, was ihr lieb und teuer ist, und sie muß fliehen.

Ilse Gräfin von Bredow erzählt das Leben, wie es war, und sorgt dafür, daß vergangene Zeiten nicht vergessen werden. Ein liebenswertes Stück Zeitgeschichte voller Nostalgie, aber ohne Sentimentalitäten.

05/1083/01/L

Ilse Gräfin von Bredow

Ein Bernhardiner namens Möpschen

Erinnerungen an eine glückliche Kindheit in der Mark Brandenburg. 192 Seiten. Serie Piper

In ihren Erinnerungen aus der Mark Brandenburg erzählt Ilse Gräfin von Bredow liebevoll und nostalgisch, aber nie sentimental, von ihrer Kindheit: vom Schlittschuhlaufen auf dem Havelsee und vom vorweihnachtlichen Pfefferkuchenbacken, von der manchmal etwas anstrengenden Tante Barbara mit ihrem Bernhardiner namens Möpschen und von den Hauslehrerinnen, die nicht nur vor der kleinen Ilse und ihren Geschwistern, sondern auch vor der ländlichen Idylle kapitulieren. Die vielen Geschichten, Anekdoten und Feuilletons ergeben einen kunterbunten Strauß und lassen die Welt aus dem wohl beliebtesten Buch der Gräfin Bredow, »Kartoffeln mit Stippe«, von neuem aufleben.

»Die Autorin entführt ihre Leser auch diesmal wieder auf eine Insel der Seligkeit. Das Buch ist ein Geschenk.«
Hessische Allgemeine

05/1084/01/R

Ilse Gräfin von Bredow

Denn Engel wohnen nebenan

Rückkehr in die märkische Heide.
255 Seiten. Serie Piper

»Kartoffeln mit Stippe« – das war die unvergeßlich schöne, an Erinnerungen reiche Jugendzeit eines Mädchens: das Leben einer gräflichen Familie in einem höchst ungräflichen Forsthaus in der märkischen Heide. Der weltpolitische Umbruch hat es möglich gemacht, daß die große Erzählerin Ilse Gräfin von Bredow an den Ort ihrer Kindheit und Jugend zurückkehren konnte. In einer einzigartigen Mischung aus Erinnerung und Erleben der Gegenwart, aus verlorener Zeit und neuer Begegnung, eröffnet sich ein Panorama von Lebensläufen und Schicksalen, wie es nur jemand beschreiben kann, der das alles selbst erlebt, erlitten und erfühlt hat.

05/1086/01/L

Ilse Gräfin von Bredow

Ich und meine Oma und die Liebe

Weihnachtsgeschichten.
192 Seiten. Serie Piper

Daß das Weihnachtsfest nicht nur Geschenke, sondern auch manch andere Überraschungen bereithält, davon weiß Ilse Gräfin von Bredow zu berichten: ob in der Geschichte von Tante Gesa, die eigentlich fest entschlossen ist, das Weihnachtsfest alleine zu feiern, oder in der Erzählung von Herbert und dem wilden Kätzchen Linchen. Mit gewohnt liebenswürdig-spitzer Feder erzählt Gräfin Bredow von ganz gewöhnlichen Menschen, denen an Weihnachten die ungewöhnlichsten Dinge passieren.

»Geschichten über die interessantesten Leute überhaupt, über uns, wie wir so sind, allein oder inmitten der Verwandtschaft, zumal zur Weihnachtszeit.«
Welt am Sonntag

05/1226/01/R

Ilse Gräfin von Bredow

Familienbande

und andere alltägliche Geschichten. 255 Seiten. Serie Piper

Die Bredow zu lesen macht einfach Spaß. Keine kann wie sie Augenblicke aus dem Alltag beschreiben – liebenswürdig, aber mit Biß, ironisch, aber zutiefst menschlich. Mit ihrem unverkennbaren Feingefühl für die kleinen Dinge des Lebens verleiht Ilse Gräfin von Bredow ihren Geschichten einen besonderen Reiz. Mit Phantasie und viel Menschenkenntnis erzählt sie von Menschen aus unserer Zeit, von ihren Macken, ihren Stärken und Schwächen.

»Wer Spaß am Lesen haben will – hier wird er tellerrandvoll serviert, und nichts schwappt über.«
Welt am Sonntag

05/1617/01/L

Ilse Gräfin von Bredow

Kartoffeln mit Stippe

Eine Kindheit in der märkischen Heide. 237 Seiten. Serie Piper

»Kartoffeln mit Stippe« – dahinter steckt die aufregend schöne, erfüllte, von Erinnerungen pralle Jugendzeit eines Mädchens in der märkischen Heide: das Leben einer alten Grafenfamilie in einem höchst ungräflich einfachen Forsthaus inmitten einer karg-schönen Landschaft. Ein vergnüglicher Erzählreigen voller Nostalgie.

»Es ist selten, daß jemand derart taufrisch schreibt, daß Erinnerungen so lebendig werden, wie das Leben war, ist und sein kann.«
Die Welt

05/1618/01/R

SERIE PIPER

SERIE PIPER

Ilse Gräfin von Bredow

Ein Fräulein von und zu

Geschichten aus ganz normalen Kreisen. 199 Seiten. Serie Piper

Herzerfrischend normal geht's zu in der Familie von Trebnitz mit ihren vier Kindern, die ein romantisches altes Haus im Herzen einer Vorstadtsiedlung bewohnt: Im Mittelpunkt steht die hellwache zwölfjährige Charlotte, die selbstbewußt und liebevoll alles registriert, was in ihrer Familie und der Umgebung passiert …
Ein echtes »Kartoffeln mit Stippe« von heute.

»Ein Buch, mit Zutaten zu lesen: Man nehme eine gute Flasche Rotwein, ziehe sich in den bequemsten Sessel zurück, den die eigenen vier Wände zu bieten haben, und stelle ein Schild auf den Tisch: ›Bitte nicht stören – hier wird gelesen!‹«
Die Rheinpfalz

05/1619/01/L

Ilse Gräfin von Bredow

Deine Keile kriegste doch

Mädchen-Erinnerungen an eine verlorene Heimat. 253 Seiten. Serie Piper

Nach »Kartoffeln mit Stippe« die Fortsetzung der Lebenserinnerungen der Gräfin von Bredow: Sie lebt mit ihren Geschwistern und Eltern in einem halbverfallenen Forsthaus mitten im Nirgendwo der märkischen Heide. Doch der Ausbruch des Krieges stört jäh die Idylle. Ilse Gräfin von Bredow zeichnet das lebendige Bild von ihrer Zeit im Internat bis zur Ankunft der russischen Armee, die die Familie schließlich zwingt, ihre Heimat zu verlassen …
Tragisches und Komisches stehen in diesen berührenden Mädchen-Erinnerungen an eine verlorene Heimat eng beieinander.

05/1620/01/R

SERIE PIPER

Annette Pehnt

Haus der Schildkröten

Roman. 192 Seiten. Serie Piper

»Haus der Schildkröten«, anmutig und scheinbar leicht, ist ein Roman über ein großes Tabu: das Ende unseres Lebens und das Sterben. Ernst und Regina begegnen sich immer dienstags, bei ihrem Besuch im Altenheim »Haus Ulmen«. Sie kommen sich näher an dem Ort, an dem nichts eine Zukunft zu haben scheint.
Annette Pehnt, vielfach preisgekrönt, zählt zu den wichtigsten deutschsprachigen Autorinnen.

»Annette Pehnts Stil ist bestimmt von einer geduldigen, unerbittlichen Genauigkeit, die alle Trostlosigkeit aufsaugt wie Herr Lukan den Butterkuchengeruch. Eine Genauigkeit, die ohne jene makabren Pointen auskommt, mit denen sich viele über die menschliche Hinfälligkeit hinweghelfen, solange sie selbst noch genügend Distanz dazu haben.«
Frankfurter Allgemeine Zeitung

05/2200/01/L

Ilse Gräfin von Bredow

Adel vom Feinsten

Amüsante Geschichten aus vornehmen Kreisen. 256 Seiten. Serie Piper

Adel ist heute wieder sehr gefragt – eine Prinzessin schmückt jedes Kaffeekränzchen. Ilse Gräfin von Bredow nimmt ihre Leser mit auf eine vergnügliche Reise in die Vergangenheit zu den Schlössern und Landgütern und ihren Bewohnern. Humorvoll schildert sie das Leben adliger Familien, das längst nicht immer so luxuriös ist, wie viele gern glauben möchten: Hier gleicht manches Schloss eher einer Ruine, da macht sich das exzentrische Personal selbstständig und dort blickt eine Familie auf die andere – nur Etagenadel! – nieder … Ein humorvoller Blick auf den Adel und seine Welt.

»Nostalgie ohne Sentimentalität auszudrücken ist eine große Kunst. Ilse Gräfin von Bredow beherrscht sie.«
Brigitte

05/2115/01/R

SERIE PIPER

Leonie Ossowski

Espenlaub

Roman. 283 Seiten. Serie Piper

Alles schien so klar: Billi heiratet bald Lorenz. Doch seit Billi Ariel kennengelernt hat, den Puppenspieler mit den dunklen Locken, der ihre Seele zum Tanzen bringt, ist sie sich ihrer Gefühle für Lorenz nicht mehr so sicher. Und dann begeht der eifersüchtige Lorenz einen tragischen Fehler, der die dunklen Schatten seiner Familie wieder lebendig werden läßt. Endlich bricht seine Mutter das Schweigen, das seit Jahrzehnten auf der Familie lastet. Sie erzählt vom Schicksal des jüdischen Malers Hans Weißberg und seiner verbotenen Liebe zu ihrer Mutter ... Über ein halbes Jahrhundert spannt Leonie Ossowski den Bogen dieser aufwühlenden Familiengeschichte.

»Ein spannend und gekonnt komponierter Roman über große Gefühle.«
Südkurier

05/1807/01/L

Ippolita Avalli

Die Perleninsel

Ein Märchen über die Liebe. Aus dem Italienischen von Viktoria von Schirach. 128 Seiten. Serie Piper

Gibt es etwas Wichtigeres und Rätselhafteres als die Liebe? Mit dieser Frage macht sich Giulia auf den Weg und findet ihre Erfüllung in der Abgeschiedenheit der magischen fernöstlichen Welt. Auf der japanischen Insel Amami hofft sie den jungen Priester Jean zu treffen, der ihr im Traum begegnet war. Ippolita Avalli schildert die aufregende Suche nach Erlösung und Verschmelzung zweier Seelen, denen nichts so wichtig ist wie die Liebe. Das Märchen von der Perleninsel ist eine Einladung, sich auf Gefühle einzulassen und seinem Herzen zu folgen – ein berührendes Buch über die Kraft der Liebe.

05/1973/01/R

Anne Morrow Lindbergh

Muscheln in meiner Hand

Eine Antwort auf die Konflikte unseres Daseins. Aus dem Amerikanischen von Maria Wolf. Übertragung der Gedichte von Peter Stadelmeyer. 144 Seiten. Serie Piper

»Ursprünglich schrieb ich diese Seiten nur für mich selbst. Ich wollte meinen eigenen Lebensstil, meinen persönlichen Lebensrhythmus zwischen meiner Arbeit und meinen menschlichen Beziehungen überdenken. Und da ich am leichtesten mit dem Bleistift in der Hand denke, ergab sich das Schreiben von selbst.«

Seit Jahrzehnten gibt dieses Buch unzähligen Menschen Hilfe auf der Suche nach dem Sinn des Lebens. Anne Morrow Lindbergh, die Frau des berühmten Ozeanfliegers, fand in der Einsamkeit einer Meeresküste die Muße, dem verborgenen Sinn unseres Daseins nachzuspüren.

05/1959/01/L

Jakob Hein

Vielleicht ist es sogar schön

176 Seiten. Serie Piper

Hätte er die Zeit gehabt nachzudenken, Jakob Hein hätte seiner Mutter nur diesen Satz gesagt: »Stirb nicht, es ist doch viel zu früh.« Er hat es nicht getan. Über die Erinnerung an sie und die gemeinsamen Erlebnisse stellt er noch einmal die alte Nähe zu ihr her. »Vielleicht ist es sogar schön« ist klug, wütend und tröstlich zugleich. Jakob Hein erzählt die Geschichte eines langsamen Abschiedes und verbindet die literarische Erinnerung an seine Mutter mit dem Porträt einer außergewöhnlichen Familie.

»Immer berührend, nie pathetisch, immer würdig, nie weihevoll.«
Stern

05/1893/01/R